भाषा एवं भाषा शिक्षण

खण्ड-3

भाषा एवं भाषा शिक्षण

खण्ड-3

सम्पादक

रमा कान्त अग्निहोत्री

अमृत लाल खन्ना

सह-सम्पादक

कामिनी उपाध्याय

रजनी द्विवेदी

सम्पादन समिति

आदेश कुमार, जया राठौड़

राजेश उत्साही, रमणीक मोहन

कार्यकारिणी समिति

एच.के. दीवान, प्रसून कुमार

विद्या भवन सोसायटी

वाणी प्रकाशन

प्रकाशन के उत्कृष्टतम 60 वर्ष

पेपरबैक प्रथम संस्करण : 2023

vaniprakashan.com

वाणी प्रकाशन

4695, 21-ए, दरियागंज, नयी दिल्ली-110 002

फ़ोन : +91 11 23273167, 23275710

शाखाएँ

अशोक राजपथ, पटना-800 004, बिहार

कॉफ़ी हाउस कैम्पस, महात्मा गांधी मार्ग, इलाहाबाद-211 001, उत्तर प्रदेश

महात्मा गांधी अन्तरराष्ट्रीय हिन्दी विश्वविद्यालय, वर्धा-442 001, महाराष्ट्र

36/ए, शेक्सपियर सरणी, रानी बिरला गर्ल्स कॉलेज के पास, कोलकाता-700 017, प. बंगाल

sales@vaniprakashan.in
vaniprakashan@gmail.com

Bhasha Evam Bhasha Shikshan-3
Edited by Rama Kant Agnihotri & Amrit Lal Khanna

ISBN : 978-93-5775-552-8
Linguistics

मूल्य : ₹ 395

आर. टेक ऑफ़सेट प्रिंटर्स, दिल्ली-110 032 में मुद्रित

वाणी प्रकाशन का लोगो मक़बूल फ़िदा हुसेन की कूची से

आभार

हम उन सब विद्वानों के आभारी हैं जिन्होंने हमें यह अनुमति दी कि हम उनकी रचनाओं के हिन्दी अनुवाद इस संकलन में प्रकाशित कर सकें। इस संकलन में कई लेख, निबन्ध, साक्षात्कार, पुस्तक समीक्षाएँ, पठनीय पुस्तकें एवं गतिविधियाँ शामिल हैं। हम उन सब अनुवादकों को धन्यवाद देते हैं जिन्होंने बहुत परिश्रम से सम्मिलित रचनाओं का अनुवाद किया। विद्या भवन शिक्षा सन्दर्भ केन्द्र के कई सदस्यों ने इन अनुवादों को बार-बार पढ़ा है और इन्हें सुधारने में हमारी मदद की है। इनमें आदेश कुमार, जया राठौड़ के नाम मुख्य हैं। हम इन सबके भी बहुत आभारी हैं। भवानी शंकर ने बहुत परिश्रम से इस संकलन को टाइप किया है और एस.एम. इकराम ने इसकी फॉर्मेटिंग की है। हम विशेष रूप से उनके आभारी हैं। वाणी प्रकाशन ने हर क़दम पर हमारा साथ दिया है। इस तरह की सामग्री शिक्षकों एवं शिक्षक प्रशिक्षकों के बीच लाने का शायद यह पहला प्रयास है। हम इस अवसर पर वाणी प्रकाशन के प्रति भी अपना आभार व्यक्त करते हैं।

भूमिका

भाषा एवं भाषा शिक्षण का यह तीसरा खण्ड है। जैसा कि आपको मालूम ही होगा कि *भाषा एवं भाषा शिक्षण* के हर खण्ड में हम *लैंग्वेज़ एंड लैंग्वेज़ टीचिंग* पत्रिका के तीन अंकों से चयनित लेखों का हिन्दी अनुवाद कर प्रकाशित करते हैं। चयन का एक मूल आधार यह होता है कि लेख शिक्षकों व शिक्षा में ज़मीनी स्तर पर काम करने वालों के लिए उपयुक्त हों। पूर्व में प्रकाशित खण्डों की तरह ही, इस खण्ड में भी भाषा और भाषा सीखने-सिखाने से सम्बन्धित विभिन्न मुद्दों पर लेख शामिल हैं। कुल 26 लेख हैं; जिनमें कक्षा में की जाने गतिविधियाँ, भाषाविदों के साक्षात्कार, पुस्तक समीक्षाएँ, रिपोर्ट, भाषा सीखने-सिखाने के अनुभव और विश्लेषण पर आधारित-सिद्धान्तों का विश्लेषण और व्याख्या से सम्बन्धित लेख शामिल हैं।

पहला लेख **रजनी कुमार** का है। अपने इस लेख में वे कक्षा में होने वाली बातचीत की विस्तार से पड़ताल करती हैं। लेख की शुरुआत में वे विभिन्न शोधों के हवाले से परम्परागत कक्षाओं में होने वाली बातचीत के बारे में बात करती हैं। वे बताती हैं कि इन कक्षाओं में अधिकांश बातचीत शिक्षक के नियन्त्रण में और एकतरफ़ा होती है। फिर वे संवादात्मक बातचीत के विभिन्न प्रकारों के बारे में चर्चा करती हैं और बताती हैं कि इस प्रकार की बातचीत बच्चों के सीखने को कैसे बढ़ावा देती है। साथ ही साथ वे कक्षा में इस तरह की बातचीत होने में बाधा पहुँचाने वाले कारकों और शिक्षकों की इस हेतु तैयारी के बिन्दुओं पर भी विस्तार से चर्चा करती हैं।

दृपता पिप्लै पश्चिम बंगाल के चार ग्रामीण स्कूलों के साथ भाषा शिक्षा के सन्दर्भ में किये गये अपने काम के अनुभव को साझा करती हैं। अपने अनुभवों/अवलोकनों के व्यवस्थित विश्लेषण के आधार पर वे सुझाव देती हैं कि कक्षा में बच्चों को उनकी स्थानीय भाषा का इस्तेमाल करने की आज़ादी देनी चाहिए। यह आज़ादी न केवल नयी भाषा के प्रति बच्चों के डर को ख़त्म करती है, बल्कि

कक्षा में होने वाले भाषायी भेदभाव को दूर करने और भाषायी विविधता को समझने में भी मददगार होती है।

भाषा सीखने-सिखाने का एक महत्त्वपूर्ण क्षेत्र है-लेखन। **मालविका राय** का लेख कक्षाओं में लेखन सीखने के बारे में है। वे कहती हैं कि अधिकांश भारतीय कक्षाओं में लेखन के लिए बहुत ही सीमित गतिविधियाँ होती हैं। लेखन सीखने-सिखाने की प्रक्रिया इन मान्यताओं पर टिकी होती है कि लेखन एकबारगी कार्य है, यदि बच्चों को लेखन सिखाना है तो लेखन के सूत्र व अच्छे लेखक के गुण बता देने से वे लिखना सीख जायेंगे। अपने अवलोकनों और शोधों के आधार पर वे लेखन सिखाने का एक अलग नज़रिया सामने रखती हैं और बताती हैं कि लिखना एक चिन्तनशील प्रक्रिया है। लिखना सीखने-सिखाने के लिए ऐसी गतिविधियाँ ज़रूरी हैं जो बच्चों को विचार करना, अपने विचारों के साथ मशगूल होना और उन्हें संशोधित करना सिखायें। लेख के अन्त में वे यह भी चर्चा करती हैं कि बच्चों को बेहतर लेखन सिखाने में शिक्षक सक्षम हो पायें, इसके लिए ज़रूरी है कि पहले शिक्षकों के लेखन को सशक्त किया जाये।

यास्मीन लुकमानी का लेख बच्चों को दिये गये किसी अनुच्छेद का सार लिखना सिखाने के बारे में है। तीन लेखों की शृंखला का यह पहला लेख है। इस लेख में वे ख़ासतौर पर बच्चों को वर्णनात्मक टेक्स्ट का सार लिखना सिखाने की बात करती हैं। वे बताती हैं कि सार लिखने में सबसे पहला काम होता है टेक्स्ट के मुख्य बिन्दुओं को पहचानना। एक टेक्स्ट का उदाहरण लेते हुए वे बताती हैं कि किस तरह के प्रश्न टेक्स्ट की संरचना को समझने और विश्लेषित करने में और इस तरह उसका सार लिखने में मददगार हो सकते हैं।

हमारे स्कूलों में अंग्रेज़ी द्वितीय भाषा के तौर पर पढ़ाई जाती है। इस खण्ड में अंग्रेज़ी एक द्वितीय भाषा के तौर पर सिखाने से सम्बन्धित काफ़ी लेख हैं। **निवेदिता विजय** का लेख क्षेत्रीय भाषा बोलने वाले बच्चों को शुरुआती कक्षाओं में अंग्रेज़ी सिखाने से सम्बन्धित है। वे बच्चों के साथ काम करने के दौरान हुए अपने अनुभवों और अवलोकनों का विस्तार से वर्णन करती हैं और अपने इन्हीं अनुभवों व अवलोकनों का आधार लेते हुए वे बहुभाषिकता और बहुभाषी अप्रोच पर चर्चा करती हैं। वे बताती हैं कि ऐसे बच्चे जिनकी घर की भाषा और स्कूल की भाषा में काफ़ी अन्तर होता है, कक्षा में उनके सामने क्या-क्या चुनौतियाँ होती हैं? वे इन बच्चों को पढ़ाने वाले शिक्षकों की चुनौतियों के बारे

में भी बात करती हैं। लेख के अन्त में वे अंग्रेज़ी सिखाने के लिए कक्षाओं में की जा सकने वाली कुछ गतिविधियों जैसे मातृभाषा में उपयोग किये जाने वाले शब्दों के अनुवाद, बच्चों की कहानियों को अंग्रेज़ी में अनुवाद करना आदि के उदाहरण देती हैं।

कीर्ति कपूर, दिल्ली के एक स्कूल में, शिक्षक व बच्चों के साथ स्वमूल्यांकन पर किये गये काम के अनुभव का विश्लेषण प्रस्तुत करती हैं। वे बताती हैं कि कक्षा में इस तरह की शुरुआत कठिन हो सकती है, लेकिन धीरे-धीरे शिक्षक व बच्चे भी यह महसूस करने लगते हैं कि इससे सीखना बेहतर होता है, साथ ही वे स्वमूल्यांकन करने के विभिन्न तरीक़े भी सुझाती हैं।

कीर्ति जयराम का लेख बच्चों को पढ़ना सिखाने के सन्दर्भ में है। इस लेख में वे दिल्ली और राजस्थान के कुछ इलाक़ों में लम्बे समय तक चले प्रारम्भिक साक्षरता कार्यक्रम के दौरान हुए अनुभवों को विस्तार से बताती हैं। उन्होंने इस कार्यक्रम के अन्तर्गत जिन नन्हे बच्चों के साथ काम किया, वे भाषा की मौखिक परम्पराओं से तो समृद्ध थे लेकिन लिखित सम्प्रेषण न सिर्फ़ उनके लिए बल्कि उनके माता-पिता के लिए भी चुनौतीपूर्ण था। अतः कक्षा में लिखित भाषा से उनकी अन्तःक्रिया अर्थपूर्ण नहीं हो पाती थी। ऐसे ही वे कई और अनुभवों और चुनौतियों के बारे में चर्चा करती हैं और सुझाती हैं कि ऐसे बच्चों को पढ़ना-लिखना सिखाने में क्या चीज़ें मददगार हो सकती हैं।

भारत एक बहुभाषी देश है, इसकी भाषायी विविधता स्पष्ट तौर पर दिखाई देती है। एक समुदाय में कई भाषाएँ बोलने वाले लोग, एक स्कूल, एक कक्षा में कई भाषाएँ बोलने वाले विद्यार्थी होना आम बात है। लेकिन तब भी स्कूलों में, कक्षाओं में, इसके बारे में व्यवस्थित बात नहीं होती। **रिज़वान अहमद** का लेख कक्षाओं में बच्चों को भारत की भाषायी विविधता पर समझ बनाने के लिए एक बहुत ही दिलचस्प तरीक़ा सुझाता है। यह लेख बख़ूबी दर्शाता है कि हमारे घर, पड़ोस, गलियों, बाज़ारों में उपलब्ध विभिन्न संकेत चिह्न जिन्हें हम अक्सर नज़रअन्दाज़ कर देते हैं; वे भाषा शिक्षण में कितने उपयोगी हो सकते हैं। शिक्षक व बच्चे कक्षा में इनका उपयोग किस तरह कर सकते हैं, वे इसका विस्तार से वर्णन करते हैं।

के.एन. आनन्दन का लेख सीखने-सिखाने के डिस्कोर्स आधारित तरीक़ों के बारे में है। वे कहते हैं कि मौजूदा भाषा-शिक्षण की प्रक्रिया में बच्चों की सहज

भाषायी क्षमता को नज़रअन्दाज़ किया जाता है। लेखक कहते हैं कि भाषा हमेशा एक डिस्कोर्स के रूप में जीवित रहती है न कि विछिन्न ध्वनियों, शब्दों और वाक्यों की तरह। आन्ध्र प्रदेश और केरल के कुछ ज़िलों की कक्षाओं में डिस्कोर्स अभिविन्यस्त शिक्षण-शास्त्र के उपयोग करने वाली कक्षाओं के उदाहरण देते हुए वे बताते हैं कि इस तरह की भाषा कक्षा में किस तरह की सामग्री उपयोग में ली जाती है, किस तरह के अभ्यास होते हैं, बच्चों को किस तरह का इनपुट मिलता है और क्यों यह इनपुट ज़्यादा सार्थक लगता है?

एस.सी. सूद का लेख द्वितीय या विदेशी भाषा में पढ़ना सीखने के सम्बन्ध में है। लेखक इन भाषाओं में पढ़ना सीखने वाले पाठकों की समस्याओं की चर्चा करते हैं। वे सुझाते हैं कि पढ़ना सीखने की इंटरेक्टिव अप्रोच इन पाठकों के लिए मददगार हो सकती है। वे इस सन्दर्भ में पठन-पूर्व और पठन के बाद किये जाने वाले कुछ काम भी बताते हैं।

अगला लेख **लक्ष्मण राव पिन्निन्ती** का है। अंग्रेज़ी सीख रहे विद्यार्थियों को पढ़ना सिखाने की प्रक्रिया पर किया गया यह लघु-शोध दर्शाता है कि विद्यार्थी नये शब्दों का अर्थ समझने के लिए दिये गये सन्दर्भ का उपयोग नहीं करते। वे बताते हैं कि पढ़ना सीखने के लिए यह ज़रूरी है कि विद्यार्थी दिये गये सन्दर्भ का उपयोग कर नये शब्दों के अर्थ के बारे में तर्कपूर्ण अनुमान लगाना सीखें।

'मील का पत्थर' के तहत **गीता दुरइराजन** अपने लेख में दूसरी भाषा के तौर पर अंग्रेज़ी भाषा शिक्षण और इस सन्दर्भ में अंग्रेज़ी भाषा की जाँच, आकलन और मूल्यांकन के बारे में बात करती हैं। लेख की शुरुआत में जाँच का क्या अर्थ है, आकलन और मूल्यांकन का क्या मतलब है तथा इनमें क्या अन्तर है। इन सवालों पर बात करती हैं। इन अवधारणाओं की ऐतिहासिक पृष्ठभूमि का विस्तार से वर्णन करते हुए वे बताती हैं कि कब, किस तरह की मूल्यांकन विधियों को महत्त्व दिया गया और उसके क्या परिणाम रहे। वे कहती हैं कि आकलन की समझ में विस्तार हुआ है लेकिन यदि दूसरी भाषा के सन्दर्भ में आकलन की प्रक्रिया को देखते हैं, तो पाते हैं कि अक्सर बच्चे की अपनी भाषा या जिस भाषा में वह अधिक सक्षम है उसे नज़रअन्दाज़ किया जाता है। वे कहती हैं कि बच्चे जिस भाषा में अधिक सक्षम हों उसी भाषा में पढ़ने, लिखने का आकलन उनकी भाषायी क्षमताओं को जाँचने के लिए और उन्हें बेहतर

करने के लिए हो क्यों कि एक भाषा में बेहतरी दूसरी भाषा सीखने को सहज ही बनाती है।

डॉ. ए. अरुण कुमार का लेख भी द्वितीय व विदेशी भाषा सीखने के सन्दर्भ में है। जो द्वितीय/विदेशी भाषा सीखने में अभिप्रेरणा, ख़ासतौर पर अभिप्रेरणात्मक साक्षात्कार की भूमिका पर फ़ोकस करता है।

पूजा बहुगुणा का लेख सेवापूर्व शिक्षक प्रशिक्षण कार्यक्रमों में, शिक्षकों को पढ़ना सिखाने को लेकर किये जाने वाले काम के सन्दर्भ में है। वे शिक्षक प्रशिक्षणों के मौजूदा भाषा पाठ्यक्रम की समीक्षा करती हैं। शिक्षक शिक्षा के विभिन्न पाठ्यक्रमों के विद्यार्थियों से बातचीत के आधार पर वे बताती हैं कि इनमें शिक्षकों को पढ़ना सिखाने के व्यवस्थित प्रयास नहीं होते और भारतीय कक्षाओं में पठन-पाठन के काम की मौजूदा हालत के पीछे एक कारण यह भी है कि शिक्षक की स्वयं की पढ़ने और पढ़ना सिखाने की कोई तैयारी नहीं होती।

इन लेखों के अलावा इस खण्ड में दो साक्षात्कार हैं। ये साक्षात्कार भाषा के क्षेत्र में गहरा अनुभव रखने वाले विद्वानों के हैं। पहला साक्षात्कार प्रोफ़ेसर **रुक्मिणी भाया नायर** का है और साक्षात्कारकर्ता हैं **राजेश कुमार**। साक्षात्कार में भाषा से जुड़े कई बुनियादी सवालों पर चर्चा है; भाषा क्या है? एक शिक्षक के लिए भाषा की प्रकृति जानना क्यों महत्त्वपूर्ण है? भाषा व अन्य विषयों का सम्बन्ध, भाषायी विविधता और ऐसी कक्षा में भाषा शिक्षण, कक्षा में बच्चों के ज्ञान, उनकी अपनी भाषा को जगह देने का महत्त्व, मानकीकृत भाषा बनाम ग़ैर-मानकीकृत भाषा व भाषा की कक्षा में मूल्यांकन। हर सवाल पर तसल्ली से और व्यावहारिक चर्चा है जो कक्षा में होने वाली विभिन्न गतिविधियों को समझने और उनका विश्लेषण करने में भी मददगार होगी।

दूसरा साक्षात्कार प्रोफ़ेसर **देबी प्रसन्न पटनायक** का है और यह साक्षात्कार किया है **महेंद्र कुमार मिश्रा** ने। प्रोफ़ेसर पटनायक अपने साक्षात्कार में भारत की बहुभाषिक पृष्ठभूमि, भाषाओं का वर्गीकरण और उसमें सत्ता की भूमिका, शिक्षा में मातृभाषा की भूमिका, सीखना-सिखाना, मातृभाषा आदि पर चर्चा करते हैं।

इस खण्ड में पुस्तकों की समीक्षा और पठनीय पुस्तकों के अन्तर्गत 4 पुस्तकों के बारे में बातचीत है। आशा है कि यह बातचीत आपको अपनी रुचि और काम को ध्यान में रखते हुए उपयुक्त पुस्तक चुनने में मदद करेगी। अगले हिस्से में गतिविधियाँ हैं। इस खण्ड में कुल तीन गतिविधियाँ सम्मिलित की गयी हैं।

ये गतिविधियाँ निर्देशों में कुछ संशोधन के पश्चात किसी भी भाषा की कक्षा में की जा सकती हैं; हिन्दी, अंग्रेज़ी या क्षेत्रीय भाषा की कक्षा में।

खण्ड के अन्तिम हिस्से में दो रिपोर्ट हैं। पहली रिपोर्ट कहानियों के सन्दर्भ में हुई एक कार्यशाला की है और भाषा कक्षा में कहानी शिक्षण से सम्बन्धित विभिन्न मुद्दों पर प्रकाश डालती है। दूसरी रिपोर्ट, एक संस्थान के कर्मचारियों के साथ भाषा सीखने पर हुई कार्यशाला की है और कार्यशाला में किये गये कार्यों और इसकी प्रक्रिया के पहलुओं के बारे में चर्चा करती है।

आशा है, यह खण्ड भाषा और भाषा शिक्षण से सम्बन्धित कुछ और पहलुओं को समझने में मददगार साबित होगा।

संकलन की कुछ ख़ास बातें...

भाषा एवं भाषा शिक्षण खण्ड-3 कई मायनों में भाषा पर उपलब्ध अन्य सामग्री से अलग है।

- भाषा पर शिक्षक प्रशिक्षण में हिन्दी में लिखी गयी सामग्री की विशेष कमी है। यह श्रृंखला उस कमी को पूरा करती है।
- इस पुस्तक में उपलब्ध सामग्री एक तरफ़ आधुनिक शोधों से जुड़ी है और दूसरी तरफ़ शिक्षकों के कक्षा में अनुभवों के साथ।
- यह पुस्तक किसी भाषा विशेष पर केन्द्रित नहीं है। इसके केन्द्र में अंग्रेज़ी या हिन्दी भाषा शिक्षण नहीं है। इसके केन्द्र में है **भाषा एवं भाषा शिक्षण**।
- इस पुस्तक में आपको कई लेख मिलेंगे जो भाषा के सैद्धान्तिक पक्षों से जुड़े हैं, कुछ भाषा और संस्कृति से, कुछ भाषा एवं साक्षरता से एवं कुछ भाषा एवं बहुभाषिता से।
- इस पुस्तक में केवल आलेख ही नहीं हैं। महत्त्वपूर्ण साक्षात्कार, मील के पत्थर, पुस्तक समीक्षाएँ एवं कक्षा में नित-प्रतिदिन की जाने वाली गतिविधियाँ भी हैं।
- यह प्रयास किया गया है कि इस पुस्तक में सारी सामग्री ऐसी भाषा में हो जो हिन्दी पढ़ने वाला आम अध्यापक आसानी से समझ सके।

अनुक्रम

आलेख

कक्षा में होने वाली बातचीत की पड़ताल

रजनी कुमार

परिचय

परम्परागत स्कूलों से पढ़े हम सभी ने 'अवलोकन के शिक्षार्थी' होकर कई वर्ष गुज़ारे हैं (लोर्टी, 1975)। कक्षागत बातचीत के पैटर्न से हम लोग इतने अभ्यस्त हो चुके हैं कि हम इसे 'मामूली' समझते हैं और ये हमें अब दिखती भी नहीं है। सौभाग्य से, इस तरह के शोध उपलब्ध हैं जो परम्परागत कक्षागत बातचीत को खोलने का काम करते हैं और विद्यार्थियों के सीखने को बढ़ावा देने वाली संवादात्मक बातचीत पर फ़ोकस करते हैं, शिक्षक को अपने स्वयं के तरीक़ों की जाँच-पड़ताल में मदद मिले, इस उद्देश्य से इस आलेख में मैं इन शोधों के मुख्य बिन्दुओं को रेखांकित करूँगी।

परम्परागत कक्षाओं में बातचीत की विशेषता

अधिकांश कक्षाओं में, बातचीत एकतरफ़ा होती है, क्योंकि शिक्षक खड़े होकर सूचनाएँ देते हैं और बच्चे निष्क्रिय रहकर सुनते हैं। हज़ार से भी ज़्यादा कक्षाओं में किये गये गुडलेड के अध्ययन में यह पाया गया कि सभी स्तरों के शिक्षक यह स्पष्ट तौर पर नहीं जानते थे कि उन्हें अपनी अनुदेशन प्रक्रियाओं में कैसे बदलाव करने हैं या वे इस बारे में जानना नहीं चाहते थे अथवा ऐसा करने में उन्हें कुछ मुश्किलें आयी थीं (गुडलेड, 1984 पृ. 105)। अभी हाल में, लेफ्सटीन और स्नेल ने बताया कि "कक्षागत अन्तःक्रिया में शिक्षक हावी रहते हैं; अधिकांश समय बातचीत करते हुए, विषय अथवा इस पर नियन्त्रण रखते हुए कि किसकी बारी कब आयेगी या विद्यार्थियों के योगदान को स्वीकृति देने का निर्णय लेते हुए या फिर अनुचित व्यवहारों पर नज़र रखते हुए" (लेफ्सटीन व स्नेल, 2011, पृ. 167)। गुडलेड के अध्ययन ने यह भी स्पष्ट किया कि कक्षा की भावनात्मक रंगत

बिल्कुल फीकी थी। मज़ा, गुस्सा और उत्साह नियन्त्रण में थे (गुडलेड, 1984, पृ. 124)। अधिकांश-कक्षागत बातचीत का ढाँचा शुरुआत-प्रतिक्रिया-मूल्यांकन (शु.प्र.मू.) के चक्र में व्यवस्थित होता है। टॉपिक की शुरुआत शिक्षक पिछली कक्षाओं में हस्तान्तरित सूचनाओं, जिनका जवाब आमतौर पर 'हाँ' या 'ना' में होता है, मुख्यतः एक ही उत्तर वाले (क्लोज एंडेड) सवाल पूछते हुए करते हैं। विद्यार्थी जवाब देते हैं और उनके द्वारा दिये गये जवाबों को सही व ग़लत के रूप में बताकर शिक्षिका मूल्यांकन करती हैं। होल्ट बताते हैं कि यह सब कैसे प्रतिस्पर्धात्मक गतिकी स्थापित करता है, जहाँ विद्यार्थियों में शिक्षक का ध्यान आकर्षित करने एवं स्वीकृति प्राप्त करने की होड़ रहती है वे ग़लत होने की शर्मिंदगी से बचने का प्रयास करते हैं। इस तरह के परिदृश्य में बच्चों के लिए कार्य स्वयंमेव ही अपना स्वाभाविक अर्थ खो देता है (होल्ट, 1964)।

अधिकांश शिक्षकीय बातचीत (talk) निश्चितता और समापन की विशेषता लिए होती है। जैसा कि ब्रूनर ने उद्धृत किया है, फेल्डमेन ने पाया कि शिक्षकों ने, विद्यार्थियों की तुलना में, अपने सहकर्मियों के साथ हुई बातचीत के दौरान सहायक क्रियाओं (जैसे 'might', 'could' आदि) का ज़्यादा प्रयोग किया (ब्रूनर, 1986, पृ. 126)। कक्षा में की जाने वाली शिक्षक की बातचीत में अनिश्चितता, आगे की ओर सोचने का प्रोत्साहन और ज्ञान की परिकल्पनात्मक प्रकृति का बोध इत्यादि कभी-कभार ही परिलक्षित होते थे। वह दुनिया जो शिक्षक अपने सहकर्मियों को प्रस्तुत कर रहे थे, उसकी तुलना में वह दुनिया जिसे वे अपने विद्यार्थियों के समक्ष प्रस्तुत कर रहे थे, "बहुत ही व्यवस्थित, बहुत ही कम परिकल्पित, बहुत ही कम मोल-भाव वाली थी" (ब्रूनर, 1986, पृ. 126)।

एलेक्ज़ेंडर, अंग्रेज़ी प्राथमिक कक्षाओं में कक्षागत बातचीत की निम्न विशेषताएँ बताते हैं : अन्तःक्रियाएँ संक्षिप्त होती थीं, बच्चों की भागीदारी बढ़ाने के लिए शिक्षक एक ही उत्तर वाले (क्लोज़ एंडेड) सवाल दर सवाल पूछते हुए एक बच्चे से दूसरे की ओर बढ़ जाते थे, बच्चों का सारा ध्यान सही उत्तर बताने और पहचानने पर होता था। शिक्षक इस शु.प्र.मू. के आदान-प्रदान को बच्चों की प्रशंसा करके या कही गयी बातचीत में सुधार कर के ख़त्म कर देते थे। बच्चों की सोच को आगे ले जाने में ग़लत उत्तरों का इस्तेमाल करने के बजाय उन्होंने इनको अनदेखा किया। अन्दाज़ों पर आधारित बातचीत, जो सोचा उसे तुरन्त साझा करना या लगातार विकसित होते हुए तर्क के साथ बातचीत करना बहुत ही

कम होता था। शिक्षक के प्रश्न तो विषय वस्तु पर होते थे परन्तु बच्चों के उत्तर मुख्यतः कार्यविधि के बारे में होते थे। प्रश्न स्मरण क्षमता को जाँचने के लिए थे और कदाचित ही प्रमाणिक होते थे। बच्चों को केवल याद करके जवाब देने के लिए समय दिया जाता था, सोचने के लिए नहीं (एलेक्ज़ेंडर, 2008, पृ. 99)।

यू.एस. और यू.के. की कक्षाओं में भी एलेक्ज़ेंडर इसी तरह का पैटर्न प्रमुखता से पाते हैं। हालाँकि सभी देशों में ऐसा नहीं है, वे बताते हैं कि रूस और फ्रांस की कक्षाओं में संवाद ज़्यादा सतत पाया गया है जो यू.एस. और यू.के. में पाये गये पैटर्न के विपरीत है (एलेक्ज़ेंडर, 2008, पृ. 100-101)।

1960 के दशक में माध्यमिक कक्षाओं में किये गये एक अध्ययन में, बार्न्स ने पाया कि कक्षा में तकनीकी भाषा का बहुत उपयोग होता है लेकिन विद्यार्थियों को इस तकनीकी भाषा को समझने में मदद मिले, इस हेतु पुल बनाने के यथेष्ठ प्रयास नहीं किये जाते। वह कहते हैं :

कुछ वाकपटु बच्चे विशिष्ट शब्दावली चुनकर पूरी की पूरी पंक्ति तोते के जैसे उगल देते हैं। व्यक्तिगत, बौद्धिक संघर्ष को ग़ैर (वाजिब) बना दिया जाता है और व्यक्तिगत विचार को कभी पूछा ही नहीं जाता। भाषा और अनुभव को तोड़ कर अलग-अलग कर दिया जाता है। इससे भी बदतर स्थिति तो यह होती है कि कई बच्चे (इंसानी गुणों, भाव व सौहार्द से रहित) इस अव्यक्तिगत भाषा को महज़ शोर समझते हैं (बार्न्स, 1969, पृ. 12)। नेल केड्डी ने इस बारे में लिखा कि ज़्यादा 'सफल' विद्यार्थी जो अधिकांशतः मध्यम वर्ग से आते हैं। उन्होंने स्कूल के प्रश्न और समस्या बनाने के तरीक़ों को कैसे स्वीकार कर लिया और वास्तविक ज़िन्दगी में समस्या सुलझाने की प्रक्रिया को इसके साथ नहीं उलझाया। जबकि कामगार परिवारों से आने वाले बच्चे अक्सर शिक्षकों की कसौटी और श्रेणियों से चकरा जाते थे क्योंकि वे अपने दैनिक ज्ञान के साथ इनकी संगतता नहीं बैठा पाते थे (केड्डी, 1971)। यशपाल कमेटी की रिपोर्ट में भी यह व्यक्त किया गया कि "नहीं समझ पाने का बोझ" स्कूल के बस्ते के गुरुत्वीय बोझ की तुलना में 'ज़्यादा नुकसानदेह' है (भा.स. 1993 पृ. IV)।

कुमार (1998) ने पाया कि भारतीय कक्षाओं की 'पाठ्यपुस्तक संस्कृति' में न केवल सामग्री और मूल्यांकन प्रक्रिया की बल्कि कक्षागत बातचीत की जननी भी पाठ्यपुस्तक ही है। 'एक बार (पाठ्यपुस्तक से), सही उत्तर स्थापित हो जाने के बाद, यही उत्तर एकमात्र स्वीकार्य उत्तर होता है। यहाँ तक कि शब्दक्रम को भी नहीं बदला जा सकता" (सारंगपाणी, 2003, पृ. 14)। "शिक्षक के पढ़ाने का

स्वर उद्घोषणा की तरह धीमा और सोचा समझा होता था, जो इस पर मुहर लगाता प्रतीत होता था कि शिक्षक ने जो भी कहा है वह जानना ही चाहिए" (सारंगपाणी, 2003, पृ. 132)। और शिक्षक ने जो भी कहा वह मूल्यवान था क्योंकि उनके पास "परीक्षा पास कराने का ज्ञान था" और भविष्य को सुरक्षित करने का भी। जो सही उत्तर देते थे, उनकी हैसियत बढ़ती थी, भले ही प्रश्न कितना ही बकवास और अर्थहीन क्यों न हो।

सीखने को बढ़ावा देने वाली संवादात्मक बातचीत की विशेषताएँ

कई अध्ययनों ने दिखाया है कि संवादात्मक कक्षागत बातचीत न केवल छात्रों की सीखने की क्षमता बढ़ाती है बल्कि ऐसे बच्चों की भागीदारी व प्रदर्शन को भी बेहतर करती है जो कम सक्षम हैं (नीसट्रेंड, 1997; एलेक्ज़ेंडर, 2008, पृ. 108-109)। इस तरह की बातचीत की विशेषताओं में निम्नलिखित बातें सम्मिलित हैं :

साझा नियन्त्रण : साझे नियन्त्रण वाली संवादात्मक बातचीत का अर्थ है बातचीत के संचालन में शिक्षक और विद्यार्थियों की समान भागीदारी यानी उनके द्वारा किया जाने वाला साझा नियन्त्रण। विद्यार्थी खरे सवाल करते हैं और शिक्षक उनको चर्चा के विषय में संशोधन करने की मंजूरी देता है जबकि एकतरफ़ा बात का मुख्य उद्देश्य ज्ञान का हस्तान्तरण है और इसमें शिक्षक का बहुत ही ज़्यादा नियन्त्रण होता है।

सामाजिक रचनावादी बात : वायगोत्स्की ने बताया है कि सामाजिक बातचीत का अवलोकन और उसमें बच्चे की सहभागिता किस प्रकार समय के साथ 'सोचने' की प्रक्रिया के तहत उसमें समा जाती है। भाषा हमारी दुनिया की तस्वीर गढ़ती है और यह वह मुख्य औज़ार है जिससे बच्चे दुनिया और अपने अनुभवों को समझते हैं (वायगोत्स्की, 1952)।

बांर्स कहते हैं कि कक्षागत बातचीत दुनिया के साथ हुए बच्चों के अनुभवों से ज़रूर जुड़नी चाहिए, यह ज़रूरी है कि बच्चों को न केवल बातचीत करने के बल्कि ठोस अनुभवों के मौक़े भी मिलें (बांर्स, 2008, पृ. 4)। 'खोज-सम्बन्धी बातचीत' (एक्सप्लोरेटरी टॉक) के लिए भी जगह होनी चाहिए जिसके जरिये बच्चे विचारों, सम्भावनाओं और समझ की छानबीन कर सकें। इस तरह की बातचीत संशयपूर्ण (हिचकपूर्ण) और खण्डित होती है और इसकी दिशा भी बहुधा बदलती रहती है। बच्चे दिमाग़ में पुराने और नये दोनों विचार लाते हैं और भाँति-भाँति के स्रोतों

से सूचनाएँ व अनुभव भी लाते हैं और वे इनमें सम्बन्ध बैठाने के लिए विभिन्न कोणों से इनकी पड़ताल करते हैं। वे उदाहरण व प्रति-उदाहरण की तलाश करते हैं, नियम बनाते हैं और साथ ही अपवादों को भी ढूँढ़ते हैं। बांर्स इस तरह की बातचीत की तुलना 'प्रस्तुतीकरण बातचीत' (प्रजेंटेशनल टॉक) से करते हैं जो कि ज़्यादा वैचारिक, दोहराई हुई और परिष्कृत बातचीत है। यह विकसित समझ को ही प्रस्तुत करती है न कि इस तथ्य को कि यह समझ कैसे विकसित होती है।

संचयी बातचीत : संचयी बातचीत की एक ख़ास विशेषता यह है कि यह दिये गये योगदान पर आधारित होती है यानी इसमें पहले जो बातचीत हो चुकी है, उसका सन्दर्भ लेते हुए बातचीत को आगे बढ़ाया जाता है (सहमति द्वारा, असहमति द्वारा, कुछ नया जोड़कर, उपयुक्त बनाकर आदि), इस प्रकार यह प्रश्नित विषय पर साझी समझ के विस्तार हेतु माकूल माहौल मुहैया कराती है (स्कीडमोर, 2006, पृ. 506)। शिक्षकों को संचयी बातचीत/संवाद में सबसे ज़्यादा कठिनाई होती है क्योंकि इसमें उन्हें प्रत्येक विद्यार्थी की समझ व उस विषय की स्थापित समझ के बीच एक सेतु बनाना होता है, ऐसा सेतु जिसमें सभी की समग्र समझ शामिल हो (एलेक्ज़ेंडर, 2008, पृ. 41)। अक्सर विषय की समझ एक निष्क्रिय स्मृति के आवरण के रूप में छात्रों की जाँच-पड़तालविहीन, अनुभवहीन अवधारणात्मक समझ के ऊपर चढ़ी होती है।

वेल्स सुझाते हैं कि शु.प्र.मू. क्रम का इस्तेमाल उस परिस्थिति में किया जा सकता है जहाँ शिक्षक एक ऐसा प्रश्न पूछे जिसका जवाब देने के लिए विद्यार्थी को सिर्फ़ पुनःस्मरण नहीं, बल्कि उच्च स्तर के चिन्तन कौशल (हायर आर्डर थिंकिंग स्किल) की ज़रूरत पड़े (जैसे कि स्पष्टीकरण, औचित्य साबित करना, उदाहरण देना, व्याख्या करना व विस्तारित करना)। छात्रों की प्रतिक्रियाओं के आधार पर शिक्षक इसी तरह के तरीक़ों से मूल्यांकन की प्रक्रिया बना सकते हैं (स्कीडमोर, 2006, पृ. 507)।

प्रामाणिक बातचीत (आर्थेंटिक टॉक) : प्रामाणिक बातचीत पर किये गये अपने अध्ययन में नीस्ट्रेंड ने पाया कि संवादात्मक अनुदेश में शामिल थे शिक्षक द्वारा पूछे गये प्रामाणिक प्रश्न (अर्थात शिक्षक के दिमाग़ में पूर्व निर्धारित उत्तर नहीं होते हैं)। सीखने वालों का असल समुदाय बनाने में यह काफ़ी ज़रूरी जान पड़ता है।

अधिसंज्ञानात्मक बातचीत (मेटाकॉगनिटिव टॉक) : सीखने के बारे में लोगों की अवधारणा प्रायः प्रश्नोत्तरी, तेज़ दिमाग़, वर्तनी, जाँच और रटकर सीखने के ऐसे ही अन्य उदाहरणों और 'सही उत्तर पाने के प्रयास' इत्यादि से निर्मित होती है (बार्स, 2008, पृ. 8)। सीखने का मतलब होता है ब्लैक बोर्ड पर लिखे हुए को कॉपी करना और वैज्ञानिक सिद्धान्तों की शब्दावली को याद करना बजाय कि उसे समझने की कोशिश करना (एलेक्ज़ेंडर 2008 पृ. III)।

कक्षा में अधिसंज्ञानात्मक बातचीत की ज़रूरत पर शोधकर्ता बल देते हैं। इसमें सम्मिलित होने वाले कुछ प्रश्न हैं-सीखना क्या है? सोचना क्या है? कोई चर्चा किस तरह उपयोगी हो सकती है? हम यह कैसे जान सकते हैं कि जो हम पढ़ रहे हैं, वह सत्य है? वे कौन से मापदण्ड हैं जिनके आधार पर कह सकते हैं कि कोई उत्तर सही है? मैंने क्या समझ लिया है और वह क्या है जो मुझे स्पष्ट नहीं है? मैंने क्या सीखा है और मैं कैसे जानूँ कि मैंने यह सीख लिया है? मुझे इसे क्यों जानना चाहिए? यह महत्त्वपूर्ण क्यों है? एक सीखने वाली, न कि केवल पुनः याद करने वाली, कक्षा बनाने के लिए इन सभी प्रकार के प्रश्नों पर चर्चा काफ़ी महत्त्वपूर्ण है।

वह बातचीत जो एक सुरक्षित वातावरण बनाती है : सभी शोधकर्ता एक सम्मानपूर्ण और सुरक्षित माहौल की ज़रूरत पर ज़ोर देते हैं। बच्चे बातचीत का प्रयोग सोचने और सीखने में करेंगे अथवा नहीं इस हेतु यह महत्त्वपूर्ण है कि शिक्षक किस तरह से 'विद्यार्थियों की सोचने की प्रक्रिया में जुड़ने के प्रयास को प्रमाणित करता है या प्रमाणित करने में असफल होता है' (बार्स, 2008, पृ. 8)।

संवादात्मक कक्षा में बारी का निर्धारण प्रतियोगी बोली से नहीं बल्कि साझे दस्तूर द्वारा तय होता है अर्थात छात्र और शिक्षक मिलकर चर्चा और क्रम को व्यवस्थित रखने के बुनियादी नियम बनाते हैं (एलेक्ज़ेंडर, 2003, पृ. 37)।

बार्स के अनुसार संवादात्मक सीखने की दिशा में होने वाली बातचीत को बढ़ावा देने वाली चर्चा में शामिल प्रश्न होंगे (पृ. 10) : अगर मामला ऐसा है, तो ये सब कैसे घटा? मैं फलाँ चीज़ नहीं समझा? 'A' से आपका क्या मतलब है? क्या आप जो कह रहे हैं उसका उदाहरण X है? अगर आप Y को बदल दें (जो परिस्थिति या वक्तव्य का एक तत्त्व है), क्या तब भी आपको वही परिणाम मिलेगा?

यह क्या Z की तरह है (अर्थात सादृश्यता बताना)? इसलिए विद्यार्थियों का तर्क के पक्ष में प्रमाण प्रस्तुत करने और उसका मूल्यांकन करने, इन दोनों प्रक्रियाओं में शामिल होना ज़रूरी है। शिक्षक अपनी तरफ़ से सामग्री (नक़्शा, चित्र, पाठ, विज्ञान के उपकरण) मुहैया करायें जो चर्चा का आधार बनाती है।

परम्परागत कक्षागत बातचीत में बदलाव के प्रतिरोध के कारण

बातचीत के एकालाप (मोनोलॉजिक) रूप को बदलने में भयंकर प्रतिरोध होता है। ऐसा क्यों है?

संरचनात्मक कारक : माध्यमिक विद्यालय के शिक्षकों के पास विद्यार्थियों की बड़ी संख्या के चलते, प्रत्येक बच्चे की सोच व सीखने के तरीक़ों को खोजने की सम्भावना बहुत ही कम होती है, जबकि प्राथमिक स्तर पर पढ़ा रहे शिक्षक के पास में विद्यार्थी कम और ज़्यादा समय होता है। कक्षा का बड़ा होना और बार-बार होने वाले टेस्ट ये दोनों ही बातें शिक्षक को 'जाँचने के लिए पढ़ाना' है इस सोच की ओर धकेलते हैं। और यह सोच खोजबीन और समझ की अपेक्षा याददाश्त और पुनरोत्पादन को ही बढ़ावा देती है (स्कीडमोर, 2006, पृ. 548)।

सामाजिक-सांस्कृतिक परिवेश : एलेक्ज़ेंडर ने पाया कि मध्य यूरोपियन देशों में जहाँ सामूहिकता का विचार मज़बूत है, शिक्षक कक्षा में साझा समझ बनाने पर फ़ोकस करते हैं। वे यह तय करते हैं किसकी बारी कब आयेगी और छात्रों को थिंकिंग अलाउड यानी जैसे ही उनके मन में कोई विचार आये, उसे अभिव्यक्त करने को प्रोत्साहित करते हैं। वहीं, यू.एस. और यू.के. में, जहाँ व्यक्तिगत सफलता को ज़्यादा मूल्य दिया जाता है, शिक्षक बारी और रफ़्तार को प्रोत्साहित करते हैं और विद्यार्थियों की प्रतिक्रिया के सही होने पर ज़ोर देते हैं।

शिक्षक का दार्शनिक नज़रिया : संवादात्मक बातचीत की रणनीतियाँ बताना व विशिष्टताएँ गिनवाना शायद बदलाव लाने के लिए पर्याप्त न हो। शिक्षक द्वारा अन्तःस्थ किये गये मूल्यों व नज़रियों से जो बातचीत उपजती है उसकी जाँच की ज़रूरत होती है। यहाँ सोचने के लिए कुछ बिन्दु दिये गये हैं : क्या शिक्षक बच्चों की सीखने और दुनिया समझने की अविश्वसनीय ऊर्जा एवं योग्यता को स्वीकारता है और उन्हें उन 'ख़ाली बर्तनों' के रूप में तो नहीं देखता जिन्हें भरा जाना है?

"विद्यार्थियों से किस हद तक ज्ञान के सक्रिय नुमाइन्दे (एक्टिव एपिस्टेमिक एजेंट) के रूप में बर्ताव किया जाता है", उससे फर्क पड़ता है, अर्थात स्वयं के ज्ञान के निर्माण में उनकी अपनी भागीदारी पर असर पड़ता है (स्कीडमोर, 2006, पृ. 505)।

ज्ञान को "प्रायः पृथक-पृथक तथ्यों का संकलन जिसे कमोबेश उसी तरह शब्दशः याद करना होता है जैसा उन्हें बताया गया है", की तरह माना जाता है (डीयर्डन, 1968, पृ. 61)। अधिकतर स्कूली ज्ञान तथ्यों एवं कौशलों के संकलन के रूप में है। पढ़ाये जाने वाले विषय की अन्तर्निहित संरचना का ज़िक्र किये बिना पढ़ाया जाता है, जबकि प्रत्येक विषय की अपनी व एक-दूसरे से जुड़ी अवधारणाएँ होती हैं और सत्यता की जाँच के लिए, प्रामाणिकता निर्धारित करने के लिए सत्यापन प्रक्रियाएँ होती हैं (डीयर्डन, 1968, पृ. 63)। साथ ही, ज्ञान हमेशा अस्थायी होता है और इसके इस्तेमाल के दायरे व सीमाएँ होती हैं। ख़ासकर समाज विज्ञान और मानविकी में, यह काफ़ी राजनीतिक और विवादित होता है। "किसी भी विषय की मुख्य प्रक्रियाएँ, अवधारणाएँ और कसौटियाँ उस विषय के अन्तर्गत समस्यात्मक होती हैं।" ये अटकलबाज़ी (स्पेक्यूलेशन) से सम्बद्ध होती हैं न कि दक्षताओं से और निश्चित रूप से इसलिए ये इतनी महत्त्वपूर्ण होती हैं (स्टेनहाउस, 1997, पृ. 85)। यहाँ तक कि विज्ञान में भी 'तथ्य' वैसे नहीं हैं जैसे हमें प्रतीत होते हैं। उदाहरणस्वरूप, सूरज पूरब से उगता है, यह पूरी तरह सत्य नहीं है। सूरज की उगने की सटीक दिशा उस जगह के अक्षांश पर और इस बात पर कि वह जगह उत्तरी गोलार्द्ध में हैं अथवा दक्षिणी गोलार्द्ध में और वर्ष के सटीक समय पर भी निर्भर करती है। अतः शिक्षक का ज्ञान के प्रति नज़रिया कक्षा की बातचीत को महत्त्वपूर्ण रूप से प्रभावित करता है।

यद्यपि सीखने की सामाजिक रचनावादी प्रकृति के बारे में शिक्षक की समझ में कमी पर काफ़ी कुछ कहा गया है परन्तु सीखने के भावनात्मक (अफेक्टिव) और सम्बन्धनात्मक आयामों को नज़रअन्दाज़ किया गया है (स्कीडमोर, 2006, पृ. 522)। बच्चों की सीखने की जिज्ञासा और जोश को पोषित करने में, बच्चों की चिन्ता, घबराहट और भ्रम को सम्भालने में उनकी मदद करने में, जोखिम लेने की प्रवृत्ति को प्रोत्साहित करने में, कक्षा में समावेशी और समन्वय का माहौल निर्मित करने में, जहाँ बच्चे खोजबीन के लिए सुरक्षित, आशावान और स्वतन्त्र

महसूस करें, सभी में शिक्षिका की भूमिका अहम् है और यह भी कि शिक्षिका अपनी भूमिका के इस पहलू को कैसे समझती है?

क्या शिक्षिका यह समझती है कि उसका कार्य बच्चों को इस तरह तैयार करना है कि वे दुनिया में फिट हो सकें, शिक्षा के ज़रिये सामाजिक गतिशीलता प्राप्त कर सकें, राष्ट्र-राज्य के लिए भविष्य में कामगार बन सकें या फिर उनके पास ज़्यादा आलोचनात्मक एजेंडा है, जहाँ उद्देश्य बच्चों को चिन्तनशील (रिफ्लेक्टिव) जिज्ञासु, स्वयं के लिए सोचने वाले, दूसरों के प्रति सहानुभूति रखने वाले और ज़रूरी कार्रवाई में ख़ुद की एवं औरों की मदद के लिए तैयार रहने वाले इंसान बनने में मदद करना है? इनमें से हर एक बात के बारे में शिक्षक का नज़रिया कक्षागत बातचीत को एक अलग आकार देगा।

हेनरी भयावहता के साथ बताते हैं कि कैसे एक पब्लिक स्कूल तन्त्र में विद्यार्थियों को एक ही स्थान पर घण्टों बैठकर उबाऊ भाषण सुनना, विजेता और हारने वाले का ठप्पा लगना-लगाना, निरर्थक कामों में प्रतिस्पर्धा करना और सच्ची भावनाओं और प्रतिक्रियाओं को दबाना सीखना यह सब सिखाया जाता है। इसकी छिपी हुई सीख होती है, फालतू माँगों का सामना करते वक़्त धैर्य रखना। उनका दावा है कि इस तरह के प्रशिक्षण ही भविष्य में नौकरी के लिए अच्छा आधार तैयार करते हैं (हेनरी, 1963, पृ. 263-321)।

शिक्षक संवादात्मक बातचीत के बारे में कैसे सीख सकते हैं?

ब्रूनर लिखते हैं, "भाषा यथार्थ को केवल हस्तान्तरित ही नहीं करती, यह इसे रचती एवं बनाती है... शिक्षा की भाषा संस्कृति रचने की भाषा है न कि केवल ज्ञान के अर्जन या उपभोग की" (ब्रूनर, 1980, पृ. 132-33)। हम एक समृद्ध कक्षा, एक संस्कृति और बातचीत जो शिक्षा को गहरे अर्थों में आगे बढ़ायें, वह कैसे ला सकते हैं?

एक ग़ैर-मूलभाषी सीखने वाले की तरह शिक्षक भी नयी संस्कृति और बातचीत को ख़ुद को इनमें समाहित करके सीखते हैं। अतः संवादात्मक कक्षा सेवा-पूर्व और सेवारत शिक्षण-प्रशिक्षण में भी मॉडल की जानी चाहिए। यथार्थ प्रश्न और खोजबीन के प्रतिवर्ती व आलोचनात्मक तरीक़ों के शिक्षण में समावेश की ज़रूरत है। शिक्षकों को सिर्फ़ नये सिद्धान्तों और सूचनाओं को सीखने के बजाय ख़ुद के रुख़ों और विश्वासों की तहक़ीक़ात करने की ज़्यादा ज़रूरत है।

अपनी स्वयं की कक्षा में काम में लाये जाने वाले तरीक़ों व बातचीत का अवलोकन व छानबीन कर कक्षायी संस्कृति और बातचीत को पुनः आकार दिया जा सकता है। ब्रूनर के अनुसार (1988) हरेक को ज़रूरत है कि वह अपनी भाषा को जाँचे और इसे दार्शनिक व भाषाविदों द्वारा अपनाये जाने वाले विश्लेषणात्मक तरीक़े से समझे, जो अभिव्यक्ति को ऐसे देखते हैं जैसे कि वे धूमिल पदार्थ हैं जिनकी अपने ही तरीक़े से ठोक बजाकर जाँच-पड़ताल की जानी चाहिए न कि ऐसी पारदर्शी खिड़कियाँ, जिनमें से झाँककर हम दुनिया को देखते हैं (पृ. 25)।

लंदन और यॉर्कशायर में संवादात्मक शिक्षण विकास परियोजना के अन्तर्गत, शिक्षकों ने अपने कार्यों के मूल्यांकन के लिए अपनी ही कक्षा की वीडियोग्राफ़ी करना शुरू किया। कुछ शिक्षकों ने अपनी कुछ कक्षाओं के वीडियो के विश्लेषण के लिए विद्यार्थियों को आमन्त्रित किया। उन्होंने पाया कि इससे बच्चों में मेटालिंग्विस्टिक जागरूकता आयी। वे अधिक परिष्करण, संवेदनशीलता के साथ इस अन्तःक्रिया की गतिकी और यान्त्रिकी के बारे में चर्चा कर पा रहे थे यथा नज़रों के सम्पर्क का उपयोग, सुनना, बारी आना, हावी व्यक्ति को सम्भालना और कमज़ोर की सहायता करना, केवल अपनी बातों को ही न कहकर दूसरे क्या कह रहे हैं, इसको सुनना, अपनी राय रखना आदि (एलेक्ज़ेंडर, 2008, पृ. 107)। शिक्षकों और विद्यार्थियों की क्षमता में बदलाव लाने के लिए यह अध्ययन काफ़ी आशाएँ जगाता है।

निष्कर्ष

जैसा कि हम अनुमान लगा सकते हैं, कक्षा में होने वाली बातचीत की प्रकृति संवादात्मक है अथवा नहीं, मामला यह नहीं है बल्कि यह बातचीत एक सातत्य पर पायी जाती है जो शिक्षक के नज़रिये की गहराई और उसकी व्यापकता में, उसके मूल्यों और विश्वासों में और कौशल तथा क्षमताओं को नियोजित करने की क्षमता पर निर्भर करता है। स्कूल का सामाजिक परिवेश, शिक्षा का बृहद् तन्त्र और नीतियाँ निर्धारित करते हैं कि यह कितनी संकुचित होगी या फैलेगी।

अलग-अलग शोधकर्ताओं ने सीखने को बढ़ावा देने वाली बातचीत के लिए अलग-अलग संज्ञाओं का उपयोग किया है। जैसे कि संवादात्मक अनुदेश (नीसट्रेंड, 1997), संवादात्मक खोजबीन (वेल्स, 1999), संवादात्मक शिक्षणशास्त्र (स्कीडमोर, 2000), संवादात्मक शिक्षण (एलेक्ज़ेंडर, 2004) और तत्कालिक

बातचीत (बांर्स, 2008)। इन सभी अवधारणाओं में कुछ भिन्नताएँ हैं लेकिन महत्त्वपूर्ण समानताएँ भी हैं।

सन्दर्भ

1. एलेक्ज़ेंडर, आर (2003), *टॉक फॉर लर्निंग : द फर्स्ट ईयर*, नार्थ यॉर्कशायर काउंटी काउंसिल, 29 दिसम्बर, 2014 को http://www.lec.ie/media/docs/talk%20for%20Leeasing%20Robin%20Alexander.pdf से रीट्रीव किया गया।
2. एलेक्ज़ेंडर, आर. (2008), *कल्चर डायलॉग एंड लर्निंग : नोट्स ऑन एन इमर्जिंग पेडागॉजी, एन. मर्सर एंड एस. हॉड्किंसन (एड.) एक्प्लोरिंग टॉक इन स्कूल* (पृ. 91-113) लंदन : सेज पब्लिकेशन प्राइवेट लिमिटेड।
3. बांर्स, डी. (1969), *लैंग्वेज इन द सेकेंडरी क्लास रूम. डी. बांर्स, जे. ब्रिटन एंड एच. रोज़ेन (एड्स), लैंग्वेज, द लर्निंग एंड द स्कूल* (पृ. 7-11) हॉरमोनसनवर्थ, यू.के. : पेंगुइन बुक्स।
4. बांर्स, डी, (2008), *एक्सप्लोरेटरी टॉक फॉर लर्निंग. इन एन. मर्सर, एंड एस. हॉड्किंसन (एड्स) एक्प्लोरिंग टॉक इन स्कूल* (पृ. 1-15) लंदन : सेज पब्लिकेशंस।
5. ब्रूनर, जे. (1986), *द लैंग्वेज ऑफ़ एजुकेशन, एक्चुअल माइंड्स, पॉसिबल वर्ड्स* (पृ. 121-129) कैम्ब्रिज, मेसाचुसेट्स् एंड लन्दन, इंग्लैंड : हावर्ड यूनिवर्सिटी प्रेस।
6. कजॉन, सी.पी. (2001), *क्लासरूम डिस्कोर्स : द लैंग्वेज ऑफ़ टीचिंग एंड लर्निंग*, पोर्टस्माउथ, एन.एच. हाइनमैन।
7. डीयर्डन, आर, (1968), *फार्म्स ऑफ़ अंडरस्टेडिंग, फिलॉसाफी ऑफ़ प्राइमरी एजुकेशन* में. लंदन : रॉटलेज एंड केगन पॉल।
8. जी.ओ.आई. (1993), *लर्निंग विदआउट बर्डन : ऑफ़ द नेशनल एडवाइज़री कमेटी एप्वाइंटेड बाय द मिनिस्ट्री ऑफ़ ह्यूमन रिसोर्स डेवलवमेंट*, 29 दिसम्बर, 2014 को http://www.teindia.hicnic.in/Files/Reports/CCR/Yash%20Pal_commi-ttee_report_lwb.pdf से रीट्रीव किया गया।
9. गुडलेड, जे. (1984), *अ प्लेस कॉल्ड स्कूल : प्रोसपेक्ट्स फॉर द फ्यूचर*, न्यूयॉर्क : मेक ग्रा. हिल।
10. हेनरी, जे. (1963), *गोल्डन रूल डेज़ : अमेरिकन स्कूलरूम्स, कल्चर अगेंस्ट मेन* (पृ. 283-321) न्यूयॉर्क : रेंडम हाउस।
11. होल्ट, जे, (1964), *हाउ चिल्ड्रन फेल*. न्यूयॉर्क : पिटमैन पब्लिशिंग कम्पनी।
12. *केडी, एन.* (1971), *क्लासरूम नॉलेज़, एम.एफ. यंग (एड.), नॉलेज एंड कंट्रोल* (पृ. 33-160), लंदन : कोलिअर मेकमिलन।

13. कुमार, के. (1988), *ऑरिजिंस ऑफ़ इंडियाज़ टेक्स्ट बुक कल्चर, को-ऑपेरेटिव एजुकेशन रिव्यू*, 34(4), 452-464।

14. लेफस्टेन, ए. एंड स्नेल, जे. (2011), *क्लासरूम डिस्कोर्स : द प्रामिस एंड कांप्लेक्सिटी ऑफ़ डायलॉजिक प्रेक्टिस ई एलिस, एंड ई. मेकार्नी (एड्स), एप्लाइड लिंग्विस्टिक एंड प्राइमरी स्कूल टीचिंग* (पृ. 165-185) कैम्ब्रिज : कैम्ब्रिज यूनिवर्सिटी प्रेस।

15. लोर्टी, डी. (1975), *स्कूल टीचर : अ सोशियोलॉजिकल स्टडी,* लंदन : यूनिवर्सिटी ऑफ़ शिकागो प्रेस।

16. नीस्ट्रेंड, एम. (1997), *ऑपनिंग डॉयलॉग : अंडरस्टेडिंग द डायनेमिक्स ऑफ़ लैंग्वेज एंड लर्निंग इन द इंग्लिश क्लासरूम.* न्यूयॉर्क : टीचर्स कॉलेज प्रेस।

17. सारंगपाणी, पी. (2003), *कंस्ट्रक्टिंग स्कूल नॉलेज : एन एथनोग्राफी ऑफ़ लर्निंग इन एन इंडियन विलेज,* नयी दिल्ली : सेज पब्लिकेशंस।

18. स्कीडमोर, डी. (2006, दिसम्बर), *पैडागॉजी एंड डायलॉग,* कैम्ब्रिज जरनल ऑफ़ एजुकेशन, 36(4), 503-514।

19. स्नेलहाउस, एल. (1997), *अ प्रोसेस मॉडल, एन इंट्रोडक्शन टु करिकुलम रिसर्च एंड डेवलपमेंट* (पृ. 98-115), आक्सफोर्ड : हाइनमैन।

20. वायगोत्स्की, एल. (1962), *थॉट एंड लेंग्वेज.* कैम्ब्रिज, एम.ए., एम.आई.टी।

लेखिका के बारे में : रजनी कुमार ने अंग्रेज़ी साहित्य से बी.ए. किया है, काउंसलिंग में डिप्लोमा किया है तथा टी.आई.एस.एस. मुम्बई से आरम्भिक शिक्षा में स्नातकोत्तर किया है। लगभग एक दशक से अधिक समय तक के लिए वे के.एफ.आई. चेन्नई के स्कूल में शिक्षिका रही हैं। उन्होंने अज़ीम प्रेमजी फ़ाउंडेशन के टीचर विंग में भी काम किया है।

e-mail : rajnidivya@gmail.com

अनुवादक : अभिनव मिश्रा, विद्या भवन शिक्षा सन्दर्भ केन्द्र, उदयपुर (राज.)।

स्रोत : *लैंग्वेज एंड लैंग्वेज टीचिंग*, 4.2.8, 17-22, जुलाई, 2015

'तुम कक्षा में अपनी भाषा का इस्तेमाल कर सकते हो' कहने से बदलाव हो सकता है

दृप्ता पिप्लै

परिचय

यह लेख उन क्षेत्रों के शिक्षकों में बोलियों के सम्बन्ध में जागरूकता लाने पर फ़ोकस करता है, जहाँ ग़ैर-मानक भाषाएँ बोली जाती हैं। मैं मानती हूँ कि शिक्षकों के लिए बच्चों द्वारा बोली जाने वाली भाषाओं की संरचना पर काम करना, द्विभाषी शिक्षण रणनीतियों की योजना बनाना और कक्षा में शिक्षण के लिए इस्तेमाल की जाने वाली भाषा पर ध्यान देना सम्भव है। तथापि यह ध्यान रखना महत्त्वपूर्ण है कि बच्चों द्वारा रोज़ उपयोग की जाने वाली भाषा में भी अत्यन्त विविधता दिखाई पड़ती है।

कक्षा में भाषायी विविधता

इस अध्ययन के लिए पश्चिम बंगाल के पुरुलिया ज़िले के एक दूर-दराज गाँव के कुछ बच्चों को वर्कशीट में दिये एक सरल पाठ के रिक्त स्थानों को बंगाली शब्दों का उपयोग करते हुए भरने के लिए कहा गया। इस वर्कशीट को देने का मुख्य उद्देश्य इन बच्चों को बंगाली लिखते समय आने वाली समस्या के क्षेत्रों की पहचान करना था। ये बच्चे घर पर कुर्माली बोलते हैं जो संरचना की दृष्टि से मानक बंगाली, जो बच्चों की स्कूली भाषा है, से अलग है।

यह पाया गया कि कक्षा 6 से 8 के अधिकांश बच्चों ने तृतीय पुरुष क्रिया रूपों के साथ प्रथम पुरुष सर्वनाम का उपयोग करते हुए कई वाक्य बनाये। ऐसे वाक्य, जैसे कि नीचे दिये गये हैं, कई बच्चों के लिए आम हैं (प्रत्येक शब्द का अर्थ उनके नीचे दिया गया है)।

ami	kola	khay.
I	banana	eat

(तृतीय पुरुष सामान्य वर्तमान काल)

कुछ और बच्चों की वर्कशीट को ध्यान से देखने के बाद यह पाया गया कि गाँव के बच्चे शायद ही जानते थे कि बंगाली में प्रथम पुरुष सर्वनाम शब्दों के साथ किस क्रिया-रूप का इस्तेमाल किया जाना है। कुर्माली में क्रिया के परिवर्तित रूपों (verbal inflection) का समुच्चय बंगाली से अलग है।

बंगाल के विभिन्न कोनों (ख़ासकर ग्रामीण क्षेत्रों के) में आरम्भिक स्तर के बहुत सारे शिक्षक सोचते हैं कि उनके सभी विद्यार्थी एक ही भाषा बोलते हैं; भाषायी भिन्नता के कारकों को नज़रअन्दाज़ कर दिया जाता है। शिक्षक मानक बंगाली में लिखी गयी पाठ्यपुस्तकों का इस्तेमाल करते हैं और अधिकांश पाठों की योजना उस क्षेत्र की मानक भाषा का इस्तेमाल करके बनाने की कोशिश करते हैं। असल में कई दृष्टान्तों में शिक्षक द्वारा कक्षा में बच्चों की भाषायी विविधता या विभिन्नता को संसाधन नहीं माना जाता।

वास्तव में कक्षा में बच्चे या तो अलग-अलग भाषाएँ बोलते हैं या किसी एक ही भाषा की अलग क़िस्म बोलते हैं। उनमें से कोई भी अपनी रोज़मर्रा की भाषा में एक ही भाषा से एक ही तरह के भाषायी पदों (linguistic items) या शब्दों और बनावट का इस्तेमाल नहीं करता। जब बच्चे किसी भाषा की ग़ैर-प्रतिष्ठित क़िस्म को बोलते हैं तो आमतौर पर यह माना जाता है कि शिक्षक और उसकी कक्षा को मानक भाषा चाहे वह हिन्दी, तेलुगू या बंगाली जो भी हो, फिर कक्षाओं में स्थानीय भाषाओं के इस्तेमाल को प्रोत्साहित नहीं किया जाता। कई उदाहरणों में, शिक्षकों के लिए तैयार मैनुअल काफ़ी आधिकारिक होते हैं और ये शिक्षकों को केवल क्षेत्रीय मानक भाषा का प्रयोग करते हुए पढ़ाने को निर्देशित करते हैं। जो बच्चे किसी एक भाषा की विभिन्न बोलियाँ बोलते हैं, उन्हें किसी समुदाय विशेष के सदस्य के रूप में देखा जाता है और यह मान लिया जाता है कि वह समुदाय एक जैसा (homogeneous) समूह है। वास्तव में इस तरह का भाषायी समूह और इस तरह का समुदाय एक 'काल्पनिक समुदाय' है (एंडरसन, 1983)।

***Verbal inflection**–वाक्य में क्रिया के व्याकरणिक प्रकार्य के आधार पर क्रिया अपना रूप परिवर्तित/संशोधित कर लेती है। उदाहरण के लिए कर, करता, करते, करती आदि।

कक्षा में स्थानीय भाषा या बच्चे की घरेलू भाषा के इस्तेमाल से बचना परोक्ष तौर पर बच्चों को यह बताता है कि उनकी भाषा कमतर है। ऐसा करना बच्चे के सांस्कृतिक अधिकारों का अपमान ही नहीं करता है बल्कि यह बच्चे की स्वतः स्फूर्त सृजनात्मकता में भी एक बाधा उत्पन्न करता है। इन तथाकथित अप्रतिष्ठित भाषाओं की क़िस्मों का उपयोग प्राथमिक स्कूल के शिक्षकों द्वारा कक्षा में विरले ही स्पष्टीकरण या विवरण देने के लिए किया जाता है-हालाँकि, कक्षा की नियमित बातचीत में इनका उपयोग बेहद सुविधाजनक है। इसके अलावा, बच्चों की घरेलू भाषा में बात करना, बच्चों को उनकी अपनी घरेलू भाषा में नये वाक्यों का निर्माण करने देना और औपचारिक शिक्षा की भाषा के साथ लिखित में इनका इस्तेमाल करने की अनुमति देना असल में महत्त्वपूर्ण है।

भाषायी लक्षण बनाम ग़लतियाँ : एक कक्षा के लिए सबक़

यह पर्चा शिक्षकों के लिए किये गये एक जागरूकता अभियान का ब्योरा है जिसका उद्देश्य इस विचार को साझा करना है कि बच्चों के स्थानीय भाषा के ज्ञान को कक्षा में एक सन्दर्भ के रूप में इस्तेमाल किया जा सकता है। कक्षा में 'अपनी भाषा का इस्तेमाल करने के' दौरान मैंने पश्चिम बंगाल का दौरा किया। पिछले कुछ महीनों में, मैं पश्चिम बंगाल के चार अलग-अलग कोनों के शिक्षकों और बच्चों से मिली। इस दौरे का उद्देश्य बच्चों की घरेलू भाषा को जानना और कक्षा में आने वाली भाषागत समस्याओं से उबरने में उनकी मदद करना था। इस दौरे का प्रयोजन बंगाल के चार ज़िलों (पुरुलिया, जलपायीगुड़ी, मालदा और उत्तरी 24 परगना) के कुर्माली, राजबंशी, खोट्टा बंगाली और पूर्वी बंगाली बोलियाँ बोलने वाले बच्चों के साथ बैठकें करना था। ये सभी बोलियाँ बंगाली को प्रभावित करती हैं।

चारों चयनित ज़िलों के शिक्षकों ने उनकी भाषाओं की बुनियादी संरचनात्मक विशेषताओं की जानकारी देकर इस परियोजना में हमारी मदद की। उनकी भाषा का एक अन्दाज़ा लेने के बाद, बच्चों की घरेलू भाषा और स्कूली भाषा के बीच प्रमुख अन्तरों की एक सूची बनायी गयी और दोनों के मध्य अन्तरों को ध्यान में रखते हुए बच्चों के लिए वर्कशीट डिज़ाइन की गयी। ऐसा मान लिया था कि यदि भाषाओं के बीच अन्तरों का पूर्वानुमान हो जाये तो यह जानना सम्भव हो पायेगा कि बच्चे कक्षा-कार्य और कक्षा-अन्तःक्रिया के दौरान 'ग़लतियाँ' क्यों करते हैं।

विद्यार्थियों के साथ अनौपचारिक साक्षात्कार भी किये गये। विद्यार्थी सुबह समूहों में स्कूल आते थे। दोपहर में उनके शिक्षा सहायता केन्द्र की कक्षाओं में उनके साथ बैठकें की गयीं। रोज़मर्रा की भाषायी मुश्किलों को पहचानने के लिए बनायी गयी वर्कशीट को विद्यार्थियों ने भरा। कुछ मामलों में, बच्चों ने एक वाक्य या एक छोटा अनुच्छेद (चित्र बनाते हुए) लिखा। लेखन के सभी नमूनों और वर्कशीटों को जमा करने के बाद ग़लतियों के पैटर्न अधिक स्पष्ट हुए।

हम ग़लतियों के पैटर्न का ब्योरा कैसे दें? उदाहरण के लिए मालदा ज़िले के एक गाँव के विद्यार्थियों द्वारा भरी गयी वर्कशीट कुछ मौखिक ग़लतियाँ दर्शाती हैं। बहुत से बच्चों ने बिना क्रिया के वाक्य लिखे। जैसा कि बंगाली में क्रिया, वाक्य के अन्त में आती है, वाक्य केवल कर्ता को दिखाता है और कर्म, कर्ता का अनुसरण करता है। कई मामलों में क्रिया की जगह रिक्त थी। उदाहरण के लिए, एक बच्चे ने निम्न वाक्य लिखा :

2.	ami	Ek	Ta	phul (क्रिया को छोड़ दिया है)
I	one	(वर्गीकारक)		flower

बच्ची ने शायद यह लिखने की कोशिश की थी कि उसने एक फूल देखा या तोड़ा, परन्तु शायद वह निश्चित नहीं कर पा रही थी कि उसे क्रिया के किस रूप, किस विभक्ति (inflection) का इस्तेमाल करना है। अतः उसने समूची क्रिया को ही छोड़ दिया। कुछ उदाहरण ऐसे थे, जहाँ बच्चों ने स्थानीय भाषा में मुख्य वाक्य-खण्ड की क्रिया का उपयोग किया था और बंगला में अन्तः स्थापित वाक्य में आयी क्रिया का उपयोग किया था। शिक्षकों ने उनके जवाबों को ग़लत बताया। लेकिन वास्तव में बच्चे ने जिन दो क्रिया-रूपों का इस्तेमाल किया, वे दोनों क्रिया-रूप उसकी मानसिक व्याकरण में थे।

भाषा की विविधता को शिक्षण के लिए अधिगम सामग्री का निर्माण करने में एक संसाधन के रूप में देखा जाता है। शिक्षकों के साथ बैठकें आयोजित की गयीं ताकि वे कक्षा में विभिन्न भाषाओं के सम्भावित उपयोग पर अपना मत साझा कर सकें। बैठकों में यह सुझाया गया कि बच्चों द्वारा अक्सर या कभी-कभार की जाने वाली ग़लतियों के ताने-बाने को उपचारात्मक शिक्षण के लिए एक महत्त्वपूर्ण स्रोत के रूप में इस्तेमाल किया जा सकता है। और यह भी सम्भव था कि ग़लतियों के कारणों को समझाते हुए कक्षा में उपयोग के लिए सामग्री विकसित की जाये। उदाहरण के लिए, यदि एक बच्चे की घरेलू भाषा में प्रथम पुरुष के साथ क्रिया के प्रयोग का पैटर्न अलग है तो बच्चा जब प्रथम पुरुष

सर्वनाम का प्रयोग करते हुए बंगला वाक्य लिखे, तो उससे ग़लती हो सकती है। शुरुआत में दिया गया कुर्माली बच्चों का उदाहरण यहाँ प्रासंगिक है, जहाँ बच्चे ने प्रथम पुरुष कर्ता के साथ उस क्रिया रूप का उपयोग किया है जो वास्तव में तृतीय पुरुष कर्ता के साथ आना चाहिए।

स्थानीय भाषा-जागरूकता दौरे का उद्देश्य शिक्षकों को इस साधारण से तथ्य से अवगत कराना था कि कक्षा में बच्चों की भाषा का अलग-अलग तरीक़ों से इस्तेमाल सम्भव है। यह शिक्षकों से स्थानीय भाषाएँ सीखने और विद्यार्थियों की तथाकथित 'ग़लतियों' के प्रति एक भाषायी परिप्रेक्ष्य विकसित करने का अवसर भी था-यह दर्शाते हुए कि विद्यार्थियों द्वारा की गयी इन 'ग़लतियों' के विविध स्रोत हो सकते हैं और इन्हें सीखने की प्रक्रिया के चरणों के रूप में देखा जाना चाहिए। असल में, दौरे का उद्देश्य था शिक्षकों के लिए एक टूल-किट तैयार करना-जिसे वे कक्षा में संसाधन के रूप में इस्तेमाल कर पायें और इस विचार को साझा करना कि घर की भाषा और स्कूल की भाषा को मिलाकर विविध प्रकार की सामग्री बनायी जा सकती है। इस सामग्री में द्विभाषिक या दो बोलियों वाले टेक्स्ट, द्विभाषिक वर्कशीट और अभ्यास थे जिनमें दो या दो से अधिक भाषायी क़िस्मों के शब्दों और संरचनाओं को लेते हुए लिखित कार्य शामिल थे।

बच्चों का भाषा प्रयोग

यदि कोई किसी एक ही राज्य के विभिन्न भौगोलिक क्षेत्रों के बच्चों से बातचीत करे तो यह पाया जायेगा कि वे भिन्न बहुवचन सूचकों, भिन्न कालों एवं भिन्न क्रिया रूपों का इस्तेमाल करते हैं। ऐसी क्रियाएँ जो क्षेत्रीय मानकों के अनुरूप हैं, वे वचन या लिंग के हिसाब से न बदलें लेकिन बच्चा एकवचन और बहुवचन, पुरुष और स्त्री कर्ताओं के लिए अलग-अलग क्रियाओं का उपयोग कर सकता है। कई मामलों में, बच्चे उन सर्वनाम रूपों का प्रयोग करते हैं जो उनकी क्षेत्रीय मानक भाषा के सर्वनामों से पूरी तरह अलग होते हैं। साथ ही स्थानीय भाषा में इस्तेमाल किया जाने वाला सर्वनाम, क्षेत्रीय मानक भाषा में किसी अन्य सर्वनाम का उल्लेख कर सकता है।

बच्चे की रोज़मर्रा की भाषा के बारीक अवलोकन से पता चलता है कि बच्चे अपनी दैनिक बातचीत में कई भाषायी अवयवों (ध्वनियों, शब्दों, पदों आदि) का

प्रयोग करते हैं जो पाठ्यपुस्तक की भाषा से भिन्न होते हैं। अगर कोई शिक्षिका नियमित रूप से कक्षा में एक नोटबुक लेकर जाती है और बच्चे के घर की भाषा और क्षेत्रीय मानक भाषा की ध्वनियों, शब्दों और वाक्यांशों के बुनियादी अन्तरों को दर्ज करती है तो वह संसाधनों का एक रिकॉर्ड बनाने की शुरुआत कर सकती है और बाद में इसे कक्षा के लिए उपयोगी सामग्री का निर्माण करने के लिए इस्तेमाल किया जा सकता है।

शिक्षकों के लिए भी यह अवलोकन करना ज़रूरी है कि क्या बच्चा अपनी रोज़मर्रा की स्वाभाविक भाषा में कक्षा की औपचारिक स्थिति और खेल की सहज स्थिति, दोनों के दौरान पर्याप्त भिन्नता दर्शाता है। अगर हम अपने इर्द-गिर्द बच्चों को सुनें तो हमें पता चलेगा कि एक बच्चा अलग-अलग परिस्थितियों में स्थानीय भाषा/भाषाओं का प्रयोग करता है। उदाहरण के लिए, एक बच्चा खेलते हुए अन्य बच्चों के साथ स्थानीय भाषा का इस्तेमाल करता है लेकिन अपने क़स्बे/शहर में स्थित किताबों की एक दुकान में जाकर अपनी भाषा के प्रतिष्ठित प्रकार का इस्तेमाल करने की कोशिश करता है। बच्चा ज़रूरत पड़ने पर जनभाषा (lingua franca) या मानक लिंक भाषा का इस्तेमाल करता है और कुछ मामलों में तो बातचीत के नये रूप भी निर्मित करता है। कभी-कभी नये शब्दों के सेट, स्थानीय मानक के स्तर तक पहुँचने में मिली असफलता का नतीजा होते हैं और कभी-कभी शहरी लोगों को यह दिखाने के उपक्रम हो सकते हैं कि मैं इस बोली को बोलने वाले समूह से नहीं हूँ। कई मामलों में शिक्षक पाते हैं कि बच्चे नये रूपों का उपयोग नहीं कर रहे हैं, अलग-अलग वाणी के रूपों को मिला रहे हैं या बड़ी जल्दी-जल्दी एक तरह के भाषायी रूप से दूसरे भाषायी रूप की तरफ़ जा रहे हैं। ऐसा भी पाया गया कि अगर कोई बच्चा एक समीपवर्ती राज्य की सीमा के निकट एक गाँव में रहता है तो वह दूसरे राज्य की क्षेत्रीय मानक भाषा का इस्तेमाल करता है क्योंकि उसके आसपास सीमा पार के बच्चों का खेल-समूह हो सकता है। इसीलिए अलग-अलग स्थितियों और स्थानों पर बच्चे रोज़मर्रा की बातचीत में विभिन्नता के विविध पैटर्न दिखाते हैं और रणनीतिक रूप से बोलचाल की भाषा के पैटर्न भी बदलते हैं। जहाँ एक ओर अलग-अलग परिस्थितियों और स्थानों पर भाषा के विभिन्न पैटर्नों का उपयोग विभिन्न भाषा रूपों के प्रति बच्चे की अभिवृत्ति को दिखाता है, वहीं दूसरी ओर अगर शिक्षक स्कूल में स्थानीय भाषा के इस्तेमाल पर रोक लगाता है तो वह बच्चे की पहचान को प्रभावित करता है।

कक्षा की विभिन्नता से निबटना

कक्षा में सीखने-सिखाने की गतिविधियाँ कराने के लिए शिक्षकों में भाषायी विभिन्नता और विविधता की समझ का आधार होना ज़रूरी है। क्या शिक्षक इस तथ्य पर ध्यान देते हैं कि बच्चे में उच्च स्तर की भाषायी भिन्नता दर्शाने की पर्याप्त क्षमता होती है? कई उदाहरणों में इसका जवाब 'हाँ' है। कुछ उदाहरणों में शिक्षक भी बच्चे की घर की भाषा और स्कूल की औपचारिक भाषा दोनों में बातचीत करने की कोशिश करता है। दो या दो से अधिक भाषायी क़िस्मों का उपयोग करते हुए कुछ संसाधनों का निर्माण निम्नलिखित तरीक़े से किया जा सकता है। नीचे तालिका में लिए गये सर्वनामों की सूची पुरुलिया के झालदा क्षेत्र के कुर्माली बोलने वाले बच्चों को पढ़ाने वाले शिक्षक द्वारा एक संसाधन के रूप में इस्तेमाल की जा सकती है।

तालिका-1

झालदा क्षेत्र में बंगाली की दो क़िस्मों को मिलाकर तैयार किया गया संसाधन

	बंगाली		कुर्माली	
	एकवचन	**बहुवचन**	**एकवचन**	**बहुवचन**
प्रथम पुरुष	ami	amra	mOi	hamra
द्वितीय पुरुष	tui/tumi/apni	tora/tomra/ apnara	tNOi	tora
तृतीय पुरुष	se	ora	ONoi	Ora

तालिका-1 की सहायता से शिक्षिका बोर्ड पर एक तालिका बना सकती है और बच्चों की शब्दावली में मौजूद सभी सम्भावित प्रथम पुरुष सर्वनामों को लिख सकती है। प्रथम पुरुष सर्वनाम शब्दों से मेल खाने वाले सभी सम्भावित क्रिया-रूपों की अन्य तालिका भी बोर्ड पर बनायी जा सकती है। अब शिक्षक विद्यार्थियों से कह सकते हैं कि वे दोनों तालिकाओं से शब्दों को लेकर वाक्य बनायें। विद्यार्थी तालिका में दिये अलग-अलग खाँचों (बंगाली, कुर्माली और कभी-कभी हिन्दी भी) को मिलाकर वाक्य बना सकते हैं। यह अलग-अलग विद्यार्थियों को अपने पास उपलब्ध विकल्पों का उपयोग करते हुए विभिन्न वाक्य निर्मितियों/बनावटों/बुनावटों का पता लगाने की आज़ादी देता है।

स्थानीय बोलियों और क्षेत्रीय मानक भाषा के भण्डार से विकसित की गयी सामग्री को कक्षा में महत्त्वपूर्ण संसाधन के रूप में उपयोग किया जा सकता है। भाषायी संरचना और बच्चों की भाषायी विविधता की साधारण-सी समझ शिक्षण-अधिगम सामग्री विकसित करने में मददगार हो सकती है। शिक्षक स्वयं भी आसानी से इस्तेमाल में आने वाली ऐसी सामग्री निर्मित कर सकते हैं जो द्वि-भाषायी या दो-बोलियों से युक्त हो। बच्चों के साथ कहानी सुनाने का आसान सा सत्र किया जा सकता है, जहाँ दो भाषाओं से युक्त कहानियाँ साझा की जायें, लिखी जायें और भविष्य में इस्तेमाल के लिए संरक्षित की जायें। स्कूली टेक्स्ट/पाठ का स्थानीय भाषा में रिकॉर्ड एवं संरक्षित किया जा सकता है। क्षेत्रीय बोली एवं क्षेत्रीय मानक भाषा दोनों के शब्दों का इस्तेमाल करते हुए शब्दावली खेल रचे जा सकते हैं। इन सभी द्वि-भाषी टेक्स्ट/पाठों को भविष्य में सन्दर्भ के रूप में इस्तेमाल किया जा सकता है।

कक्षा में दो भाषाओं के इस्तेमाल के लिए जागरूकता को बढ़ावा देना

कक्षा में स्थानीय भाषा के इस्तेमाल को प्रोत्साहित करने से बच्चों को काफ़ी फ़ायदा मिलने की सम्भावना है। अगर नियमित तौर पर द्वि-भाषी टेक्स्ट विकसित करते हुए एवं द्वि-भाषी काम देते हुए स्थानीय भाषा को प्रोत्साहित किया जाये तो यह बच्चों को स्थानीय भाषा का उपयोग नहीं करने देने वाले दिशा-निर्देशों की सम्भावना को घटायेगा। यह उन्हें एक 'सक्षम' भाषा के डर से उबारने में भी मददगार हो सकता है। स्कूल में उस भाषा को बोलने के लिए दण्ड, जिसे शिक्षक 'बुरी' भाषा कहते हैं, को भी रोका जा सकता है। इसलिए बच्चों को उनकी 'अपनी' भाषा बोलने के लिए प्रोत्साहित करने से बड़ा बदलाव आ सकता है।

हमारी रोज़मर्रा की भाषा हमारे समाज में निहित वास्तविकताओं और असमानताओं को दर्शाती है। वास्तव में बच्चे सामाजिक परिस्थितियों में अपनी भाषा से जुड़े निम्नता के ठप्पे के कारण इसका इस्तेमाल नहीं करते। अगर शिक्षक स्थानीय भाषायी विविधता के प्रति नकारात्मक रवैया रखते हैं तो खामियाज़ा बच्चों को भुगतना पड़ता है। भाषायी उपयोग की प्रकृति में संशोधन करने वाले शिक्षक कक्षाओं में नये-नये अभ्यासों का उपयोग करते हैं। कक्षा में नियमित तौर पर द्वि-भाषी या दो बोलियों युक्त शिक्षण का अभ्यास करके कक्षा में भाषायी भेदभाव को रोका जा सकता है। कक्षा में बातचीत की प्रकृति

के ढाँचा एवं विभिन्न भाषायी रूपों के इस्तेमाल को बढ़ावा देकर शिक्षकों में द्वन्द्वात्मक (dialectical) संसाधनों के प्रति जागरूकता की शुरुआत की जा सकती है।

सन्दर्भ

एंडरसन, बी. (1983). *इमेजिंड कम्युनिटीज : रिफ्लेक्शंस ऑन द ओरिजन एंड स्प्रेड ऑफ़ नेशनलिज़्म,* लंदन : वरसो।

लेखिका का परिचय : दृप्ता पिप्लै ने अपनी पीएच.डी. द सेंटर फ़ॉर एडवांस स्टडीज़ इन लिंग्विस्विटिक्स, दिल्ली विश्वविद्यालय से पूर्ण की है। फिलहाल वे आईआईटी, खड़गपुर के सामाजिक विज्ञान एवं मानविकी विभाग में असिस्टेंट प्रोफ़ेसर हैं। उनकी शोध रुचियों में भाषा-संघर्ष और वाक्य विन्यासात्मक विभिन्नताएँ, द्विभाषिक और द्वि-बोलीय पाठ्यचर्या विकास और बच्चों के भाषा अधिकार शामिल हैं। उन्होंने दिल्ली विश्वविद्यालय और कलकत्ता विश्वविद्यालय में भाषा विज्ञान भी पढ़ाया है।

ई-मेल : driptap@gmail.com

अनुवादक : कामिनी उपाध्याय, विद्या भवन शिक्षा सन्दर्भ केन्द्र, उदयपुर (राजस्थान)।

स्रोत : *लैंग्वेज एंड लैंग्वेज टीचिंग,* 4.2.8, 7-11, जुलाई, 2015।

भारतीय विद्यालयों में लिखना : उत्पाद को प्राथमिकता

मालविका राय

भूमिका

यह पर्चा भारतीय विद्यालयों में लेखन के अन्तर्गत क्या-क्या शामिल होता है और लेखन व इसको सिखाने की बुनियादी मान्यताओं पर, अन्तर्दृष्टि देने का प्रयास करता है। हमारे अधिकांश विद्यालयों में लिखना, सिखाने के लिए दिये जाने वाले लेखन कार्यों की संक्षिप्त रूपरेखा से मैं शुरुआत करूँगी। उसके बाद, हमारे विद्यालयों में लेखन व इसको सिखाने की मान्यताओं के लिए मौजूद मार्गदर्शी ढाँचे, उत्पाद अप्रोच (प्रोडक्ट अप्रोच) का मैं विवरण दूँगी और समीक्षा करूँगी। अन्ततः मैं लेखन के एक शोध-आधारित वैकल्पिक परिप्रेक्ष्य और बच्चों को लिखना सिखाने हेतु इसके निहितार्थों को प्रस्तुत करूँगी।

भारतीय विद्यालयों में लेखन

हमारी भाषा कक्षाओं में लेखन की गतिविधियों में यदि इन्हें हम ऐसा कह सकते हैं तो अक्सर कठिन शब्दों के अर्थ, श्रुतलेख, वाक्य बनाना, रिक्त स्थानों को भरना और प्रश्नों के उत्तर लिखना शामिल होता है। लेखन सिखाने के इन कार्यों को ध्यान से देखने पर पता चलता है कि इनमें से अधिकांश की बहुत ही संकीर्ण अप्रोच है (ब्रिटन एट ऑल., 1975; ऐपलबी, 1982)। लेखन की ऐसी गतिविधियाँ बच्चों को अपने विचारों को संगठित (compose) करने के मौक़े नहीं देतीं। बल्कि ऐपलबी और लेंगर (2011) ऐसी गतिविधियों को 'बग़ैर संगठन के लेखन' (राइटिंग विदाउट कंपोजिंग) कहते हैं। ऐसा इसलिए क्योंकि संगठित करना असल में एक जटिल कार्य है किसी लेख को सुसंगत व पूर्णता देने के लिए कई कौशलों को एक ही समय पर एक साथ इस्तेमाल करने की आवश्यकता

होती है (फ्लावर और हायेस, 1981; ऐपलबी, 1982) तथापि दुर्भाग्य से, हम पाते हैं कि हमारी कक्षाओं में, लेखन को केवल सही लिखने के रूप में देखा जाता है। और तो और, यह जो श्यामपट्ट या किताब से नक़ल करके लिखा गया है उसको रटने से भी सम्बन्धित है। टेस्ट में हू-ब-हू दोहरा सकें, इस हेतु न केवल व्याकरण की अवधारणाओं की परिभाषाओं को बल्कि पाठ्यपुस्तक में दिये गये प्रश्नों के उत्तर व निबन्धों को भी रटते बच्चे देखना काफ़ी आम-सी बात है।

लेखन को लेकर वर्तमान मान्यताएँ : उत्पाद अप्रोच

परीक्षा में हू-ब-हू दोहराने के लिए बच्चे टेक्स्ट को रट लेते हैं, यह तथ्य हमारी लिखने की समझ के बारे में क्या बताता है? यह इस नज़रिये को दर्शाता है कि लिखना केवल संकेत रूप में बदलने (एनकोड) की एक योग्यता है। इस प्रकार लेखन सिखाने, लिखने के निर्देशों में लिखने की यान्त्रिकी (वर्तनी/हिज्जे, आकार, आदि) पर ज़ोर होता है और ऐसे अभ्यास जैसे कि अक्षर सही से बनाना, सुलेख और श्रुतलेख आदर्श बन जाते हैं। इसके साथ ही यह भी माना जाता है कि लेखन की प्रक्रिया एक रैखिक ढंग से बढ़ती है। अतः लेखन सिखाने की प्रक्रिया खण्डित होती चली जाती है। बच्चों को लिखना सिखाने के लिए सबसे पहले खड़ी व आड़ी रेखाएँ बनाना सिखाया जाता है। उसके बाद वे अक्षरों को बनाना सीखते हैं और इसके पश्चात एक या दो सालों में वाक्य लिखने की शुरुआत होती है। इसके फलस्वरूप, बच्चे वर्णमालाओं की नक़ल करने और बार-बार उनको दोहराने के ऐसे अभ्यास करने को विवश हो जाते हैं जिनमें उन्हें कोई दिमाग़ नहीं लगाना होता और उन्हें यह लगने लगता है कि लिखना एक क़वायद और बार-बार दोहराने का मसला है और यह किसी भी अर्थ से विहीन है।

उत्पाद अप्रोच (प्रोडक्ट अप्रोच)

ऊपर उल्लेखित लेखन की समझ जो हमारे विद्यालयी तन्त्र में इतनी गहराई तक समायी हुई है, दुर्भाग्य से किसी भी व्यवस्थित शोध पर आधारित नहीं है। बल्कि ब्रिटन एट ऑल (1975) के अनुसार, "ये समझ पेशेवर लेखकों के परिष्कृत उत्पादों के परीक्षण से निकली हैं, जिनके कार्यों से उनके जैसे ही और उदाहरणों को बनाने के लिए" श्रेणियाँ व नियम दोनों मिलते हैं (पृष्ठ-4)। अतः लिखना क्या होना चाहिए, इसे समझने के प्रयास में लेखकों के आदर्श कार्यों का

विश्लेषण किया गया और इनकी विशेषताओं को छात्रों के सामने अच्छे लेखन के गुणों के तौर पर प्रस्तुत किया गया ताकि वे भी इनका अनुसरण कर सकें। और तो और, ये मानते हुए कि ऐसा करना उन्हें अच्छे लेखक बना देगा, ये छात्रों को सिखाने योग्य सूत्रों के रूप में घटा कर छोटे कर दिये गये, ताकि वे काग़ज़ पर उनकी प्रतिलिपि प्रस्तुत कर सकें। क्योंकि यहाँ लेखन को समझने और उसको परिभाषित करने के लिए फ़ोकस परिष्कृत उत्पाद पर था, अतः यह अप्रोच, उत्पाद अप्रोच के नाम से जानी जाने लगी। हालाँकि, उत्पाद को तवज्जो देने में लिखने की प्रक्रिया की जाँच-पड़ताल की ज़रूरत या यह पूर्ण उत्पाद अस्तित्त्व में कैसे आया, यह उपेक्षित कर दिया गया (हेयरस्टन, 1982; कल्किंस, 1986; ब्रिटन एट ऑल. 1975)।

उत्पाद अप्रोच के अन्तर्गत यह भी मानना था कि एक अच्छे लेखन के सूत्र देने के अलावा बच्चों द्वारा लिखित उत्पाद की यान्त्रिक ग़लतियों को बारीकी से ठीक कर देना चाहिए। उनको बेहतर लेखक बनाने के लिए इसे एक कुंजी की तरह देखा जाता था। तथापि फ्लावर और हायेस (1977) तर्क देते हैं कि "उत्पाद का विश्लेषण करने में अक्सर लेखक के कार्य करने के अर्थपूर्ण चरण में हस्तक्षेप नहीं हो पाता है" (पृ. 450), जबकि लिखने की प्रक्रिया का अवलोकन करना व उसमें हस्तक्षेप करना लेखन की प्रभावशाली नीतियों को विकसित करने में बच्चों की मदद करता है (कल्किंस, 1986)।

लेखन के बारे में ये मान्यताएँ, तीन महत्त्वपूर्ण मिथकों की ओर ले जाती हैं। पहला, यह प्रचलित नज़रिये को बढ़ावा देती हैं कि अच्छा लेखन एक प्रतिभा है जो केवल कुछ ही लोगों के पास होती है। इसलिए लेखन को इस तरह से देखा जाता था जिसे सीखा नहीं जा सकता, क्योंकि यह तो ईश्वरीय देन है (हेयरस्टन, 1982; फ्लावर और हायेस, 1977)। यही नहीं लिखने के बारे में यह मान्यता इस तथ्य को छिपा देती है कि हर लेखक अपने कार्य को अन्तिम रूप देने के पहले कई लेखकीय बाधाओं, कई प्रारूपों और कई दोहराव से गुज़रता है।

दूसरा, ये मान्यताएँ इस विश्वास को बनाये रखती हैं कि लिखना एकबारगी कार्य है। फरक ढंग से कहें, तो लिखना शुरू करने से पहले ही लेखक के दिमाग़ में विचार सुव्यवस्थित होते हैं (हेयरस्टन, 1982)। परिणामस्वरूप, लिखने को एक रैखिक कार्य की तरह समझा जाने लगा, जो अधिकांशतः शब्दों को काग़ज़ पर लिखना और संशोधित करने जैसा है। परन्तु शोध कुछ अलग ही सुझाते हैं। खोजबीन यह बताती है कि लिखना असल में एक

पुनरावर्ती और समस्या समाधान की प्रक्रिया है (फ्लावर और हायेस, 1977, 1981; ग्रेव्स, 1983)। लिखते समय, एक लेखक को कई अवरोधों को एक साथ और एक समय पर नियोजित करना पड़ता है। ये अवरोध समस्याओं की तरह होते हैं। उदाहरण के लिए "मैं क्या कहना चाहता हूँ?", "अपने श्रोताओं के रूप में, मैं किन पर ध्यान केन्द्रित करूँ?", "मैं अपने श्रोताओं को कैसे समझाऊँ?", यह लेख मनोरंजक होना चाहिए या जानकारीपूर्ण?", "क्या यह वाक्य यथोचित है?" आदि समस्याएँ अनगिनत हैं और ये वैश्विक साथ ही साथ स्थानीय लक्ष्यों से भी सरोकार रखती हैं, जैसे कि शब्दों का अथवा वाक्यों का चयन। इसके अलावा अवरोधों के साथ कशमकश की यह प्रक्रिया लेखक को, अपनी रचना को आगे बढ़ाने के लिए बहुत से निर्णय लेने को बाध्य करती है। इसके साथ ही लिखना पुनरावर्ती होता है। लेखन की पूरी प्रक्रिया के दौरान लेखक योजना बनाते रहते हैं। प्रारूप लिखते रहते हैं और उन्हें संशोधित करते रहते हैं, बजाय कि एक काम पूरा करने के बाद दूसरा काम करने के (फ्लावर और हायेस, 1981)। अतः लेखन में इन प्रक्रियाओं को नियन्त्रित करने की रणनीतियों की ज़रूरत होती है न कि महज नियमों की।

अन्त में यह धारणा कि अच्छे लेखन के गुण जानने से कोई अच्छा लेखक बन सकता है इसका लिखना सिखाने पर काफ़ी गहरा असर पड़ा था। कल्किंस (1986) ने सही इंगित किया था कि "स्कूलों में हममें से अधिकतर लोग यह मानते हैं कि लिखने का तरीक़ा है क़लम उठाना, मुख्य विचार को लिखना, उसके बाद इस विचार के तीन सहायक परिच्छेदों को लिख देना।" (पृ. 16) लेखन की यह अप्रोच इसे बच्चों के लिए न केवल एक कुण्ठित कर देने वाला अभ्यास बना देती है, बल्कि एक ऐसे लेखन को भी उत्पन्न करती है जो कि इतना बेजान और इतना एक सा होता है कि रचनाएँ अलग-अलग होने पर भी एक-दूसरे की प्रतिलिपि से अधिक नहीं लगती। बच्चे के लेख में उसके अपने विचार को कोई नहीं देख पाता यानी उसकी अपनी आवाज़ (वॉइस)। अन्ततः, बच्चे अपने लेखन की क़द्र करना और इसे सीखने में निवेश करना बन्द कर देते हैं, क्योंकि यह उनके लिए अर्थविहीन और उद्देश्यविहीन होता है।

एक उत्पाद अप्रोच वाली कक्षा के लक्षण

अधिकांश भारतीय कक्षाओं में लिखना सिखाने की महज सतही जाँच-पड़ताल करने पर यह पता चल जायेगा कि वे उत्पाद अप्रोच मॉडल का अनुसरण करते हैं। इस अप्रोच के कुछ लक्षणों में शामिल हैं :

यान्त्रिकी (मैकेनिक्स) पर अत्यधिक ज़ोर

लेखन की उत्पाद अप्रोच का सबसे ख़ास लक्षण है, लिखने की यान्त्रिकी पर अत्यधिक ज़ोर। लेखन की शैली और यान्त्रिकी के बारे में इसकी अत्यधिक चिन्ता और ग़लतियों के साथ असहजता, विद्यार्थियों को यह यक़ीन दिलाती है कि अच्छा लेखन और कुछ नहीं बल्कि शुद्ध लिखना है। फलस्वरूप, ग़लती करने की गहन चिन्ता विद्यार्थियों को लिखने से ही रोक देती है (शोघनेस्सी, 1977)।

निर्देशात्मक

उत्पाद अप्रोच वाली कक्षा का विशिष्ट लक्षण है इसकी निर्देशात्मक प्रकृति। अच्छे लेखन के लक्षण विद्यार्थियों को इस हद तक स्पष्ट रूप से निर्देशित किये जाते हैं कि कभी-कभी उनको निबन्ध, परिच्छेद और उत्तर लिखवा ही दिये जाते हैं। विद्यार्थियों के व्यक्तिगत अर्थ, उनकी अपनी आवाज़ (वॉइस) और विषय वस्तु, एक उत्पाद आधारित कक्षा में निरर्थक हो जाते हैं। निर्देश देने में, शिक्षक ग़लती से यह मान लेते हैं कि अच्छी रचना लिखने के लिए एक निश्चित सूत्र है, जबकि सूत्र दे देने पर अक्सर एक सूत्रबद्ध लेख ही उत्पन्न होता है। (पर्ल, 1980)

आधिकारिक (Authoritarian)

उत्पाद अप्रोच कक्षा की निर्देशात्मक प्रकृति शिक्षक को विद्यार्थियों के लेखन पर पूरा नियन्त्रण देती है। वह शिक्षक ही होता है जो लिखने का विषय देता है, समय व गति निर्धारित करता है और उस शैली का निर्धारण भी करता है, जिसमें विद्यार्थियों को लिखना है। इसलिए विद्यार्थियों के लेखन से सम्बन्धित सभी निर्णय विद्यार्थियों के बजाय शिक्षक द्वारा ही लिए जाते हैं। हमने पहले बात की है कि लिखना एक समस्या समाधान और निर्णय लेने की प्रक्रिया है। तथापि शिक्षक द्वारा निर्णय लेना विद्यार्थियों को उन पर इतना निर्भर बना देता है कि अपने लेखन के हर चरण में विद्यार्थी उनकी स्वीकृति चाहते हैं। इसके अलावा यह विद्यार्थियों से उनके अपने ही लेखन से किसी भी प्रकार का स्वामित्व छीन लेता है और हर कक्षा में वे एक ही श्रोता के लिए लिखते हैं जो एक सत्ताधारी श्रोता भी है–शिक्षक।

एक वैकल्पिक परिप्रेक्ष्य : लेखन एक चिन्तन प्रक्रिया

अब समय है कि हम लेखन की शोध आधारित समझ को भारतीय कक्षाओं में लाएँ और यह है लेखन की प्रक्रिया अप्रोच। लेखन की प्रक्रिया अप्रोच लेखन

को चिन्तन प्रक्रिया की तरह देखती है। जब हम लिखते हैं, हम प्रधानतः अपने विचारों के साथ मशगूल होते हैं; ये हमारे विचार ही होते हैं जो कई प्रारूपों से होकर गुज़रते हैं और पुनः ये हमारे विचार ही हैं जिन्हें हम अपने लेख को प्रभावशाली और सशक्त बनाने के लिए संशोधित करते हैं। उत्पाद अप्रोच में, क्योंकि इसमें ज़ोर उत्पाद पर होता है। अतः लेखन की इस प्रक्रिया की अवहेलना होती है जिसके ज़रिये एक लेखक गुज़रता है। यह इस तथ्य की ओर ध्यान नहीं देती कि उत्पाद वास्तव में प्रक्रिया का ही नतीजा है और यदि हम उत्पाद को सुधारना चाहते हैं तो हम प्रक्रिया की उपेक्षा नहीं कर सकते।

लिखने की उत्पाद अप्रोच की अन्तर्निहित मान्यताएँ और इसके अन्तर्गत लेखन सिखाने के पारम्परिक मॉडल की 1966 में अमेरिका के डार्टमाउथ कॉलेज में एक ऐतिहासिक सेमीनार में गम्भीरता से आलोचना की गयी (निस्ट्रेंड, 2006)। महत्त्वपूर्ण रूप से, प्रतिष्ठित विद्वानों के एंग्लो-अमेरिकन सेमीनार में यह तर्क दिया कि पाठ्यक्रम के पुनर्गठन की आवश्यकता नहीं थी बल्कि भाषा पढ़ाने की समझ के बारे में पुनः सोचने की आवश्यकता थी। उनका अवलोकन था कि "लिखना सिखाना भाषायी प्रक्रियाओं की बुनियादी समझ से ज़्यादा सम्बन्धित है और तकनीक से कम है" (निस्ट्रेंड, 2006, पृ. 13)। 1980 के दशक में यह समझ लेखन के कार्य की सख़्त खोजबीन की ओर ले गयी। इस खोजबीन के नतीजों ने लेखन का जटिल और संज्ञानात्मक प्रक्रिया की तरह वर्णन किया और लेखन को जिस तरह समझा जाता था व जैसे पढ़ाया जाता था, उसे पूर्णतः बदल दिया।

इसके पहले वायगोत्स्की (1962) ने अपने प्रभावशाली कार्य (seminal work) *'थॉट एंड लैंग्वेज'* में लेखन की व्याख्या की है। लिखने को यह अन्तर्दृष्टि देने के लिए कि यह काम कैसे करता है। उन्होंने इसे "अर्थ के जाल की सोची-समझी निर्माण संरचना" कहा (वायगोत्स्की, 1962, पृ. 100), जो विभिन्न अवधारणाओं में अर्थपूर्ण सम्बन्धों के बनने की माँग करता है, ऐसे सम्बन्ध जो अन्यथा इतने स्पष्ट नहीं होंगे। वायगोत्स्की के विवरण का विस्तार करते हुए एमिग (1977) समझाते हैं कि विस्तृत वर्णन और नये संयोजनों को बनाने की प्रक्रिया में एक लेखक विश्लेषण और संश्लेषण में आसक्त होता है जिसके लिए ज़रूरत होती है पुराने अवधारणात्मक सम्बन्धों को तोड़ने की और नये बनाने की। इस तरह विचारों के समझौते और विकास के लिए लिखना एक प्रभावशाली शस्त्र बनता है।

इसके साथ ही, असल स्थिति से आज़ादी, विचारों का लगातार आकलन और अवधारणाओं का विश्लेषण और संश्लेषण एक लेखक को अपने अनुभवों को ज्ञान में बदलने में मदद करता है। इसलिए लिखना केवल एक मशीनी अभ्यास, जैसे कि बात को संकेतों में बदलने या केवल विचारों को प्रकट करने की तरह नहीं समझा जा सकता। यह एक शस्त्र है जो कि हमें वर्तमान से मुक्त करता है और हमें विचारों की अमूर्तता खोजने के लिए समर्थ करता है (स्मिथ, 1994)।

कक्षा शिक्षण के लिए क्रियान्वयन : शिक्षक खुद एक लेखक

कक्षाकक्ष में हो रही कुण्ठित करने वाली और अर्थविहीन गतिविधियों को बदलने का एक तरीक़ा है, शिक्षक को लिखने की कला में सशक्त करना और साथ ही उन्हें उतने ही अच्छे से पढ़ाना। यह तब ही हो सकता है, जब शिक्षक प्रशिक्षण कार्यक्रमों की दोबारा से संकल्पना की जाये। जब तक शिक्षक खुद लेखक नहीं होंगे और लिखने की प्रक्रिया से अवगत नहीं होंगे, वे लेखन की प्रक्रिया के बीच में सहायता देने के बजाय उत्पाद को ही ठीक करते रहेंगे। ग्रेव्स (1983) का मानना है कि भाषा शिक्षक को "पढ़ाने और लिखने की जुड़वाँ कलाओं" का ज्ञान होना चाहिए (पृ. 3)। जब तक शिक्षक लेखन की प्रक्रिया का हिस्सा नहीं बनेंगे और लेखन को भीतर से नहीं जानेंगे, तब तक वह लेखन सिखाने वाले शिक्षक नहीं बन सकते। ग्रेव्स (1983) ज़ोर देते हैं कि शिल्पशालाओं में सीखी जाने वाली अन्य कलाओं की तरह लिखना भी एक ऐसे अध्यापक के साथ ही सीखना होगा, जो कि खुद उस क्षेत्र का कलाकार हो। एक कलाकार यह जानता है कि किस प्रकार एक बच्चे का उसके विचारों को आकार देने में मार्गदर्शन किया जाये, उसके स्वयं के नियन्त्रण को छीने बग़ैर। शोध दर्शाते हैं कि यह हस्तक्षेप और सहायता देना ही है जो लिखने की क्षमता को बढ़ाता है न कि लाल स्याही से रंगा हुआ उत्पाद। उत्पाद को ठीक करने से बच्चे को शायद यह पता लगेगा कि क्या किया जाना चाहिए, परन्तु प्रक्रिया में हस्तक्षेप से बच्चे यह समझेंगे कि इसे कैसे किया जाना चाहिए।

सन्दर्भ

1. ऐपलबी, ए.एन. (1982), *राइटिंग एंड लर्निंग इन स्कूल सेटिंग्स, इन एम. निस्ट्रेंड (एड.),* व्हाट राइटर्स नो (पृ. 365-380), न्यूयॉर्क, न्यूयॉर्क : एकेडेमिक प्रेस।

2. ऐपलबी, ए.एन. एंड लेंगर, ज.ए. (2011), *अ स्नेपशॉट ऑफ़ राइटिंग इनस्ट्रक्शन इन मिडिल एंड हाई स्कूल्स, इंग्लिश जर्नल* 100(6), 14-27।

3. ब्रिटन जे. बर्गेस, टी., मार्टिन, एन., मेकलॉड, ए. एंड रोज़ेन एच. (1975), *द डेवेलपमेंट ऑफ़ राइटिंग एबीलिटीज़*, लंदन : मेकमिलन एजुकेशन।

4. केल्किंस, एल. (1986), *द आर्ट ऑफ़ टीचिंग राइटिंग*, न्यू हेंपशीयर : हाइनमेन

5. एमिग जे. (1977), राइटिंग एज़ ए मोड ऑफ़ लर्निंग, *कॉलेज कम्पोज़िशन एंड कम्युनिकेशन* 28(2), 122-128।

6. फ्लावर, एल. एंड हायेस, जे.आर. (1981), *अ कॉगनिटिव प्रोसेस थ्योरी ऑफ़ राइटिंग, कॉलेज कंपोज़िशन एंड कम्युनिकेशन*, 32, 65-87।

7. फ्लावर, एल. एंड हायेस, जे.आर. (1977), *प्रोब्लम सोल्विंग स्ट्रेटजीज़ एंड राइटिंग प्रोसेस*. कॉलेज इंग्लिश, 39(4) 449-461।

8. ग्रेव्स, डी.एच. (1983), *राइटिंग : टीचर्स एंड चिल्ड्रन एट वर्क*, न्यू हेंपशीयर : हाइनमेन एजुकेशनल बुक्स।

9. हेयरस्टन, एम. (1982), *विंड्स ऑफ़ चेंज़ कॉलेज कम्पोज़िशन एंड कम्युनिकेशन*, 33, 76-88।

10. कुमार, के. (1991), *बच्चों की भाषा और अध्यापक, एक निर्देशिका*, दिल्ली : नेशनल बुक ट्रस्ट।

11. नीस्ट्रेंड, एम. (2006), *द सोशियल एंड हिस्टोरिकल कांटेस्ट ऑफ़ राइटिंग, इन सी. ए. मेक आर्थर, एस. ग्राहम एंड ज़िल फिट्ज़गराल्ड (एड.), हेंडबुक ऑफ़ राइटिंग रिसर्च* (पृ. 11-27). न्यूयॉर्क, न्यूयॉर्क : गुलफोर्ड प्रेस।

12. पर्ल, एस. (1980), *अंडरस्टेडिंग कंपोज़िशन, कॉलेज कंपोजिशन एंड कम्युनिकेशन*, 31(4), 363-369।

13. शोघनेस्सी, एम. (1977), *एरर्स एंड एक्सपेक्टेशन : अ गाइड फॉर द टीचर ऑफ़ बेसिक राइटर्स* न्यूयॉर्क, न्यूयॉर्क : ऑक्सफोर्ड यूनिवर्सिटी प्रेस।

14. स्मिथ, एफ. (1994), *राइटिंग एंड द राइटर*, हिल्सडेल, न्यूजर्सी : लारेंस एर्लबॉम असोसिएट्स, पब्लिशर्स।

15. वायगोत्सकी, एल.एस. (1962), *थॉट एंड लैंग्वेज*, कैम्ब्रिज, मेसाट्यूएट्स : एमआईटी प्रेस।

लेखिका के बारे में	:	मालविका राय, दिल्ली विश्वविद्यालय के केन्द्रीय शिक्षा संस्थान में पीएच.डी. की छात्रा हैं। लेखन के शिक्षण शास्त्र और पढ़ने-लिखने के बीच जुड़ाव में उनकी रुचि है।
ई.मेल	:	**malvikaraimail@gmail.com**
अनुवादक	:	वर्षा गुप्ता, उदयपुर, राजस्थान।
स्रोत	:	*लैंग्वेज एंड लैंग्वेज टीचिंग*, 4.1.7, 32-36, जनवरी 2015.

सार लेखन : भाग-1

यास्मीन लुकमानी

परिचय

इस आलेख का मुख्य उद्देश्य पाठकों को सार-लेखन की बारीकियों से अवगत कराना है।

सार लेखन भाषा पाठ्यचर्या का केवल एक हिस्सा मात्र नहीं है, बल्कि हमारे रोज़मर्रा के जीवन में भी इसकी ज़रूरत होती है। भाषा की कक्षाओं में विद्यार्थियों को पारम्परिक रूप से सिखाया जाता है कि संक्षेपण कैसे किया जाता है या सार कैसे लिखा जाता है। ऐसा करते हुए ज़ोर इस बात पर रहता है कि सूचना और भाषा दोनों को इस प्रकार व्यवस्थित किया जाये कि वास्तविक लेख का सार प्राप्त हो सके। हालाँकि सार का सटीक होना बहुत महत्त्वपूर्ण है फिर भी न तो सार लेखन सिखाने की और ना ही लिखे गये सारांशों का आकलन करने की कोई सुस्पष्ट पद्धति मौजूद है। साथ ही यह भी माना जाता है कि सारांश में पूर्ण एवं सहज वक्तव्य की ज़रूरत हमेशा होती है।

सारांश लेखन के उद्देश्य

चाहे किसी अनुच्छेद का सार हो या फिर किसी मौखिक अन्तःक्रिया या स्थिति का सार हो, सार लिखना विषय-वस्तु को स्पष्ट करने के साथ ही इसे उभारता भी है। असल में विद्यार्थियों से सार लिखवाना, नोट्स लिखना सीखने के लिए एक तरह का उत्कृष्ट प्रशिक्षण है। सार लेखन शिक्षक के बोले हुए शब्दों को कागज़ पर जस का तस उतारने का प्रयास करते हुए होने वाली चूकों को सम्बोधित करने में विद्यार्थियों को प्रशिक्षित करता है और इस तरह कही जा रही बात में मुख्य बिन्दुओं पर ध्यान देने में भी यह मदद करता है। यह एक महत्त्वपूर्ण

मानसिक कौशल भी है जो जीवन के अन्य क्षेत्रों में सफलता के लिए आवश्यक है। एक सार में जो कहा जा रहा है या लिखा गया है, उसके सभी मुख्य बिन्दु सम्मिलित होने चाहिए और यह सुव्यवस्थित होना चाहिए; यह अपने आपमें पूर्ण होना चाहिए; जिसमें भूमिका, विस्तार एवं उपसंहार हो। सार में, तर्क-वितर्क का मूल सत्व तार्किक तरीक़े से विकसित होना चाहिए। एक तरीक़े से कम संगठित टेक्स्ट में तार्किक ढाँचे का इस्तेमाल करके ऐसा किया जा सकता है। सार का ढाँचा विकसित करने के लिए ज़रूरी है कि इसमें प्रस्तुत विभिन्न लक्षणों में जुड़ाव हो और विभिन्न वक्तव्यों को क्रम देते हुए यह जुड़ाव प्रदर्शित भी हो और फिर संसक्ति की युक्ति (कोहेसिव डिवाइस) के इस्तेमाल द्वारा तर्क एक-दूसरे से जुड़े हो।

यह ध्यान में रखा जाना चाहिए कि वास्तविक सार, प्रायः भाषा की परीक्षा में लिखे गये सार से पूर्णतया अलग होता है। परीक्षा में सार लेखन पर लम्बाई, प्रारूप एवं शैली सम्बन्धित सीमाएँ होती हैं साथ ही सार के प्रकरण की समझ के सम्बन्ध में और उसके रिटोरिकल आर्गेनाइजेशन* के सम्बन्ध में व्यक्तिगत और सांस्कृतिक विभेद हो सकते हैं। इसलिए सार लिखते समय सम्भावित पाठक समूह के बारे में विचार कर लेना बहुत महत्त्वपूर्ण है।

तीन आलेख

तीन आलेखों की इस श्रृंखला के पहले आलेख में मैं सार लेखन की उस पद्धति पर बात करूँगी जो बताती है कि वर्णनात्मक टेक्स्ट एक्पोज़िटरी लेखन में व्यक्त किये गये मुख्य बिन्दुओं को कैसे पहचाना जाये। मैं इसे 'टॉप-डाउन अप्रोच' कहूँगी क्योंकि इसकी शुरुआत केन्द्रीय विचारों से होती है और बाद में सूक्ष्म विचार आते हैं। दूसरे आलेख में मैं एक पूर्णतया अलग पद्धति का जिक्र करूँगी जिसे मैं 'बॉटम-अप अप्रोच' कहूँगी। इस पद्धति में हम भाषा के बुनियादी खण्डों-वाक्य खण्ड की संरचना से शुरू करते हैं और समझने की कोशिश करते हैं कि मुख्य विचारों को पहचानने में यह किस प्रकार से मदद करते हैं। तीसरे आलेख में मैं योजनाबद्ध सार लेखन (स्कीमैटिक) की अवधारणा पर बात करूँगी जो कि मदवार नोट उतारने से सम्बन्धित है।

***रिटोरिकल ऑर्गेनाइज़ेशन-**एक संवाद/रचना/टेक्स्ट को सुगठित करने वाली युक्तियाँ जो उस रचना में दिये गये विभिन्न विवरणों को मुख्य विचार से जोड़ने के लिए एक ढाँचा प्रदान करती है और इस तरह दिये गये अनुच्छेद में सम्बन्ध को सुनिश्चित करती है।

इसी आलेख में मैं अलग-अलग चरों पर केन्द्रित सार पर भी बात करूँगी यानी एक ही सामग्री का सार लेखन परन्तु अलग उद्देश्यों के लिए, अलग-अलग नज़रिये के साथ और अलग-अलग पाठकों के लिए। अन्तिम आलेख में मैं कक्षा कक्षीय उद्देश्यों के लिए सार के आकलन करने का प्रयास करूँगी।

टॉप-डाउन अप्रोच

टॉप-डाउन अप्रोच, विंटर (1976) और होई (1983) के रिटोरिकल विश्लेषण पर आधारित है। वैसे ये विंटर की परम्परा का ही अनुसरण करते हैं। ये लेखक टेक्स्ट के रिटोरिकल आर्गेनाइज़ेशन के विश्लेषण से सरोकार रखते हैं। ये किसी वर्णनात्मक गद्य (एक्सपोजिटरी टेक्स्ट) में 'समस्या-समाधान' को ज़्यादा महत्त्वपूर्ण पैटर्न के रूप में देखते हैं। क्योंकि शैक्षणिक व्यवस्था के भीतर अधिकांश सार वर्णनात्मक लेखन पर आधारित होते हैं। इस वजह से इस तरह का पैटर्न एक रूपरेखा के रूप में ज़्यादा प्रासंगिक होना स्वाभाविक है। नीचे दिये गये संक्षिप्त उदाहरण से इस पैटर्न को समझाया जा सकता है।

इस अत्यधिक सरल टेक्स्ट (विंटर, 1976; होई, 1983) पर विचार कीजिए।

"मैं पहरेदारी कर रहा था। मैंने दुश्मन को क़रीब आते देखा। मैंने गोलीबारी शुरू कर दी। मैंने हमले को रोक दिया।"

विन्टर-होई के प्रारूप में इन वाक्यों को इस प्रकार वर्गीकृत किया जा सकता है-

मैं पहरेदारी कर रहा था - स्थिति
मैंने दुश्मन को क़रीब आते देखा - समस्या
मैंने गोलीबारी शुरू कर दी - प्रतिक्रिया
मैंने हमले को रोक दिया - मूल्यांकन

पहला वाक्य उस सन्दर्भ या स्थिति को स्थापित करता है जिसमें घटनाएँ घटित हुईं। इसके बाद समस्या दी गयी है जिसके लिए समाधान या निष्पक्ष रूप से कहें तो प्रतिक्रिया की ज़रूरत है और अन्त में आता है समस्या पर की गयी प्रतिक्रिया की सफलता का मूल्यांकन।

यह टेक्स्ट एक सरल सा उदाहरण है। हालाँकि इसके तर्क-वितर्क के तार्किक वक्तव्यों में बदलाव करके इसको विभिन्न तरीक़ों से जटिल बनाया जा सकता है। उदाहरण के तौर पर स्थिति बताने से पहले ही समस्या बताई जा सकती है :

"मैंने दुश्मन को आते देखा।" (समस्या)

"जब मैं पहरेदारी कर रहा था।" (स्थिति)

या फिर प्रतिक्रिया से पहले मूल्यांकन :

"मैंने हमले को रोक दिया" (मूल्यांकन)

"गोलीबारी करके" (प्रतिक्रिया)

इस तर्क में और भी चरण जोड़े जा सकते हैं। होई (1983) का यह उदाहरण इस बात को स्पष्ट करता है–

स्थिति : मैं पहरेदारी कर रहा था।

समस्या : मैंने दुश्मन को क़रीब आते देखा।

प्रतिक्रिया : मैंने गोलीबारी करने की कोशिश की।

(आन्तरिक समस्या) : बन्दूक का बोल्ट जाम हो गया।

आन्तरिक प्रतिक्रिया : शान्त रहते हुए मैंने तेल की एक बूँद वहाँ लगायी।

आन्तरिक मूल्यांकन : उसने काम किया।

प्रतिक्रिया : मैंने गोलीबारी शुरू की।

मूल्यांकन/परिणाम : मैंने हमले को रोक दिया।

जैसा कि विंटर (1976), होई (1983) और जोर्डन (1984) ने बताया है कि इस प्रकार के कई और फेरबदल किये जा सकते हैं। हालाँकि पैटर्न की विविधता के विस्तार में खो जाने की कोई आवश्यकता नहीं है। पैटर्न के चार आधारभूत हिस्से मात्र ही सार लेखन के लिए सुरुचिपूर्ण आसान ख़ाका उपलब्ध करा सकते हैं। विश्लेषण किस प्रकार आगे बढ़ सकता है यह प्रदर्शित करने के लिए अब एक टेक्स्ट का उदाहरण दिया गया है।

सार लेखन के लिए अनुच्छेद

तकनीकी क्रान्ति के निराशाजनक प्रभाव हर क्षेत्र में देखे जा सकते हैं। दुर्घटना के परिणामों की परवाह न करते हुए असीमित क्षमताओं वाले तेल के टैंकर बनाये जाते हैं। हमारी झीलों और झरनों पर साबुन के झाग तैरते रहते हैं। ऑटोमोबाइल सुरक्षा मानकों के दायरों से बाहर हैं, शहरी आवाज़ें हमारे कान के पर्दों को ललकारती हैं और छुपी हुई आँखें और कान हमारी निजता में दख़ल देते हैं।

इन समस्याओं के जवाब ढूँढ़ने से पहले तकनीकी क्रान्ति की दो विशेषताओं को समझना ज़रूरी है कि ये विचारहीन है और ये निष्पक्ष है। यह बेदिमाग़ है क्योंकि शुद्ध/ख़ालिस विज्ञान जानने, तथ्यों से पर्दा उठाने और रहस्य खोलने की इच्छा मात्र है। इस पर किसी भी प्रकार की सीमाएँ तय करने के लिए इंसानी दिमाग़ का इस्तेमाल ज़रूरी है। जब तक इंसान सजग रूप से इनका विकास रोकने के बारे में तय ना कर ले तब तक ऊपर वर्णित सारे तकनीकी विकास अपरिहार्य है। वैज्ञानिक तब तक डी.एन.ए., अंग प्रत्यारोपण और मस्तिष्क में इलेक्ट्रोड प्रत्यारोपण से जुड़ी पेचीदगियों को खोलते रहेंगे, जब तक कि ये अज्ञात हैं और जब तक कि उन्हें यह करने के लिए विशेष रूप से मना न किया जाये। यह उदासीन है क्योंकि तकनीकी क्रान्ति के फलस्वरूप आये बदलाव अपने आप में अच्छे या बुरे नहीं होते। उनका उपयोग जिस तरीके से हो रहा है उसके अनुसार वे मूल्य अधिग्रहण करते हैं। विज्ञान हमें यह बता सकता है कि हम क्या कर सकते हैं पर यह नहीं बता सकता कि हमें क्या करना चाहिए। यह हमें बता सकता है कि कोई चीज़ कैसे करनी है पर यह नहीं बताता कि हमें वह करनी चाहिए या नहीं। ऊपर वर्णित कई आविष्कारों की अच्छी और बुरी सम्भावनाएँ हमारी कल्पनाशक्ति को डगमगा देती हैं और परमाणु शक्ति का उपयोग याद दिला देती हैं।

क्योंकि क्रान्ति को चुनौती देने वाली दवा और मानवजाति विचारहीन है और उदासीन है इसलिए इस पर नियन्त्रण पाने और इसके मूल्य निर्धारित करने के लिए दिमाग़ लगाया जाना चाहिए। ऐसा करने में अब तक की विफलता के चलते इंसान की तकनीकी और मानवीय कल्पनाशक्ति के बीच गहरी खाई पनप चुकी है। विचारहीन तकनीकी राक्षस की तरह डराते हुए यह अपने बनाने वाले के लिए घातक बनती जा रही है।

भविष्य की झलक डरावनी सी हो चली है। विचारशील मानव को यह चेतावनी लगातार सुनाई दे रही है, चेतावनी जो कि हिरोशिमा बम धमाके की अगली सुबह The New York Times द्वारा सम्पादकीय रूप से जारी की गयी थी :

"क्या मानवजाति सभ्यता और तबाही के बीच की स्पर्धा को जीतने के लिए जल्दी से परिपक्व हो सकती है?"
(यह अनुच्छेद और दिये गये शुरुआती अभ्यास लुकमानी व अन्य 1981 से लिए गये हैं। इनका मूल अंग्रेज़ी में है और यहाँ अनुवाद दिया गया है।)

पहले बताये गये समस्या समाधान पैटर्न के बाद अब सार लेखन के लिए विश्लेषण का तरीक़ा बताया गया है। इस तरह का मार्गदर्शन यदि विद्यार्थियों को उपलब्ध कराया जाये तो यह उनके लिए सार लेखन के काम को काफ़ी हद तक आसान बना सकता है।

विश्लेषण

यह अनुच्छेद निम्नलिखित पैटर्न के अनुसार नियोजित है–

1. समस्या
2. समस्या का विश्लेषण
3. प्रतिक्रिया/सुझाया गया समाधान।

ऐसे कई तरीक़े हैं जिनके द्वारा इस ख़ास रिटोरिकल पैटर्न को पहचानने का काम किया जा सकता है। विद्यार्थी जिस कक्षा में पढ़ रहा है, उसके अनुसार इस काम को और आसान या मुश्किल बनाया जा सकता है।

काम को आसान बनाने का एक तरीक़ा ये हो सकता है कि विद्यार्थियों से सुस्पष्ट प्रश्न पूछकर इसे बनाया जाये। अनुच्छेद के लिए प्रारम्भिक सवालों के जवाब देने वाले चरण के लिए एक प्रारूप नीचे दिया गया है।

सार लेखन की ओर ले जाने वाली प्रक्रियाएँ

सार लेखन की रूपरेखा बनाने से पहले निम्नलिखित सवालों का संक्षिप्त जवाब दें। वास्तविक सार लेखन के अभ्यास के लिए इन प्रश्नों को रफ़ कार्य की तरह देखें।

1. (अ) रोज़मर्रा के जीवन के ऐसे कौन-से ठोस तथ्य हैं जो लेखक को तकनीकी क्रान्ति की समस्या की तहक़ीक़ात के लिए उद्विग्न कर रहे हैं।
   (ब) क्या ये अति साधारण प्रवृत्तियों के उदाहरण हैं या केवल मौजूदा निराशाजनक तथ्यों के उदाहरण हैं।

(स) इन समस्याओं का सामना करते हुए लेखक क्या करने की कोशिश कर रहा है।

2. तकनीकी क्रान्ति की क्या विशेषताएँ हैं?

(अ) ....

(ब) ....

3. इन विशेषताओं के कारण

(अ) ....

(ब) ....

4. (अ) लेखक ने क्या समाधान सुझाये हैं?

(ब) यह समाधान सुझाये जाने के कारण क्या हैं?

(स) उपयुक्त समाधान प्राप्त होने में असफलता के कारण क्या हैं?

इन सवालों का जवाब देने के लिए विद्यार्थियों को निम्नलिखित निर्देश दिये जाते हैं।

(अ) प्रत्येक बिन्दु को अलग से सूचीबद्ध कर लें। उप-बिन्दु होने की स्थिति में नयी पंक्ति का प्रयोग करें।

(ब) विचारों को उदाहरणों से पृथक करें साथ ही विचारों को उन कारणों से भी पृथक रखें जिनकी वजह से वह विचार बने हैं।

तब सार इस प्रकार से पढ़ा जा सकता है–

समस्या का विवरण : तकनीकी क्रान्ति के व्यथित कर देने वाले प्रभाव सभी क्षेत्रों में महसूस किये जा सकते हैं।

विश्लेषण : तकनीकी क्रान्ति की दो विशेषताओं को समझना ज़रूरी है; पहला यह कि यह बिना सोची-समझी और दूसरा ये निष्पक्ष/उदासीन है। यह सोचरहित इसलिए हैं क्योंकि शुद्ध विज्ञान जानने की इच्छा मात्र है और यह उदासीन इसलिए है क्योंकि तकनीकी क्रान्ति के फलस्वरूप आये बदलाव अपने आप में अच्छे या बुरे नहीं हैं।

सुझावित समाधान : क्योंकि क्रान्ति को चुनौती देने वाली दवा और मानव जाति सोच-समझरहित है और क्योंकि यह निष्पक्ष है इसलिए इन पर नियन्त्रण पाने के लिए और इनके मूल्य निर्धारित करने के लिए दिमाग़ को काम में लेना होगा।

इस उदाहरण से स्पष्ट हो जाना चाहिए कि किसी भी वर्णनात्मक टेक्स्ट (एक्पॉसिटरी) को तीन मुख्य भागों में बाँटा जा सकता है–

1. समस्या विवरण
2. विश्लेषण
3. सुझाया गया समाधान

इस तरीक़े से विद्यार्थी डिस्कोर्स का विश्लेषण करना और किसी परिस्थिति के विभिन्न पहलुओं को पहचानना सीख़ते हैं : समस्या, समस्या पर प्रतिक्रिया और प्रतिक्रिया का मूल्यांकन वह भी कुछ विविधताओं और विस्तार के साथ। अब वे इस पैटर्न का उपयोग सार लेखन के लिए कर सकते हैं। इस प्रकार यह व्यापक रिटोरिकल पैटर्न टेक्स्ट के विश्लेषण और इसमें आये मुख्य बिन्दुओं की पहचान को सुगम्य बना देता है।

यह ध्यान में रखा जाना ज़रूरी है कि टेक्स्ट में रिटोरिकल पैटर्न का क्रम टेक्स्ट के सार लेखन के लिए वांछित चीज़ों से अलग हो सकता है। सार में, एक बहुत तार्किक प्रकार का संगठन ज़रूरी है, ताकि यदि टेक्स्ट में स्थिति से पहले समस्या का विवरण दिया गया हो तब भी सार में स्थिति को पहले प्रस्तुत किया जायेगा और समस्या को उसके बाद।

पुनः सार लेखन के लिए टेक्स्ट में से पूरे-पूरे हिस्से उठाना अपने आप में कोई अच्छी या बुरी बात नहीं है; असल में यह विद्यार्थियों के लिए वांछित स्थिति है, कम से कम सार लेखन के शुरुआती चरण में। संरचना के बोझ से मुक्त होने से वे अपना पूरा ध्यान टेक्स्ट के मुख्य बिन्दुओं/विचारों पर केन्द्रित कर सकते हैं। तो एक बार जब वे मुख्य विचारों को पृथक कर लेते हैं और टेक्स्ट के तार्किक संगठन को समझ लेते हैं तो उसके बाद वे अपना ध्यान अभिव्यक्ति को बेहतर बनाने और उन्हें आपस में बाँधने वाले लिंक (कोहेसिव लिंक) डालने पर लगा सकते हैं, विशेषरूप से तब, जब मुख्य शीर्षकों (जैसी कि विश्लेषण में दी गयी हैं) को हटाना हो।

किसी टेक्स्ट में समस्या-समाधान (विंटर 1976, 1978; होई 1983) जैसे रिटोरिकल पैटर्न में प्रतिच्छेदी सम्बन्धों की अन्य व्यापक श्रेणियाँ भी पायी जाती हैं। प्रतिच्छेदी सम्बन्धों की ऐसी दो मुख्य श्रेणियाँ हैं-सम्बन्धों का तार्किक अनुक्रम और मिलान सम्बन्ध। तार्किक अनुक्रम सम्बन्ध वे सम्बन्ध हैं जो सिलसिले वार प्रस्तुत घटनाओं या विचारों के बीच हैं, चाहे वास्तविक हो या सम्भावित और इसका सबसे बुनियादी रूप कालक्रम (time sequence) है। तार्किक अनुक्रम

शीर्षक के अन्तर्गत आने वाले सम्बन्धों के उदाहरणों में परिस्थिति-परिणाम, साधन-उपलब्धि, कारण-परिणाम आदि शामिल हैं। मिलान सम्बन्ध वे हैं जिनमें वक्तव्यों का एक-दूसरे से मिलान किया जाता है। इस दृष्टि से कि उनमें सम्बन्धों की समानता किस हद तक है। हालाँकि यहाँ पर इनकी व्याख्या के लिए जगह नहीं है। अधिक जानकारी के इच्छुक पाठक सन्दर्भ में सूचित काम को देख सकते हैं।

सन्दर्भ

1. होई, एम. (1983), *ऑन द सरफेस ऑफ़ डिस्कोर्स*, लंदन : जार्ज एलेन एंड अनविन।
2. जार्डन, एम. (1984), *रेटॉरिक ऑफ़ एवरीडे इंग्लिश टेक्स्ट्स*, लंदन : जार्ज एलेन एंड अनविन।
3. लुकमानी, वाय, बालापोरिया, वी., कोलाको, एम. एंड कोरिया, एम. (1981), *एक्ज़ामिनेशन पेपर्स इन कम्युनिकेशन स्किल्स इन इंग्लिश*. बॉम्बे : यूनिवर्सिटी ऑफ़ बॉम्बे।
4. विंटर, ई.ओ. (1976), *फंडामेंटल्स ऑफ़ इनफॉरमेशन स्ट्रक्चर : अ पायलर मैनुअल फोर फरदर डेवलपमेंट अकॉर्डिंग टू स्टूडेंट नीड* मिमेओ : हेटफील्ड पोलिटेक्निक।
5. विंटर, ई.ओ, (1977), *ए क्लोज़-रिलेशनल अप्रोच टू इंग्लिश टेक्स्टस, अ स्टडी ऑफ़ सम प्रीडक्टिव लेक्सिकल आइटम्स इन रीटन डिस्कोर्स, इनस्ट्रक्शनल साइंस*, 6 स्पेशल इश्यू, 1-92।
6. विंटर, ई.ओ, (1978), अ लुक एट सर्टन वर्ड्स इन इनफॉरमेशन स्ट्रक्चर, इन जोन्स, के.पी. एंड हार्सनेल, वी. (सम्पादित) *इनफॉरमेटिक्स 3/1* (पृ. 85-98), लंदनः ए.एस.एल.आइ.बी.।

लेखिका : यास्मीन लुकमानी, मुम्बई विश्वविद्यालय, मुम्बई से प्रोफ़ेसर पद से सेवानिवृत हैं। सिलेबस डिज़ाइन, सामग्री निर्माण और शिक्षक प्रशिक्षण उनकी रुचियों में शामिल हैं।

ई-मेल : ylukmani@gmail.com

अनुवाद : जय। राठौड़, विद्या भवन, शिक्षा सन्दर्भ केन्द्र, उदयपुर (राज.)

स्रोत : *लैंग्वेज एंड लैंग्वेज टीचिंग*, 5.1.9, 12-16, जनवरी, 2016।

एक प्रारम्भिक साक्षरता कार्यक्रम का सफ़र

कीर्ति जयराम

परिचय

प्रारम्भिक शिक्षा कार्यक्रम के सफ़र की समझ कक्षा के भीतर स्थायी और गहरे रूप से काम करते हुए और बच्चों, शिक्षकों, अभिभावकों व समुदाय के साथ काम करते हुए दस वर्षों की अवधि में धीरे-धीरे स्पष्ट हुई। कार्यक्रम का दृष्टिकोण और कक्षा प्रक्रियाएँ स्वाभाविक रूप से विकसित हुईं जैसे-जैसे हमें नयी दृष्टियाँ मिलती गयी वैसे-वैसे पुराने अवयवों की जगह नये अवयव आते गये। इस कार्यक्रम के गुणात्मक पहलुओं की रचना पर फ़ोकस करने के मद्देनज़र हम इस पूरी प्रक्रिया को एक ज्ञान निर्माण के अभ्यास के रूप में देखने को प्रवृत्त हैं। इस पर्चे में, मैं OELP (ऑर्गेनाइज़ेशन फॉर अर्ली लिट्रेसी प्रमोशन) द्वारा सैद्धान्तिक विचारों को कक्षा प्रक्रियाओं में रूपान्तरित करने के तरीक़ों के सन्दर्भ में किये गये सतत् प्रयासों पर ध्यान केन्द्रित करूँगी ताकि वे शिक्षा क्षेत्र के अभ्यासकर्ताओं को सुलभ हों और साथ ही बृहद स्तर पर इस्तेमाल के लिए व्यावहारिक भी हों। OELP में जिस तरह का काम किया था उस तरह के काम की पुनरावृत्ति की सम्भावना हमारे लिए एक महत्त्वपूर्ण सरोकार थी और इसीलिए हमने, जहाँ तक हो सके मुख्यधारा तन्त्र के साथ-साथ चलने का प्रयास किया, ताकि भविष्य में तन्त्र के भीतर इसको बढ़ाये जाने की सम्भावनाएँ वास्तविकता के दायरे में बनी रहें।

सन्दर्भ

नन्हे बच्चों के लिए प्रारम्भिक पठन-लेखन की अर्थपूर्ण और मज़बूत बुनियाद बनाने के लिए OELP का कार्य, 2006 में एक खोज के प्रयास के तौर पर शुरू हुआ।

इस कार्यक्रम में शामिल बच्चे दिल्ली के बाहरी इलाक़ों के, अर्द्धशहरी क्षेत्र में रहने वाले तथा कमज़ोर एवं हाशियाकृत सामाजिक-आर्थिक पृष्ठभूमि के थे। वर्ष 2008 में OELP ग्रामीण राजस्थान के सूखा प्रवृत्त क्षेत्र में स्थानान्तरित हुआ जहाँ यह काम आज भी प्रगति पर है।

अधिकांश नन्हे बच्चे जिनके साथ OELP काम कर रहा है, वे ऐसी मौखिक परम्पराओं में बड़े हो रहे हैं जो सामाजिक तौर पर विभाजित जाति आधारित रिश्तों से जकड़ी हुई हैं। वे एक ऐसे कठोर भौतिक भू-भाग में रहते हैं जहाँ समुदाय आसपास के मार्बल उद्योगों में दिहाड़ी मज़दूरी या वर्षा आधारित कृषि से अपना जीवन निर्वाह कर रहे हैं। पलायन पर कोई काबू नहीं है, ख़ासकर फ़सल की कटाई के और बुवाई के समय ज़ब पूरा परिवार ही कृषि कार्य में दिहाड़ी मज़दूरी करने के लिए पड़ोसी राज्य में चला जाता है। यह दुनिया जिसमें बच्चे बड़े होते हैं, मौखिक बातचीत के विभिन्न प्रकारों की दुनिया है, जिसमें न केवल नन्हे सीखने वालों के लिए बल्कि उनके समुदाय के वयस्कों के लिए भी कक्षाओं में प्रचलित सम्प्रेषण के लिखित रूप की ओर जाना चुनौतिपूर्ण होता है। यह दुनिया क़िस्से-कहानियों और वाक्यों से भरपूर होती है। इसीलिए कक्षाओं में प्रचलित सम्प्रेषण के सन्दर्भ विहीन लिखित रूप की ओर जाना इन बच्चों के लिए आसान नहीं है। हमने पाया कि यह चुनौती समुदायों में न सिर्फ़ विद्यार्थियों/बच्चों के लिए है बल्कि वयस्कों के लिए भी मौजूद है (डोनाल्डसन, 1978)।

हमारी समझ

भारतीय सन्दर्भ में प्रारम्भिक साक्षरता का क्षेत्र काफ़ी नया है। विविध भारतीय भाषाओं व सन्दर्भों में प्रारम्भिक साक्षरता अर्जन पर देशज (indigenous) शोध मिलना मुश्किल है। इसलिए OELP ने प्रारम्भिक साक्षरता और भाषा सीखने से सम्बन्धित उपलब्ध शोधों व साहित्य से अपनी अन्तर्दृष्टि विकसित की।

प्रारम्भिक साक्षरता का अवधारणात्मक ढाँचा बनाने में हमने शुरुआती वर्षों के दौरान OELP में मारी क्ले के उभरती साक्षरता (emergent literacy) पर काम से काफ़ी कुछ लिया, जिसने हमें प्रारम्भिक साक्षरता की नींव बनाने में शुरुआती घरेलू अनुभवों की महत्ता के प्रति संवेदनशील बनाया। कक्षाओं में हमारे काम ने इस तथ्य को और बल दिया कि बच्चे स्कूली शिक्षा के लिए अलग-अलग ढंग से तैयार होते हैं।

उपर्युक्त सोच के आधार पर, OELP के लिए यह ज़रूरी हो गया था कि जिन बच्चों के साथ हम काम कर रहे थे, उनकी सीखने-सिखाने की ख़ास ज़रूरतों की पहचान करके हम उन्हें सम्बोधित करें। इन बच्चों को शाला से पूर्व के शुरुआती वर्षों के दौरान छपी सामग्री के साथ आदान-प्रदान करने के स्वाभाविक मौक़े बहुत ही कम मिलते हैं। इसके अलावा इन बच्चों की विशेष ज़रूरतों को पहचानते हुए उनके लिए उभरती साक्षरता से सम्बन्धित उपयुक्त विकासात्मक प्रक्रियाओं को शामिल करने की महत्ता हमने महसूस की। OELP ने अपने कार्य को वायगोत्स्की के सामाजिक-सांस्कृतिक परिपेक्ष्य के भीतर रखना चुना जिसमें साक्षरता को भाषा विकास के अन्तर्गत अर्थ निर्माण की प्रक्रिया के रूप में देखा जाता है और जिसमें बच्चों की घरेलू और सामाजिक दुनिया की अहम् भूमिका होती है। घर की भाषा से स्कूल की भाषा की ओर बढ़ने का मुद्दा भी हमारे लिए गहरे जुड़ाव का मुद्दा था। कक्षाओं के भीतरी अनुभवों से यह अहसास हुआ कि महज स्कूल तक पहुँच होना ही कक्षा को सीखने की एक समावेशी जगह नहीं बनाती। हमने साक्षरता पर हाल-फिलहाल के दृष्टिकोणों को संज्ञान में लेना शुरू किया, जिनका तर्क था कि साक्षरता में स्वायत्त या तटस्थ संज्ञानात्मक प्रक्रियाएँ शामिल नहीं होती हैं बल्कि यह एक सामाजिक एवं सांस्कृतिक प्रक्रिया है (स्ट्रीट, 1984), इस पूरे काम ने हमें इस तथ्य के प्रति भी संवेदनशील बनाया कि कक्षा में काम करते समय 'आप कौन हैं' यह भी मायने रखता है। (ब्लूम और डैल, 1997) राष्ट्रीय पठन पैनल (2000) द्वारा किये शोध के नतीजों और तत्पश्चात उभरे साहित्य के आधार पर (ड्यूक एवं पीयरसन, 2002; पीयरसन; 2001) OELP ने अपने काम को एक सन्तुलित पद्धति के दायरे में करना चुना, जिसमें भाषा के स्वाभाविक तरीक़ों से भाषा और साक्षरता के साथ अर्थपूर्ण जुड़ाव के साथ एक व्यवस्थित कौशल निर्माण कार्यक्रम को भी विकसित किया। जिनके द्वारा पठन-लेखन के बुनियादी कौशलों के साथ ही साथ उच्चस्तरीय कौशलों पर भी बल दिया गया है। इस लेख में आगे चलकर इन पर विस्तार से चर्चा की जायेगी (OELP की त्रि-आयामी अप्रोच)।

चुनौतियाँ

एक गतिशील एवं जटिल सांस्कृतिक एवं सामाजिक-भाषायी सन्दर्भों और एक विभाजित सामाजिक दायरे के साथ काम ने चुनौती को निरन्तर बनाये रखा।

हमारा सामना निरन्तर ऐसे बच्चों से होता रहा जो कक्षा-प्रक्रियाओं के साथ बड़े यान्त्रिक तरीक़े से जुड़ रहे थे। उन्हें सक्रिय रूप से कक्षा-प्रक्रियाओं से जोड़े रखना हमारे लिए एक चुनौती रहा है। कुछ बाधाएँ जिनका हमने सामना किया उनमें शामिल हैं–

1. स्कूल प्रबन्धन/शिक्षकों एवं समाज के सबसे निचले तबके से आने वाले विद्यार्थियों के बीच सामाजिक दूरी।
2. बच्चों एवं उनके समुदायों में आत्मसम्मान की कमी व अपने प्रति हीन भावना जिससे प्रायः शिक्षकों की अपने विद्यार्थियों के बारे में मान्यताओं और नज़रियों से पुनर्बलन मिलता है।
3. कई स्कूल जाने वाले बच्चों के लिए स्कूल एक बंजर, नीरस, अपरिचित और भयभीत स्थान होता है जिससे कई बच्चे डरे हुए और सहमे से रहते हैं।
4. घर से स्कूल की ओर जाने से सम्बन्धित मुद्दे जैसे घरेलू बोल-चाल व मौखिक सम्प्रेषण से स्कूल के चित्रात्मक एवं लिखित सम्प्रेषण की ओर बढ़ना, घरेलू बोल-चाल व कई बच्चों के मामले में तो जानी-पहचानी घरेलू भाषाओं से कक्षा में प्रचलित मानक भाषा की ओर बढ़ना।
5. रटकर सीखने के तरीक़ों से भरपूर कक्षाएँ, जिनमें अवधारणाओं की समझने, सोचने, चिन्तन और कल्पना करने के सक्रिय व अर्थपूर्ण मौक़े न के बराबर हैं।
6. शिक्षकों में उच्च स्तरीय कौशलों के निर्माण व सीखने-सिखाने के अन्तःक्रियात्मक शिक्षणशास्त्र की तैयारी पर्याप्त नहीं है अथवा बच्चों को सीखने की विषयवस्तु के साथ सक्रिय एवं अर्थपूर्ण तरीक़ों से जोड़ने के लिए ज़रूरी कक्षा प्रबन्धन तकनीकों का अभाव भी दिखाई देता है।
7. पूर्व निर्धारित अधिगम विषयवस्तु और शिक्षार्थी की प्रगति को ट्रेक करने जाँचने के मानक जो कि बृहद् सन्दर्भ में से 'सबके लिए एक-सा' के रूप में निगमित हुए हैं और ये प्रायः सीखने वाले की ज़रूरतों से मेल नहीं खाते।

त्रि-आयामी अप्रोच

चित्र-1 में दिखाई देने वाले तीनों लक्षणों पर आगे चर्चा की गयी है।

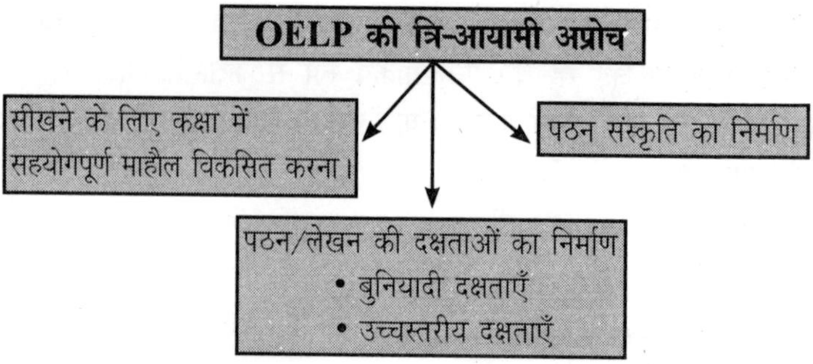

चित्र-1. OELP का दृष्टिकोण

(क) कक्षा कक्ष के भीतर सीखने के लिए सहयोगी स्थितियाँ बनाना

यह सबसे महत्त्वपूर्ण है क्योंकि यह वह नींव है जिस पर OELP का प्रारम्भिक साक्षरता का बुनियादी कार्यक्रम विकसित हुआ है। इसमें शामिल हैं–

- शिक्षकों को बहुस्तरीय कक्षाओं के लिए प्रभावी प्रबन्धन तकनीकों से लैस करना जो कक्षा-कक्ष प्रक्रियाओं में समावेशी, सक्रिय और स्वतन्त्र भागीदारी की मंजूरी दें।
- कक्षा में अपने वास्तविक जगत के अनुभवों और घरेलू भाषाओं को लाने के मौक़े बच्चों को देना।
- शिक्षकों को भयमुक्त कक्षा का माहौल बनाने के लिए तैयार करना।
- शिक्षकों में बच्चों का अवलोकन करके हर बच्चे की व्यक्तिगत ज़रूरतों को पहचानने की दक्षता बढ़ाकर उन्हें उत्तरदायी बनने की क्षमता से लैस करना ताकि वे प्रत्येक बच्चे को सफल होने को प्रेरित कर सकें।
- कक्षा में एक योजनाबद्ध और लेख समृद्ध माहौल स्थापित करना।
- कक्षा के साक्षरता माहौल को विविध प्रभावी तरीक़ों से उपयोग कर पाने के लिए शिक्षक को तैयार करना जो बच्चों के सीखने के स्तरों और रुचियों को सम्बोधित करें तथा जो उन्हें सोचने और सीखने को प्रेरित करें।
- समृद्ध बाल साहित्य तक बच्चों की पहुँच बनाना।
- पसन्दीदा और सोच-समझकर बनायी गयी आपसी सम्मान और सहयोग पर आधारित खुली एवं बन्द गतिविधियों के मध्य सन्तुलन बनाना।
- कक्षा में सीखने के माहौल और सीखने की प्रक्रियाओं की निगरानी के लिए उपयोगी तरीक़े विकसित करना।

(ख) पठन/लेखन कौशलों का निर्माण

कार्यक्रम के इस घटक में निम्न दक्षताओं के निर्माण के लिए एक ढाँचागत और व्यवस्थित कार्यक्रम को शामिल किया गया है।

(i) बुनियादी दक्षताएँ

(ii) उच्चस्तरीय दक्षताएँ

ये दक्षताएँ समानान्तर तौर से साथ-साथ सम्बोधित की जाती हैं, एक के बाद एक नहीं।

(i) *बुनियादी दक्षताएँ*

(क) स्कूल आधारित सीखने के लिए आवश्यक दक्षताएँ, नये प्रवेशित विद्यार्थियों को स्कूल से जोड़ने के लिए हैं, ताकि वे अपने घर के परिचित अनौपचारिक माहौल से स्कूल और कक्षा के अधिक औपचारिक एवं नियमों से बँधे माहौल का फ़ासला बिना किसी अड़चन के पाट पायें।

(ख) अर्थपूर्ण पठन और लेखन के लिए आवश्यक दक्षताएँ, ताकि लिपि के साथ सार्थक जुड़ाव बने, हमारी स्थिति में देवनागरी लिपि के साथ। कार्यक्रम के इस घटक का फ़ोकस सीखने वाले को सुनियोजित व दक्षता आधारित मौक़े उपलब्ध कराना है ताकि वे कुशल डिकोडिंग के लिए आवश्यक आन्तरिक प्रक्रियाओं से प्रभावी रूप से साथ-साथ जुड़ पायें। OELP के हस्तक्षेप में डिकोडिंग प्रक्रियाओं को अधिक अर्थपूर्ण बनाने पर ज़ोर है। काम में ली जा रही विधियाँ हमें बच्चों की विविध घरेलू भाषाओं तक पहुँचने में सक्षम करती हैं। इन भाषाओं में मारवाड़ी, भोजपुरी, मालवी, बंगाली और पंजाबी शामिल हैं। हमने कमज़ोर सामाजिक पृष्ठभूमि के पहली पीढ़ी के शिक्षार्थियों के लिए विकासात्मक दृष्टि से उपयुक्त, समग्र कार्यक्रम विकसित करने का प्रयास किया ताकि मौखिक प्रवीणता (oracy) से लिखित और घर की भाषा से स्कूल की भाषा की ओर पारवहन के मुद्दों को सम्बोधित किया जा सके। यह कार्यक्रम कक्षाओं में दस वर्ष की अवधि तक हुए गहन जुड़ाव के माध्यम से विकसित हुआ।

(ii) *उच्चस्तरीय दक्षताएँ*

हम इस पहलू पर आलेख के अगले हिस्से कक्षा शिक्षण में बात करेंगे।

(ग) पठन संस्कृति का निर्माण

कक्षा के पठन कोनों (Reading Corners) और गाँव में स्थित पुस्तकालयों में समृद्ध बाल साहित्य की उपलब्धता एवं उपयोग के साथ ही रीड अलाउड, मिलकर पढ़ना, निर्देशित पठन एवं मुक्त पठन जैसे प्रभावी तौर-तरीक़ों पर फ़ोकस के साथ इस मुद्दे को सम्बोधित किया गया।

मुख्य कार्यक्रम

(क) प्रारम्भिक साक्षरता कार्यक्रम

1. कक्षा 1 व 2 के लिए दो वर्षीय बुनियादी (Foundational) कार्यक्रम।
   –कक्षा 1 के बुनियादी कार्यक्रम की इकाइयाँ विषय अनुसार डिज़ाइन की गयी हैं। इनमें रीड अलाउड और शब्द गतिविधियों के लिए ऐसी किताबें चुनी जाती हैं जो कक्षा में लागू विषय से जुड़ी हों।
   –कक्षा 2 की इकाइयाँ, बाल साहित्य और पाठ्यक्रम सामग्री के संयुक्त उपयोग पर आधारित हैं।
2. कक्षा 3 से 5 के लिए उपचारात्मक कार्यक्रम
   –यह दक्षताओं पर आधारित एक कार्यक्रम है जिसे समुदाय में स्थित ऐसे शिक्षा केन्द्रों (लर्निंग सेंटर्स) में क्रियान्वित किया गया है जो बच्चों को मुख्य धारा से जोड़ने में सहयोग करते हैं।

(ख) पठन कार्यक्रम

यह कार्यक्रम कक्षा के पठन कोनों और गाँव में स्थित पुस्तकालयों के नेटवर्क के माध्यम से क्रियान्वित हो रहा है। पठन संस्कृति का निर्माण करना इसका फ़ोकस है।

OELP की अवधारणात्मक समझ को अभ्यासकर्ताओं (Practitioners) तक पहुँचाना

उपलब्ध बाल साहित्य, शोध एवं हमारे निरन्तर फ़ील्ड अनुभवों से प्राप्त समझ (इनसाइट) के आधार पर, OELP में हमारा मानना है साक्षर होने को वर्णमाला सीखने या निर्धारित पाठ के पढ़ने-लिखने और उन पर प्रतिक्रिया देने तक सीमित नहीं किया जा सकता।

हमारा मानना है कि साक्षर होने का अर्थ है–

- स्वतन्त्र रूप से सोच पाने की क्षमता का होना।
- जो देखा, सुना या पढ़ा है उसका अर्थ निर्माण करने की क्षमता होना।
- अपनी सोच, विचार और भावनाओं को बोलकर, चित्र या लिखित रूप में व्यक्त कर पाने की क्षमता का होना।

शिक्षकों और अन्य अभ्यासकर्ताओं को ये विचार चित्रात्मक रूप से OELP's hand (चित्र-2) ओईएलपी के हाथ के रूप में प्रस्तुत किये गये जो इन्हें अधिक मूर्त और समझने हेतु आसान बना देता है। कृपया चित्र देखें।

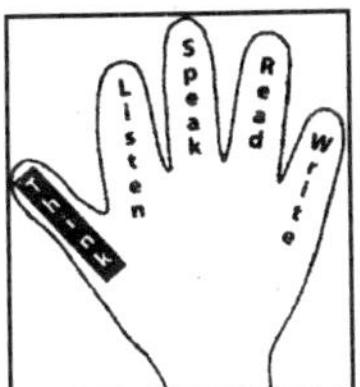

चित्र-2. OELP's hand for R/W

शिक्षकों को यह समझने में मदद की गयी कि जैसे चारों उँगलियों की कार्यक्षमता और प्रभावकारिता बढ़ाने में अँगूठे की केन्द्रीय भूमिका है वैसे ही भाषा और साक्षरता के चारों पहलुओं यथा सुनना, बोलना, पढ़ना और लिखना को अर्थपूर्ण बनाने के लिए सोच (सोचने की प्रक्रिया) केन्द्रीय कारक है। दूसरे शब्दों में शिक्षक ये समझने और इस पर पुनः विचार करने में सक्षम हुए कि भाषा और साक्षरता के ये चारों पहलू तभी सक्रिय और अर्थपूर्ण बनते हैं, जब वे सचेत व सुनियोजित रूप से इनको सोचने की प्रक्रिया से जोड़ पाते हैं।

OELP से इन विचारों को बड़े प्रभावपूर्ण तरीक़े से उपयोग किया गया ताकि इन ग्रामीण क्षेत्रों के शिक्षक ये समझ पायें कि कक्षा के रोज़मर्रा के कार्यक्रम में सुनने, बोलने, पढ़ने और लिखने के लिए गतिविधियाँ शामिल करना ही पर्याप्त नहीं है। अर्थपूर्ण भाषा और साक्षरता हासिल तभी हो पाती है जब हम बच्चों को उनके अपने शब्दों में तर्क करने, रिफ्लेक्ट करने, अनुमान लगाने, निष्कर्ष निकालने, प्रश्न करने और पढ़ी गयी विषयवस्तु का अपने शब्दों में दोहरान करने की क्षमता आदि के लिए कक्षा में नियोजित और मौलिक अवसर प्रदान करते हैं, तब ही कक्षा के प्रत्येक बच्चे के लिए भाषा और पढ़ना-लिखना अर्थपूर्ण हो पाता है और मायने रखता है। इस कार्यक्रम के अन्तर्गत शिक्षक, यहाँ तक कि कक्षा एक के स्तर के शिक्षक भी धीरे-धीरे भाषा और साक्षरता सीखने के इन चारों क्षेत्रों के लिए ऐसे नियोजित अवसरों का निर्माण करने की क्षमता से लैस हुए ताकि वे उच्च स्तरीय सोच पैदा कर पायें। ऐसा कर पाने के लिए हमने कक्षा प्रक्रियाओं से सम्बन्धित वीडियो को शिक्षकों को दिखाया और मासिक बैठकों और समीक्षा बैठकों या क्षमता संवर्धन कार्यशालाओं के दौरान उन पर चर्चा की।

बच्चों के भाषा सीखने की स्वाभाविक प्रक्रियाओं और कक्षा अभ्यासों में इनके निहितार्थों पर सोच-विचार करने के लिए शिक्षकों को प्रोत्साहित किया। बच्चों द्वारा बोली जाने वाली भाषा जिसमें विविधता है, उसे संसाधन के रूप में देखना, उनके भाषायी अनुभव, कल्पना, भावना और जिज्ञासा की विविधता पर ज़ोर दिया गया, ताकि प्रत्येक बच्चे के लिए भाषा और साक्षरता सीखना उद्देश्यपूर्ण एवं अर्थपूर्ण बन सके।

कक्षा-कक्ष शिक्षण

इस अवधारणात्मक समझ को कक्षा प्रक्रियाओं तक ले जाने के लिए OELP ने चतुष्खण्डीय (four blocks) अप्रोच का इस्तेमाल किया। चतुष्खण्डीय अप्रोच, साक्षरता की एक सन्तुलित रूपरेखा है और यह डॉ. पैट्रीमिया कनिंघम और डॉ. डोरोपी हॉल द्वारा 80 के दशक के उत्तरार्द्ध में बनायी गयी। इसके चार खण्ड विद्यार्थियों को एक प्रभावी और साक्षर सम्प्रेषणकर्ता बनने की दिशा में अपने पढ़ने, लिखने, बोलने और सुनने के कौशलों को विकसित करने में मदद करते हैं। शिक्षकों के लिए यह एक अनुदेशात्मक प्रतिपादन प्रणाली (इंस्ट्रक्शनल डिलीवरी सिस्टम) है जिसमें शिक्षण में केवल 'क्या' पर फ़ोकस करने के बजाये 'कैसे' पर फ़ोकस किया गया है।

दैनिक कार्यक्रम

4 खण्ड (प्रत्येक के लिए 30 मिनट)

1. पढ़ने और बातचीत का समय	2. शब्द अध्ययन और शब्दावली
3. लेखन एवं अभिव्यक्ति	4. पठन/लेखन कौशल विकास

चित्र-3. चतुष्खण्डीय अप्रोच

शोध पुष्टि करते हैं कि चारों खण्ड निर्देशों को अधिक प्रभावी और कुशल बनाते हैं और विद्यार्थियों के साथ अन्तःक्रिया करने के लिए जो क़ीमती समय शिक्षकों के पास होता है, उसका बेहतर उपयोग करने में भी उनकी मदद करते हैं। अज़ीम प्रेमजी विश्वविद्यालय से डॉ. शैलजा मेनन ने इस अप्रोच की अनुशंसा की थी और वर्तमान में OELP अप्रोच द्वारा अपनी ज़रूरतों के आकलन

(नीड असेसमेंट) और सन्दर्भ के अनुरूप संशोधित रूप में इसका इस्तेमाल किया जा रहा है जैसा कि चित्र 3 में दर्शाया गया है।

OELP का एक संक्षिप्त सिंहावलोकन

(हमारे कार्य क्षेत्र की कक्षा-1 व 2 विशिष्ट ज़रूरतों के आधार पर प्रत्येक खण्ड को दिये जाने वाले समय में कुछ सूक्ष्म संशोधन किये गये)

खण्ड-1 : पढ़ने और बातचीत का समय

समयावधि : 30 से 40 मिनट

इसमें बातचीत एवं रीड अलाउड की प्रक्रियाएँ शामिल हैं, इसके तहत मदद के साथ पढ़ने, मिलकर पढ़ने और अन्त में स्वतन्त्र रूप से पढ़ने की ओर धीरे-धीरे बढ़ते हैं। यहाँ पर पढ़ने से पहले, पढ़ने के दौरान और पढ़ने के बाद की रणनीतियाँ तय की जाती हैं। साथ में कक्षा के नन्हे पाठकों को ऐसे प्रश्न पूछे जाते हैं, जो उनमें उच्च स्तरीय सोच व चिन्तन उत्पन्न कर सकें जो समझ से पढ़ने और लिखने के लिए अनिवार्य हैं।

खण्ड-2 : शब्द पहचान एवं शब्दावली निर्माण

समयावधि : 20 मिनट

द्वितीय खण्ड के दौरान 20 मिनट तक विविध प्रकार की शब्द गतिविधियाँ एवं खेल कराये जाते हैं जिनमें से अधिकतर में कक्षा में प्रदर्शित छपी हुई सामग्री का उपयोग किया जाता है।

खण्ड-3 : लिखना और सृजनात्मक अभिव्यक्ति के लिए गतिविधियाँ

समयावधि : 30 मिनट

बच्चों को विविध प्रकार की उपलब्ध स्थानीय सामग्री का उपयोग करते हुए अपने विचारों को रचनात्मक तरीक़े से अभिव्यक्त करने के लिए प्रोत्साहित किया जाता है।

खण्ड-4 : कौशल निर्माण

समयावधि : 30 मिनट

कौशल निर्माण के तहत दोनों तरह के कौशलों यानी पठन-लेखन से जुड़े बुनियादी कौशल (अर्थपूर्ण डिकोडिंग में सहयोग के लिए OELP की व्यवस्थित पद्धति के माध्यम से) और उच्चस्तरीय विचार कौशल (सुनियोजित वर्कशीट और विविध गतिविधियों के माध्यम से जिनमें से अधिकतर पाठ्यक्रम की शैक्षणिक सामग्री पर आधारित हैं) पर फ़ोकस किया गया है।

उपरोक्त दोनों कार्यक्रमों में विद्यार्थियों की ट्रेकिंग और कार्यक्रम की निगरानी का तरीक़ा भी शामिल किया गया है। प्रत्येक विद्यार्थी की व्यक्तिगत रूप से ट्रेकिंग निम्न बिन्दुओं के संयोजन पर आधारित है।

- हर तीन माह में दक्षताओं पर आधारित योगात्मक मूल्यांकन।
- हर तीन माह में कक्षा में बच्चों के व्यक्तिगत अवलोकनों के माध्यम से गुणात्मक मूल्यांकन।
- व्यक्तिगत प्रोफाइल फोल्डरों के आधार पर ट्रेकिंग।

हाल ही में हमने इन मूल्यांकन प्रक्रियाओं को व्यवस्थित करने की प्रक्रिया अपनायी थी, ताकि हम विद्यार्थी प्रगति को ट्रेक करने में अधिक सुदृढ़ता ला सकें।

निष्कर्ष

प्रारम्भिक साक्षरता के कई नये परिप्रेक्ष्य शिक्षा जगत में गहराई से गढ़ी हुई कई मौजूदा अभ्यास प्रणालियाँ और मान्यताओं को चुनौती देते हैं। ज़्यादा विस्तार में जाने के बजाय यह कहना पर्याप्त होगा कि अक्सर शिक्षक अपनी नयी भूमिका के लिए तैयार नहीं होते हैं। उदाहरण के लिए, बच्चों को अर्थपूर्ण बातचीत में मशग़ूल रखना, रीड अलाउड सत्र के दौरान प्रभावी साझा (शेयर्ड) और गाइडेड, पठन और लेखन से जुड़े प्रश्न करना, समझ से जुड़ी विविध रणनीतियों का इस्तेमाल आदि सभी शिक्षकों के लिए नयी और सांस्कृतिक रूप से अपरिचित शिक्षण प्रक्रियाएँ हैं। ये प्रक्रियाएँ विद्यार्थी की सक्रिय और सार्थक जुड़ाव अपनाने की भूमिका पर फ़ोकस करती हैं। हमारा अनुभव कहता है कि बहुत से शिक्षकों के लिए ये अपरिचित सोच धमकी जैसी बन सकती है। हमने पाया कि कुछ शिक्षक प्रशिक्षक भी इन विचारों के विरोधी हैं क्योंकि यह उनके परम्परागत तरीक़े को चुनौती देते हैं। इन कारणों से हमें कुछ चयनित विधियों के प्रति एक स्तर तक सुगमता और समझ बनाने के लिए समय लगा है। फिलहाल OELP इन विचारों को अनुभव आधारित प्रशिक्षण माड्यूल के साथ ही साथ वास्तविक कक्षा अभ्यासों की वीडियो क्लिप्स के आधार पर प्रशिक्षण पैकेजेस के माध्यम से साझा करने में जुटा है।

OELP कार्यक्रम की परिकल्पना बनाने और इसे विकसित करने में हमें दो प्रारम्भिक शिक्षा/कनसल्टेशन की चर्चाओं से फ़ायदा हुआ। इन कनसल्टेशन की

पहल सर रतन टाटा ट्रस्ट द्वारा की गयी थी उनकी भागीदार संस्थाओं के लिए, ख़ासकर वे संस्थाएँ जो इस क्षेत्र में गहनता से काम कर रही हैं।

सन्दर्भ

1. ब्लूम, डी एंड डैल, ए.आर.के. (1997), *टुवड्र्स (री.) डिफाइनिंग मिस्क्यू एनालिसिसि : रीडिंग एज अ सोशल एंड कल्चरल प्रोसेस,* लैंग्वेज आर्ट्स, 74(8), 610-616।
2. डोनाल्डसन, एम. (1978), *चिल्ड्रंस माइंडस,* लंदन, फोनटाना पेपर बैक्स।
3. ड्यूक, एन.के. एंड पीयरसन, डी.पी. (2002), इफेक्टिव प्रेक्टिसेस फॉर डेवलपिंग रीडिंग कॉम्प्रिहेंशन, इन ए.ई. फार्सट्रप एंड एस.जे. सैम्यूअल्स (एडी.) *वॉट रिसर्च हेज टु से अबाउट रीडिंग इंस्ट्रक्शंस* (आई.एडी.) (pp. 205-242). नेवार्क, डीई : इंटरनेशनल रीडिंग असोसिएशन।
4. पीयरसन, डी.पी. (2001), *रीडिंग इन द ट्वंटीएथ सेंच्युरी, सीआईईआरए, आरकॉइल 01 (08),* रिट्राइव्ड फ्रॉम www.ciera.org/fibrary/archieve/2001-08/0108 पीडीपी.पीडीएफ।
5. स्ट्रीट, बी.वी. (1984), *लिटरेसी इन थ्योरी एंड प्रेक्टिस,* कैम्ब्रिज : कैम्ब्रिज यूनिवर्सिटी प्रेस।
6. द नेशनल रीडिंग पैनल (2000), टीचिंग चिल्ड्रन टु रीड : एन एविडेंस बेस्ड असेसमेंट ऑफ़ साइंटिफिक लिट्रेसी लिट्रेचर ऑन रीडिंग एंड इट्स इम्प्लीकेशंस फॉर इंस्ट्रक्शन, *नेशनल इंस्टीट्यूट ऑफ़ हेल्थ पब. नं. 00-4769.* रिट्राइव्ड फ्रॉम www.nichd.nih.gov/publicataions/pubs/nrp/ documents/report.pdf

लेखिका	:	कीर्ति जयराम, ऑर्गनाइज़ेशन फॉर अर्ली लिट्रेसी की निदेशक हैं। अधिक जानकारी www.oelp.org पर उपलब्ध हैं।
ई-मेल आई.डी.	:	oelpliteracy@yahoo.in
अनुवादक	:	कामिनी उपाध्याय, विद्या भवन शिक्षा सन्दर्भ केन्द्र, उदयपुर (राज.)।

स्रोत	:	*लैंग्वेज एंड लैंग्वेज टीचिंग,* 4.1.7, 26-31, जनवरी, 2015

वैकल्पिक आकलन के साथ वापस स्कूल की ओर

कीर्ति कपूर

भूमिका

मैंने नयी दिल्ली स्थित आया नगर के नगर निगम प्रतिभा कन्या विद्यालय में तीन महीने की फील्ड विजिट के दौरान शिक्षक-प्रशिक्षक के रूप में काम किया है। उस दौरान हुए अनुभवों को मैंने क्रमबद्ध रूप से रिकॉर्ड किया। यह लेख उन्हीं अनुभवों और अवलोकन पर आधारित है।

"यह व्यावहारिक नहीं है। प्रत्येक विद्यार्थी को उसके द्वारा की गयी ग़लतियों के बारे में फीडबैक देना सम्भव नहीं होगा।" उसने कहा।

यह जवाब था सुमन (नाम परिवर्तित) का, जब मैंने उससे पूछा कि क्या कक्षा-5 के अंग्रेज़ी के विद्यार्थियों को गृह-कार्य या परीक्षाओं में की गयी उनकी ग़लतियों के बारे में फीडबैक दिया गया है?

शिक्षिका ने कहा, "मैं सम्भवः प्रत्येक विद्यार्थी को यह नहीं बता सकती कि उससे ग़लती कहाँ हुई। उनकी नोटबुक देखना ही बहुत समय लेने वाला काम है। उनकी कॉपियाँ जब उन्हें लौटा दी जाती हैं, वे स्वयं देख सकते हैं कि उनका कौन सा जवाब सही या ग़लत है।"[1]

उसकी इस बात से मुझे लगा कि मैं पहले भी ऐसी ही बात से रू-ब-रू हो चुकी हूँ। एन.सी.ई.आर.टी. में काम करने से पहले मैंने क़रीब दस साल अलग-अलग तरह के विद्यालयों में अंग्रेज़ी पढ़ाते हुए गुज़ारे थे। इनमें तथाकथित सुसंस्कृत और प्रबुद्ध कहे जाने वाले, शानदार निजी विद्यालयों से लेकर भारत भर के गाँवों की झोंपड़ियों में चलने वाले स्कूल शामिल थे। वहाँ भी इसी तरह की बातचीत आम थी। लेकिन एक शिक्षक-प्रशिक्षक होने की चुनौती यही है कि ऐसे विचारों को चिह्नित किया जा सके और उन्हें ऐसे मौक़ों के रूप में परिवर्तित किया जा सके जिनके चलते सीखना बच्चों के लिए एक अद्भुत प्रक्रिया बन जाये।

सीखने की स्थितियों में कमियों और अभावों को चिह्नित करने के लिए शोध का इस्तेमाल करना सीखने-सिखाने की सामान्य-सरल तकनीकों को प्रचलित करने के लिए एक अच्छी शुरुआत हो सकती है, जिससे शिक्षा के अनुभव को बिना किसी बड़े निवेश के बेहतर किया जा सकता है। एक फ़ील्ड सर्वेक्षण के दौरान जिसकी चर्चा मैं इस पेपर में करूँगी, मैं शिक्षकों व विद्यार्थियों दोनों के लिए एक ऐसे अवसर को, आकलन की शुरुआत करते हुए चिह्नित कर पायी।

नयी तकनीकें

एक दिन मैंने कक्षा-5 के विद्यार्थियों से कहा, "आज, आप सब अपने काम को स्वयं जाँचेंगे।"

मुझे उनके चेहरों पर झलकते ताज्जुब को देख कर कुछ ख़ुशी सी हुई। मैं सोच रही थी कि क्या उन्होंने मुझे ठीक से सुना है? उन चेहरों पर एकदम स्पष्ट सवाल था, "कैसे?" उनमें से एक लड़की ने दिलचस्पी से पूछा, "मगर हम अपने काम को कैसे जाँच सकते हैं?"

मैंने मुस्कराते हुए कहा, "हम पहले पूरे पाठ को पढ़ेंगे और फिर मैं तुम्हें तीन प्रश्न दूँगी। तुम सब इन प्रश्नों के उत्तर दोगे। तुम जब पूरा उत्तर लिख लोगे तब मैं तुम्हें सही उत्तर बताऊँगी और तब तुम ही मुझे बताओगे कि तुम ने कोई ग़लती की है या नहीं। क्या ख़याल है तुम सबका?"

कुछ लड़कियों ने सिर 'हाँ' में हिला दिये। बाक़ी दिलचस्पी के साथ देखती रहीं। अनुभव के आधार पर मैं समझ गयी कि मैंने उन का ध्यान आकर्षित कर लिया है।

हम ने कक्षा में एक अनुच्छेद पढ़ा। उसके बाद दिये गये प्रश्नों में विद्यार्थियों को उचित क्रिया-काल के शब्दों का प्रयोग करते हुए रिक्त स्थान भरने थे और अधूरे वाक्य पूरे करने थे। दूसरा अभ्यास था वाक्यों को पुनः व्यवस्थित करते हुए एक अनुच्छेद का सार लिखना।

इन अभ्यासों के बाद, मैंने उत्तर श्यामपट्ट पर लिख दिये। फिर मैंने विद्यार्थियों से कहा कि अपने लिखे उत्तरों की तुलना श्यामपट्ट पर लिखे उत्तरों के साथ करें और उन प्रश्नों को चिह्नित करें जिनके उत्तरों में अन्तर है। इसके बाद उनके द्वारा की गयी ग़लतियों के इर्द-गिर्द चर्चा हुई। यह भी चर्चा हुई कि सही काल के अनुरूप शब्दों का प्रयोग किया जाना क्यों महत्त्वपूर्ण है। इसके बाद विद्यार्थियों ने अपने जवाबों को स्वयं ठीक किया। अन्तिम, समीक्षात्मक नज़र डालने के लिए प्रत्येक ने अपनी कॉपी अपने पड़ोसी विद्यार्थी को दी।

कई विद्यार्थियों के लिए यह पहली बार था कि उन्होंने निम्नलिखित बातों के बीच में अवधारणात्मक सम्बन्ध देखा :

- उत्तर लिखने के लिए उन की तैयारी
- उत्तर लिखना
- शिक्षक के पास पहुँचने पर उन उत्तरों का क्या होता है और
- शिक्षक की विचार-प्रक्रिया तथा उत्तरों पर उसकी प्रतिक्रिया।

यह स्पष्ट था कि विद्यार्थी इस अभ्यास के बाद कक्षा में पहले के मुक़ाबले अधिक व्यस्त दिखायी दिये।

चित्र-1. निगम प्रतिभा कन्या विद्यालय, आया नगर के विद्यार्थी स्वमूल्यांकन अभ्यास करते हुए। ©डॉ. कीर्ति कपूर

आकलन को लेकर विद्यार्थियों की प्रतिक्रिया के साथ-साथ मैं कक्षा की शिक्षक की प्रतिक्रिया को भी देख रही थी। विद्यार्थियों को स्वयं अपने ही उत्तरों की समीक्षा करने की प्रक्रिया में मशगूल देखने पर सुमन के चेहरे पर हैरत और प्रसन्नता झलक रही थी। यह इस बात का एक महत्त्वपूर्ण संकेत था कि शिक्षकों, शिक्षक-प्रशिक्षकों और प्रशासनिक अधिकारियों में आकलन सम्बन्धी शुरुआती समझ (असेसमेंट लिट्रेसी) की कितनी आवश्यकता है। वास्तव में तो शिक्षण के सभी स्तरों पर शिक्षाविदों को इस समीक्षात्मक आकलन के लिए तैयार होना चाहिए कि उनका मूल्यांकन अपेक्षित नतीजे दे रहा है या नहीं और सही भावना के साथ व्यवहार में लाया जा रहा है या नहीं। इसके साथ-साथ क्या आकलन से सीखने-सिखाने की प्रक्रिया में बेहतरी आ रही है और शिक्षकों को किस प्रकार के आकलनों को समझने की आवश्यकता है?

परम्परागत प्रणालियाँ

एक परम्परागत आकलन प्रक्रिया में, विद्यार्थी सवाल का जवाब देते हैं लेकिन उन्हें शिक्षक से तुरन्त फीडबैक नहीं मिलता कि उन्होंने क्या सही और क्या ग़लत किया। साथ ही, यह आकलन काफ़ी देरी से होता है और आमतौर पर अकेले शिक्षक करता है। हम इसे आकलन का ओपन लूप मॉडल कह सकते हैं[2]– इसमें फीडबैक आवृत्ति और गुणवत्ता, दोनों में बहुत हद तक बेहतरी लायी जा सकती है (देखिए चित्र-2)। आकलन के इस मॉडल में, शिक्षक सभी

(40 से 100 के बीच) विद्यार्थियों से गृहकार्य या परीक्षा के माध्यम से दिये गये बहुविध प्रश्नों के उत्तरों को एकत्र करता है। अधिकतर मौक़ों पर, शिक्षक गृहकार्य/पर्चे जाँचने और विषय-विशेष के पाठ्यक्रम को पूरा करने के लिए तय समय सीमा के अत्यधिक दबाव में होता है। शिक्षकों की संख्या कम होने का अर्थ है कि एक ही व्यक्ति कई विषयों के लिए ज़िम्मेदार होता है और यह सुनिश्चित करने के लिए भी कि इन सब विषयों का पाठ्यक्रम अन्तिम परीक्षा से पहले 'पूरा' हो जाये। 'पूरा होने' की परिभाषा प्रत्येक शिक्षक की अपनी-अपनी होती है। सीखने के संकेतकों (लर्निंग इंडिकेटर्स) में असंगतियों के कारणों में से एक कारण यही व्यक्तिपरकता है।

'ओपन लूप मॉडल' कक्षा/परीक्षा में दिये जाने वाले जवाबों के मूल्यांकन और आकलन का परम्परागत मॉडल

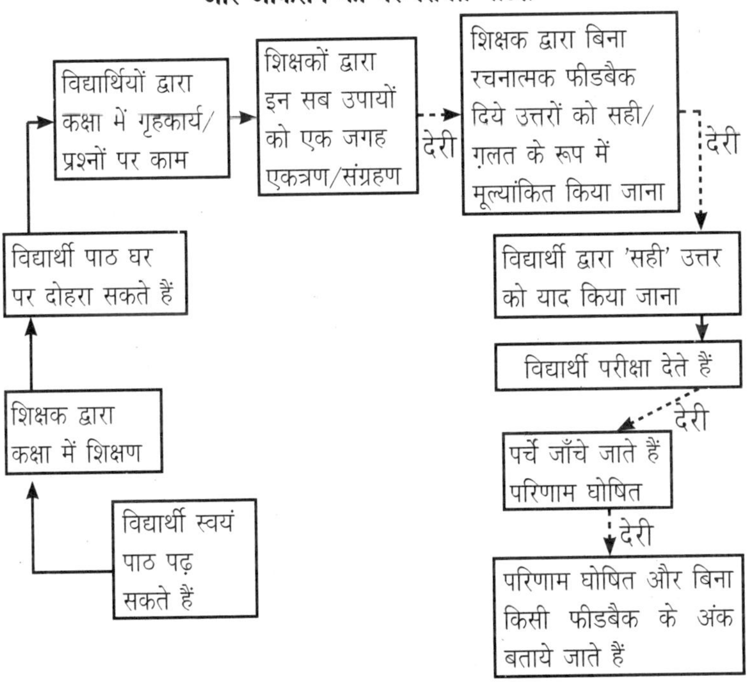

चित्र-2. मूल्यांकन का ओपन लूप मॉडल-विद्यार्थियों के उत्तरों के आकलन का परम्परागत तरीक़ा। ©डॉ. कीर्ति कपूर

दूसरी ओर स्वआकलन बच्चों को अपने उत्तर स्वयं विश्लेषित करने की जगह देता है। अधिकतर मामलों में यह विद्यार्थी द्वारा उत्तर दिये जाने के

तुरन्त बाद होता है, जब उसका उत्तर उसकी स्मृति में ताज़ा होता है। इससे भी महत्त्वपूर्ण यह है कि स्वआकलन इस बात की गुंज़ाइश देता है कि विद्यार्थी अपनी कमी को स्वयं पूरा कर सके। इसे हम आकलन का क्लोज़्ड लूप मॉडल[3] कह सकते हैं जिसमें सीखने, ज्ञानार्जन की कमियों को सही और सुदृढ़ करने के लिए एक फीडबैक लूप भी है (देखिए चित्र-3)।

'क्लोज़्ड लूप मॉडल'

कक्षा/परीक्षा में दिये जाने वाले, जवाबों के फीडबैक के साथ

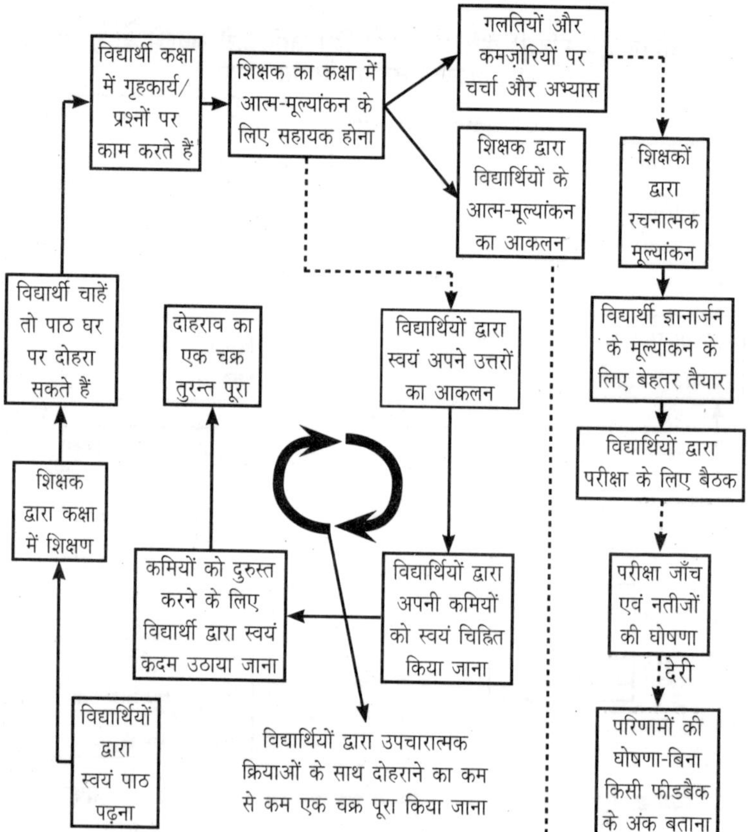

चित्र-3. आकलन का क्लोज़्ड लूप मॉडल-प्रतिक्रिया समेत विद्यार्थियों के उत्तरों का आकलन। ©डॉ. कीर्ति कपूर

बतौर शिक्षक, स्वआकलन के इस अभ्यास से मुझे विद्यार्थियों की कुछ मुख्य कमज़ोरियों को समझने में मदद मिली। उदाहरण के लिए, स्वआकलन के अभ्यासों के बाद मैं यह जान पायी कि कक्षा के अधिकतर विद्यार्थी पाठ को समझ पा रहे थे, कहानी के तार्किक विकास (लॉजिकल प्रोग्रेशन) को भी समझ पा रहे थे और समानार्थक शब्दों की पहचान कर पा रहे थे। लेकिन विभिन्न क्रियाकाल लागू करने में वे कमज़ोर थे और आवश्यकता थी कि इस क्षेत्र पर और अधिक ध्यान दिया जाये।

सुमन इस अभ्यास की सफलता से कुछ हैरत में थी। वह ख़ुश होकर बोली, "मुझे मानना होगा कि यह तरीक़ा सच में कारगर है। यहाँ तक कि मीनू (नाम बदला हुआ) भी ध्यान दे रही थी! लेकिन मैं यह ज़रूर कहूँगी कि इसमें भी समय तो बहुत लगेगा। मैं यह प्रत्येक अभ्यास और प्रत्येक पाठ के लिए तो नहीं कर सकती।"

मैं इस बात से सहमत थी कि एक शिक्षक का समय प्रशासनिक कर्तव्यों सहित बहुत से काम में जाता है और शायद उसके लिए प्रत्येक कक्षा में ऐसा करना व्यावहारिक न हो। लेकिन मैंने उसे यह भी समझाया कि अगर यह बिल्कुल शुरुआत से कर लिया जाये और अक्सर किया जाये, तो बहुत सम्भावना है कि विद्यार्थी अधिक तेज़ी से सीखें। इसके अलावा इससे उनके सीखने के अनुभव में बेहतरी की सम्भावना बढ़ेगी और शिक्षक का समय भी बचेगा। मैंने यह भी कहा, "गुर की बात तो यह है कि इस कार्य को कुछ विशेष गतिविधियों के लिए और एक निश्चित समय अन्तराल पर किया जाये। इससे आपको समय-समय पर आकलन का मौक़ा मिलेगा। अपनी कक्षा के विद्यार्थियों के निरन्तर आकलन में भी मदद मिलेगी।"

"भाषा और सीखने में शिक्षार्थी की प्रगति का विवरण देने वाले दस्तावेज़ों के अधिक प्रयोग से, जो पाठ्यचर्या से सम्बद्ध अन्य क्षमताओं के साथ-साथ भाषा विकास को भी (ट्रेक) करते हैं" (री-डिकिंस और रिक्सन, 1997, पृ. 151)। हम विद्यार्थियों को अपनी प्रगति के लिए अन्तर्दृष्टि विकसित करने में सक्षम बना सकते हैं। यहाँ सीखने-सिखाने की प्रक्रियाएँ व्याकरण के नियमों तथा भाषायी सटीकता के बनिस्बत सम्प्रेषण की सक्षमता पर अधिक केन्द्रित होती हैं।

भारत में पिछले एक दशक में अंग्रेज़ी के शिक्षण में बढ़ोतरी हुई है। 2005 से यह भी देखने में आया है कि अब शिक्षण के संरचनात्मक, शिक्षक-केन्द्रित

नज़रिये के बजाय सम्प्रेषणीय एवं समावेशी नज़रिया अपनाया जा रहा है। के. शाबान स्टेविक (1990) अपने लेख 'असेस्मेंट ऑफ़ यंग लर्नर्स' में क्रशेन (1982) तथा ऐशर (1988) का हवाला देकर कहते हैं कि...."ई.एफ.एल./ई.एस. एल. शिक्षण (विदेशी द्वितीय भाषा के तौर पर अंग्रेज़ी-शिक्षण) की नयी अप्रोच इस बात को पहचानती है कि विदेशी/दूसरी भाषा सीखने के लिए भावनात्मक (अफेक्टिव) बातों का बहुत महत्त्व है; वे शिक्षण के ऐसे तरीक़े और तकनीकें सुझाते हैं जो शिक्षार्थियों को चिन्ता-मुक्त माहौल में भाषा सीखने में मददगार होती हैं" (शाबान, 2005, पृ. 1)।

वैकल्पिक प्रारूपों की आवश्यकता

यह तो स्पष्ट है कि मानवीय और शिक्षार्थी-केन्द्रित आकलन प्रक्रियाओं की आवश्यकता है। पेंसिल-पेपर पर होने वाली परम्परागत जाँचें शिक्षार्थी को आकलन की प्रक्रिया में समग्र तौर पर शामिल नहीं करतीं। दूसरी ओर रचनात्मक आकलन (फोर्मेटिव असेसमेंट) में कई तकनीकें तथा गतिविधियाँ शामिल रहती हैं जो आकलन में शिक्षार्थी की भागीदारी सुनिश्चित करती हैं। वैकल्पिक आकलन के नाम से जानी जाने वाली इन तकनीकों को इस रूप में परिभाषित किया जा सकता है, "विद्यार्थी क्या जानता है या क्या कर सकता है, यह पता लगाने का कोई भी तरीक़ा जिसका प्रयोजन विद्यार्थी की प्रगति बताना और निर्देशों में बेहतरी लाना है और जो कोई मानक या परम्परागत जाँच नहीं है" (पिअर्स और ओ' मैली, 1992, पृ. 2)।

रचनात्मक आकलन, सचमुच ही शिक्षक के हाथों में, आकलन में बेहतरी के लिए एक सशक्त साधन हैं। पॉपहम (2008) के अनुसार, "रचनात्मक आकलन की प्रक्रिया का कार्य ऐसे प्रमाण मुहैया कराना है जिससे विद्यार्थियों के सीखने में बढ़ोतरी हो पाये" (पॉपहम, 2009 में उद्धृत)। "योगात्मक आकलन में जो शिक्षण सम्बन्धी कार्य पूरा हो चुका है–जैसे, सालभर में हुई स्कूली शिक्षा कितनी गुणवत्तापूर्ण है या छमाही पाठ्यक्रम की प्रभावशीलता आदि के बारे में निर्णय लेते समय प्रमाण का इस्तेमाल" शामिल होता है (पॉपहम, 2009 में उद्धृत)।

जब हम विविध तरीक़ों और साधनों का इस्तेमाल करते हुए शिक्षार्थियों का आकलन करते हैं, तब हम विद्यार्थियों की सीखने सम्बन्धी आवश्यकताओं की विविधता को ध्यान में रखते हैं–जैसे कि उनकी रुचियाँ और सीखने की शैलियाँ।

सीखने सम्बन्धी उनकी आवश्यकताओं को आधार बना कर गतिविधियाँ तैयार की जाती हैं–इस मक़सद से कि बस योगात्मक आकलन का आयोजन भर न हो, बल्कि सकारात्मक पहलुओं को पोषित किया जाये।

वैकल्पिक आकलन के मुख्य पक्ष निम्नलिखित हैं–

- गतिविधियाँ और काम, प्रामाणिक (ऑथेंटिक) कार्यों पर आधारित होते हैं।
- सही या ग़लत उत्तरों के बजाय ध्यान सम्प्रेषण पर अधिक केन्द्रित होता है।
- स्व-आकलन और साथियों के साथ आकलन वैकल्पिक आकलन का अभिन्न अंग होता है।

वैकल्पिक आकलन में भाषायी विकास के लिए गुंज़ाइश रहती है। ग़ैर-मौखिक प्रतिक्रियाओं, मौखिक प्रतिक्रियाओं, लिखित कार्य, प्रस्तुतियों, पोर्टफ़ोलियो (यानी संग्रहिका या एलबम), प्रोजेक्ट, विद्यार्थियों की ओर विद्यार्थी के साथ शिक्षक की परस्पर अन्तःक्रियाओं, स्व-आकलन और साथियों के साथ किये गये आकलन से विद्यार्थियों को इस बात का मौक़ा मिलता है कि वे कई तरह की गतिविधियों और कार्यों के माध्यम से दिखा पायें कि भाषा के साथ वे क्या कर सकते हैं। वातावरण के सहज न कि भयावह होने से शिक्षार्थियों को मदद मिलती है कि वे योगात्मक आकलन के लिए तैयार हो पायें। इसमें उपलब्धि मापने की जाँच/परीक्षा, सर्वेक्षण, छात्रवृत्ति आदि शामिल रहते हैं। यह तैयारी उनका विश्वास बढ़ाकर और जो कुछ उन्होंने सीखा है, उसके आकलन से सम्बद्ध बारीक़ियों की समझ बनाकर, हो पाती है। जब शिक्षार्थी स्व-आकलन में शामिल रहते हैं, तो उसके प्रभाव के तौर पर सब हितधारकों के बीच निरन्तर बातचीत की एक जगह बनती है।

वैकल्पिक आकलन में ऐसी प्रामाणिक गतिविधियों का प्रयोग शामिल है जो विद्यार्थियों की उम्र, दिलचस्पी, संज्ञानात्मक स्तर के साथ-साथ उनके सन्दर्भ के इर्द-गिर्द निर्मित की जाती हैं। इन कार्यों में भाषा को (प्रोसेस अप्रोच के तहत) सीखने का दृष्टिकोण रहता है और सीखने को जीवन और दुनिया की वास्तविक स्थितियों के साथ जोड़ा जाता है। इनमें बार-बार दोहराव के बजाय भाषा का रचनात्मक प्रयोग होता है। कैम्पबेल आदि के मुताबिक वैकल्पिक आकलन विद्यार्थियों को ज्ञान के ऐसे खोजियों के तौर पर देखता है "...जो सक्रिय गम्भीर विद्यार्थी हैं और आपसी सहयोग करते हुए सोचने की उच्च स्तरीय दक्षताओं को

प्रयोग में लाते हैं" (बर्गर, 2008, पृ. 33 में उद्धृत)। जाँच और आकलन के लिए टॉप डाउन अप्रोच अपनायी जाती रही है। लेकिन आजकल की शिक्षार्थी-केन्द्रित कक्षाओं में आवश्यकता है कि शिक्षक बॉटम अप अप्रोच को अपनाकर देखें।

मगर इतना ही काफ़ी नहीं है कि शिक्षकों को इन अप्रोचेज़ के लिए प्रशिक्षित कर दिया जाये। शिक्षार्थियों को भी इस प्रकार की आकलन प्रक्रियाओं के लिए तैयार रहना होगा। जब सीखने-सिखाने की प्रक्रिया के मूल में आकलन हो तो विद्यार्थियों को एक सहायक वातावरण मिलता है जिसमें वे सहज महसूस करते हैं। आकलन के बारे में उनसे बात की जाती है तो वे उसके मूल्य को भी समझते हैं। उनसे विचार लिए जाते हैं तो शिक्षार्थी अपनी शिक्षा की प्रक्रिया में सार्थक तरीक़े से शामिल हो पाते हैं।

चेक लिस्ट और रूबरिक स्वयं के तथा साथियों के साथ किये जाने वाले आकलन के लिए लाभदायक उपकरण हैं क्योंकि वे कार्यों के आकलन के लिए तार्किक औचित्य और मापदण्ड उपलब्ध कराते हैं। विचार करने के लिए गुंज़ाइश रहती है और समय के साथ यह आदत सीखने में व्यापक बेहतरी की ओर ले जा सकती है। उदाहरण के लिए लिखने से सम्बद्ध काम के लिए निम्नलिखित चेक लिस्ट हो सकती है :

- क्या भूमिका में मुख्य बिन्दु को सम्बोधित कर लिया गया है?
- क्या प्रत्येक पैराग्राफ़ यानी अनुच्छेद विषय-सम्बन्धी वाक्य से शुरू होता है?
- क्या अनुच्छेदों का आपस में सम्बन्ध है?
- अन्तिम, निष्कर्षीय अनुच्छेद है या नहीं?

विषय चाहे कोई भी हो चेक लिस्ट के प्रयोग और लिखने की प्रक्रिया पर विचार करते हुए काम करने से विद्यार्थी को अपनी ताक़त और कमज़ोरियाँ, दोनों चिह्नित करने में मदद मिलती है। पड़ताल-सूची को आकलन के लिए भी इस्तेमाल किया जा सकता है। उदाहरण के तौर पर, वाचन-कार्य से सम्बद्ध स्वआकलन में निम्नलिखित को शामिल किया जा सकता है :

- क्या मेरे पास विषय की शुरुआत के लिए उससे सम्बन्धित कोई उपयुक्त कथन है?
- क्या मैंने अपने सब बिन्दु व्यवस्थित कर लिए हैं?
- क्या मेरे पास उपयुक्त निष्कर्ष है?

- क्या मैं बोलते समय श्रोतागणों की ओर देखता/देखती हूँ?

स्वयं या साथियों के साथ किये जाने वाले आकलन के लिए रूबरिक का भी प्रयोग किया जा सकता है। इन में प्रदर्शन के स्तर–जैसे–कमज़ोर, सन्तुष्टि भरा, अच्छा और बहुत अच्छा–तय किये जा सकते हैं। शिक्षक काम के मुताबिक विशेषणों को भी बदल सकता है। टोएफल के इंटरनेट आधारित परीक्षण से निर्देशक-सिद्धान्त तालिका का एक नमूना यहाँ दिया जा रहा है :

अंक	कार्य-विवरण
5	**इस स्तर का एक निबन्ध मोटे तौर पर निम्नलिखित सब बातें पूरी करता है:** • विषय और कार्य को प्रभावी तरीके से सम्बोधित करता है • स्पष्ट तौर पर उपयुक्त व्याख्याएँ, उदाहरण या विवरण प्रयोग में लाते हुए सुव्यवस्थित तरीके से विकसित होता है • एकसूत्रता, सुचारु रूप से बढ़ना और सुसंगति प्रदर्शित करता है • भाषा के प्रयोग में निरन्तर संगतता प्रदर्शित करता है–कुछ छोटी-मोटी शब्दकोशीय या व्याकरण सम्बन्धी कमियों के बावजूद वाक्य-विन्यास में विविधता, शब्दों का उपयुक्त चयन और मुहावरे की अभिव्यक्ति प्रदर्शित होती हैं
4	**इस स्तर का एक निबन्ध मोटे तौर पर निम्नलिखित सब बातें पूरी करता है :** • विषय और कार्य को अच्छे से सम्बोधित किया गया होता है हालाँकि कुछ बातों को शायद पूरी तरह से विस्तार न मिले। • आमतौर पर सुव्यवस्थित और अच्छी तरह से विकसित होता है। उपयुक्त और पर्याप्त व्याख्याएँ, उदाहरण या विवरण होते हैं। • एकसूत्रता, सुचारु रूप से बढ़ना और सुसंगति प्रदर्शित करता है हालाँकि कभी-कभी फालतूपन, विषयान्तर या अस्पष्ट सम्बन्ध हो सकते हैं • सहज भाषा-प्रयोग प्रदर्शित करता है-वाक्य-विन्यास में विविधता और शब्द-भण्डार में व्यापकता झलकती है हालाँकि संरचना, शब्द-रूप या मुहावरे के प्रयोग में यदा-कदा छोटी-मोटी कमियाँ दिखाई दे सकती हैं जिनका अर्थ पर कोई असर नहीं पड़ता।
3	**इस स्तर के निबन्ध में निम्नलिखित में से एक या अधिक का प्रदर्शन होगा :** • विषय और कार्य को कुछ हद तक विकसित व्याख्याओं, उदाहरणों या विवरणों का प्रयोग करते हुए सम्बोधित करता है • एकसूत्रता, सुचारु रूप से बढ़ना और सुसंगति प्रदर्शित करता है हालाँकि कभी-कभी विचारों का सम्बन्ध स्पष्ट नहीं होता

	• वाक्य-रचना तथा शब्द-चयन में अनियमितता दिखाई दे सकती है जिससे स्पष्टता का अभाव और कभी-कभी अर्थ-सम्बन्धी कठिनाई हो सकती है • वाक्य विन्यास की संरचनाओं और शब्दावली में सटीकता लेकिन सीमित दायरा प्रदर्शित हो सकता है।
2	**इस स्तर के निबन्ध में निम्नलिखित में से एक या अधिक कमज़ोरियाँ हो सकती है :** • विषय और कार्य के सन्दर्भ में सीमित प्रगति • विचारों का पर्याप्त रूप से व्यवस्थित न होना या उनमें पर्याप्त जुड़ाव न होना। • सामान्य निष्कर्ष निकालने में मदद के लिए या उन्हें प्रदर्शित करने के लिए कार्य की प्रतिक्रिया में अनुपयुक्त या अपर्याप्त उदाहरण, व्याख्याएँ या विवरण देना • शब्दों या शब्द-रूपों का स्पष्ट तौर पर दिखाई देने वाला अनुपयुक्त चयन • वाक्य-संरचना या प्रयोग में कई ग़लतियों का होना।
1	**इस स्तर का निबन्ध निम्नलिखित में से किसी एक या एक से अधिक कमियों से गम्भीर तौर पर ग्रस्त होता है :** • गम्भीर तौर पर अव्यवस्थित या अल्पविकसित • कम या बिल्कुल भी कोई विवरण न होना या अप्रासंगिक विशेष बातों का होना या काम के प्रति सवाल उठाये जाने लायक रवैया होना • वाक्य-संरचना या प्रयोग में गम्भीर और अक्सर होने वाली ग़लतियाँ।
0	इस स्तर का निबन्ध बस विषय से शब्द नक़ल करके उतारने तक सीमित रहता है, विषय को रद्द करता है या अन्यथा विषय से सम्बद्ध नहीं होता, विदेशी भाषा में लिखा होता है, इसमें अक्षर प्रतीक चिह्नों की तरह अलग-अलग रहते हैं या यह कोरा होता है।

चित्र-4. इंडिपेंडेंट राइटिंग रूब्रिक्स : स्कोरिंग स्टैंडर्ड्स ©ETS, 2008
(https://www.ets.org/Media/Tests/.../Integrated_Writing_Rubrics_2008.pd...)

यह तो स्पष्ट है कि प्राप्त होने वाली गुणात्मक/व्याख्यात्मक प्रतिक्रिया मात्र एक ग्रेड के मुक़ाबले हमेशा अधिक शिक्षाप्रद होती है। "ख़ुशक़िस्मती से, देखा गया है कि आकलन का क्षेत्र जाँच के योगात्मक उपकरणों और प्रक्रियाओं के प्रयोग से विस्थापित होकर अधिक मानवीय दृष्टिकोण की ओर खिसका है,

जिसमें रचनात्मक आकलन पर बल देने वाली आकलन की अनौपचारिक तकनीकें प्रयोग की जाती हैं" (ओ'नील, 1992, पृ. 14)।

निष्कर्ष

अन्तिम विश्लेषण पर आयें तो स्वआकलन के यक़ीनन कई लाभ हैं लेकिन शिक्षकों को कई बातों के बारे में सावधान रहना होगा। विचार के लिए कुछ बातें इस प्रकार हैं :

1. कुछ विद्यार्थी स्वआकलन के लिए तुरन्त तैयार हो सकते हैं जबकि अन्य पर कुछ व्यक्तिगत ध्यान देना पड़ सकता है, ताकि सुनिश्चित किया जा सके कि वे इस से लाभ प्राप्त कर सकें।
2. शिक्षक हर प्रश्न के साथ इस तरीक़े का इस्तेमाल नहीं कर सकता। उदाहरण के लिए, इस प्रकार के कई सवाल होंगे, विशेष तौर से साहित्य में, जहाँ कई सही उत्तर हो सकते हैं। ऐसी स्थिति में स्वआकलन से नुक़सान ही होगा क्योंकि उसके तहत तो एक ही उत्तर अपेक्षित होता है और विद्यार्थी के लिए सोचने के मौक़े को सीमित कर दिया जाता है।
3. आकलन की सब चुनौतियों के लिए स्वआकलन रामबाण नहीं है। उदाहरण के लिए स्वआकलन योगात्मक-आकलन (समेटिव असेसमेंट) की संरचना में बदलाव की ओर नहीं ले जाता, योगात्मक आकलन के तहत विद्यार्थियों को विस्तृत प्रतिक्रिया नहीं दी जाती।
4. विशेष आवश्यकताओं वाले बच्चों की कक्षा में स्वआकलन को बच्चे की आवश्यकता के अनुकूल ढालना होगा।
5. रचनात्मक और योगात्मक आकलन का संयोजन आकलन के तरीक़ों में प्रगति तथा पाठ्यचर्या के नतीजों को एक सुदृढ़ और एक फरक (representative) रूप लाने में योगदान कर सकता है।

संक्षेप में आकलन सीखने-सिखाने की प्रक्रिया के केन्द्र में है और शिक्षकों को चाहिए कि वे विद्यार्थियों को स्व-आकलन का मौक़ा दें। ऐसे मौक़े भी पैदा किये जाने चाहिए कि समझ, आत्म-पर्यवेक्षण, अभ्यास और दोहराव/पुनः प्रयास के साथ ही प्रतिक्रिया भी मिल सके-क्योंकि "... आकलन का अन्तिम उद्‌देश्य... हमें वह ज्ञान उपलब्ध कराना है जिससे हम एक विद्यार्थी की यात्रा पर चिन्तन, चर्चा और मदद कर पायें..." (वेरतास-मासिअस, 1995, पृ. 10) और मुझे विश्वास है कि सुमन इस बात से सहमत होगी।

फ़ुटनोट

1. यह पिछले तीन महीनों में शिक्षकों के साथ हुए वार्तालापों में से एक है जो एक चल रहे फ़ील्ड-रिसर्च प्रोग्राम का हिस्सा है, जिसके तहत एन.सी.ई.आर.टी. के शिक्षकगण देश भर के सरकारी स्कूलों में भेजे जाते हैं।
2. एक शब्द जो गेम थ्योरी में प्रयोग किया जाता है, जिसमें सब हितधारकों की पहुँच उस सूचना तक नहीं होती जो अन्य खिलाड़ियों के निर्णयों को प्रभावित करती हो।
3. एक शब्द जो गेम थ्योरी में प्रयोग किया जाता है, जिसमें सब हितधारकों की पहुँच उस सूचना तक होती है जो अन्य खिलाड़ियों के निर्णयों को प्रभावित करती हो; इसे सामान्य ज्ञान के तौर पर भी जाना जाता है।

सन्दर्भ

1. बर्गर, एम. (2008), *द अलाइमेंट ऑफ़ टीचिंग, लर्निंग एंड असेसमेंट इन इंग्लिश, होम लैंग्वेज ग्रेड 10 इन डिस्ट्रिक्ट 9, जोहेंसवर्ग* (पृ. 33) (डिज़्सरटेशन)। साउथ अफ़्रीका : यूनिवर्सिटी ऑफ़ साउथ अफ़्रीका, प्रेटोरिया।
2. वेरतास-मासिअस, ए. (1995), *ऑलटरनेटिव असेसमेंट : रेसपोंसेज टू कॉमनली आस्क्ड क्वेस्चंस,* टीईएसओएल जरनल 5(1), 10।
3. ओ'नील, जे. (1992)। *पुटिंग परफॉरमेंस असेसमेंट टू द टेस्ट, एजुकेशनल लीडरशिप,* 49(8), 14।
4. पिअर्स, एल.वी. एंड ओ'मैली, जे.एम. (1992), *परफॉरमेंस एंड पोर्टफोलियो असेसमेंट फॉर लैंग्वेज माइनोरिटी स्टुडेंट्स,* वाशिंगटन, डी.सी. : नेशनल क्लीयरिंग हाउस फॉर बाइलिंग्वल एजुकेशन, पृ. 1-38।
5. पॉपहम, डब्ल्यू.जे. (2009), *असेसमेंट लिट्रेसी फॉर टीचर्स : फेडिश और फंडामेंटल?* थ्योरी इनटू प्रेक्टिस, 48, 4-11।
6. री-डिकिंस, पी. एंड रिक्सन, एस. (1970), *द असेसमेंट ऑफ़ यंग लर्नर्स ऑफ़ इंग्लिश एज़ ए फॉरेन लैंग्वेज, सी. क्लेपहेम और डी. कारसन (एड.), एनसाइक्लोपीडिया ऑफ़ लैंग्वेज एंड एजुकेशन,* वॉल्यूम 7 : लैंग्वेज टेस्टिंग एंड असेसमेंट (p. 151). द नीदरलैंड्स : क्लुवर एकेडेमिक पब्लिशर्स।
7. शाबान, के. (2005), *असेसमेंट ऑफ़ यंग लर्नर्स, इंग्लिश टीचिंग फोरम,* 43(1), 34-40।

लेखिका के बारे में : कीर्ति कपूर एन.सी.ई.आर.टी., नयी दिल्ली के 'भाषाओं में शिक्षा' विभाग में कार्यरत हैं। अंग्रेज़ी

भाषा और साहित्य के क्षेत्रों में उनका 25 साल का शिक्षण-अनुभव है। एन.सी.ई.आर.टी. में रहते हुए उन्होंने पाठ्यचर्या और पाठ्यक्रम बनाये हैं, पाठ्यपुस्तकें विकसित की हैं, शिक्षक-प्रशिक्षण एवं शोध कार्य किये हैं तथा राष्ट्रीय एवं अन्तर्राष्ट्रीय संस्थाओं के लिए परामर्श का काम किया है।

ई.मेल : kkapur07@yahoo.com

अनुवादक : रमणीक मोहन

स्रोत : *लैंग्वेज एंड लैंग्वेज टीचिंग*, 4.2.7, 8-14, जनवरी, 2015।

अंग्रेज़ी की कक्षा और बहुभाषिकता

निवेदिता विजय बेदादुर

परिचय

यह लेख सरकारी विद्यालयों की प्राथमिक व उच्च माध्यमिक कक्षाओं में अन्य भाषाओं के साथ-साथ अंग्रेज़ी पढ़ाने वाले शिक्षक/शिक्षिकाओं को ध्यान में रखते हुए लिखा गया है। इसमें निम्न प्रश्नों के उत्तर देने की कोशिश है :

- अवधारणा-बहुभाषिकता क्या है?
- प्रक्रिया-बहुभाषिकता का शिक्षणशास्त्र क्या है?
- कार्य-प्रणाली-बहुभाषिकता का शिक्षणशास्त्र कक्षा-कक्ष की कार्यप्रणाली में किस प्रकार अनुवादित होता है?
- यह शिक्षकों द्वारा उठाये जाने वाले कुछ प्रमुख सवालों को सम्बोधित करने का भी प्रयास करेगा।
- हम उन बच्चों को अंग्रेज़ी कैसे पढ़ायें जो अल्पसंख्यक वर्ग की भाषा बोलते हैं और हिन्दी तक नहीं जानते हैं।
- हमारे विद्यालय के अल्पसंख्यक वर्ग के बच्चे को घर की तरफ से कोई सहायता नहीं मिलती है; उसका बोलना (स्पीच) घर और स्कूल में उपयोग की जाने वाली भाषा से बिल्कुल अलग है। ऐसे बच्चे को हम अंग्रेज़ी कैसे पढ़ायें?

आइए हम इन दोनों मामलों को देखते हुए शुरू करते हैं?

विद्यालय में आने से पहले बच्चे अपने आसपास के सभी लोगों (बच्चों, वयस्कों, दुकानदारों आदि) से अन्तःक्रिया करते हैं–वे जो भाषाएँ बोलते हैं अथवा अर्जित करते हैं, ज़रूरी नहीं है कि ये भाषाएँ इनके घरों में बोली जाने वाली भाषा (भाषाओं) के समान हों। उदाहरण के लिए मैथिली बेंगलूरु की सीमा पर रहती है जो आन्ध्र प्रदेश के कड़ापा से कुछ ही किमी. दूरी पर है। मैथिली के नाना-नानी

कड़ापी हैं और तेलुगू बोलते हैं; मैथिली के माता-पिता कन्नड़ बोलते हैं। वे हर सुबह मैथिली को उसके नाना-नानी के यहाँ छोड़कर पास ही में स्थित कपड़ा मिल में काम करने जाते हैं। इनके कई मित्र भी हैं जो शाम को अपने बच्चों के साथ उनके यहाँ आ जाते हैं। ये दोस्त मैथिली के माता-पिता से कन्नड़ में बात करते हैं परन्तु इनमें से कुछ अपने बच्चों के साथ तमिल में बात करते हैं, क्योंकि ये तमिल हैं एवं बेंगलूरु में बस गये हैं। प्रतिदिन मैथिली अपने दादाजी के साथ एक राजस्थानी दुकान पर जाती है जहाँ उसके दादाजी अपने राजस्थानी दोस्तों से बात करते हैं और वह अपने मारवाड़ी बोलने वाले दोस्तों के साथ खेलती है।

जब मैथिली विद्यालय गयी तब वह अपनी शिक्षिका से बहुत प्रसन्न थी कि वह तमिल व कन्नड़ दोनों में बात करती थी। आपको क्या लगता है कि मैथिली ख़ुश क्यों थी? जल्दी ही मैथिली ने अंग्रेज़ी सीखना शुरू किया। उसने टेलीविज़न, पेंप्लेट्स और विज्ञापनों को देखकर पहले से ही कुछ शब्दों को पहचानना/बोलना सीख लिया था। उसने यह भी देखा था कि उसके पिताजी के ऑटो चलाने वाले दोस्त अपने यात्रियों से अंग्रेज़ी में ही बात करते थे। इसलिए उसने इन लोगों की बातों को ध्यान से सुनना शुरू कर दिया। क्या आप कहेंगे कि मैथिली की प्रथम भाषा कन्नड़ है या तेलुगू या दोनों? आप मारवाड़ी और तमिल को कौन-सी भाषा का दर्जा देंगे और इन भाषाओं के सन्दर्भ में अंग्रेज़ी का दर्जा क्या होगा?

इस प्रकार की स्थिति उन सभी उपनगरीय बच्चों की है जो महानगरीय शहरों की सीमा से जुड़े ग्रामीण क्षेत्रों से प्रवासन कर जाते हैं और कई भाषाओं के सम्पर्क में आते हैं। वे स्वतः ही बहुभाषी बन जाते हैं। अतः घर में बोली जाने वाली भाषा से विद्यालय में बोली जाने वाली भाषा में पारगमन (ट्रांजिशन) न समझने जैसा कोई बोझ नहीं निर्मित करता।

अब हम छोटे से एक क़स्बे में रहने वाले अल्पसंख्यक समुदाय के बच्चे का उदाहरण लेते हैं।

सुलेमान के माता-पिता को काम के सिलसिले में राजस्थान के बाड़मेर में जाकर रहना पड़ा। जहाँ आम बोल-चाल की भाषा मारवाड़ी, बाड़मेरी, सिन्धी और गुज़राती है।

सुलेमान लमन टांडा समुदाय से आया है, जो तेलुगू भाषा की एक बोली बोलते हैं। विद्यालय में बातचीत व निर्देशों की भाषा हिन्दी है परन्तु कोई भी बच्चे आपस में हिन्दी में बात नहीं करते हैं। वे प्रायः मारवाड़ी या बाड़मेरी में बात

करते हैं। विद्यालय में कक्षा 2 से अंग्रेज़ी की पढ़ाई शुरू हो जाती है। शिक्षक अपने घरों में ढूँढ़ाणी, शेखावटी, झुंझुनू और चुरू में बोली जाने वाली भाषा बोलते हैं। कक्षा-कक्ष की सम्पूर्ण प्रक्रिया हिन्दी में होती है। बच्चे अंग्रेज़ी की कक्षा में अंग्रेज़ी सीखते हैं। सुलेमान पूरी तरह से चकराया हुआ है, उसे अपने घर से कोई सहयोग नहीं मिल रहा है, जहाँ उसके माता-पिता उससे तेलुगू में बातचीत करते हैं जिसकी कोई लिपि भी नहीं है। उसके माता-पिता स्थिति सम्भाल लेते हैं क्योंकि वे उसी भाषा बोलने वाले मज़दूर वर्ग के साथ रहते हैं। विद्यालय में उसके टांडा समुदाय से उसका कोई दोस्त नहीं है। कक्षा में क्या घटित हो रहा है, उसके बारे में उसे कुछ आभास नहीं है। उसके शिक्षक सोचते हैं कि वह कक्षा का कमज़ोर विद्यार्थी है क्योंकि भाषा को पकड़ नहीं पा रहा है लेकिन घर पर सुलेमान कई कामों को करने में सक्षम हैं; वह भेड़ों की देखभाल करता है, उनकी गिनती रखता है, गिनता है, समूह वितरण व्यवस्था के अन्तर्गत दिये जाने वाले अनाजों की अलग-अलग मात्रा को मापता है और अपने छोटे भाई-बहनों की देखभाल करता है।

सुलेमान को विद्यालय में आने वाली दिक़्क़तों से जूझने में कठिनाई हो रही है क्योंकि वहाँ उसकी भाषा को कोई महत्त्व नहीं दिया जाता है। और न ही विद्यालय में उसके ज्ञान तन्त्र के लिए कोई जगह है, जबकि सुलेमान के पास निश्चित तौर पर कितनी भी भाषाओं को सीखने और उन भाषाओं के माध्यम से ज्ञान प्राप्त करने की योग्यता है, परन्तु उसके पूर्व अनुभवों और नयी सीख के बीच कोई सम्पर्क सेतु नहीं है। धीरे-धीरे सुलेमान वहाँ की आम बोलचाल की भाषाएँ, गली-मोहल्ले की भाषाएँ सीख लेगा। परन्तु यदि उसकी पहचान को नकारा जायेगा तो क्या वह कक्षा-कक्ष की भाषा सीख पायेगा?

बहुभाषिकता क्या है?

विभिन्न शोधार्थियों द्वारा बहुभाषिकता को अलग-अलग तरीक़े से परिभाषित किया गया है। एक बहुभाषिक व्यक्ति वह है जो "तीन या तीन से अधिक भाषाओं के इस्तेमाल की योग्यता रखता हो या तो स्वतन्त्र रूप से या विभिन्न हदों तक मिश्रित कोड के रूप में : अलग-अलग भाषाएँ अलग-अलग उद्देश्यों के लिए उपयोग की जाती हैं और हर एक भाषा को बोलने की क्षमता विभिन्न कारक जैसे कि रजिस्टर, व्यवसाय, शिक्षा के अनुसार फ़र्क-फ़र्क होती है" (केम्प, 2009, पृ. 15)। अतः इस परिभाषा के अनुसार एक व्यक्ति जो प्रभावशाली

संवाद के लिए कोड मिश्रित करता हो या कोड बदलता (shift) हो या बहुत सारी बोलियाँ बोलता हो या किसी भाषा के भाषा द्वैत (diglossia)* माहौल से चिर-परिचित हो उसे बहुभाषिक माना जायेगा।

हमारे प्रयोजन के लिए योगात्मक (additive) और व्यवकलनात्मक (subtractive) द्वि भाषिकता या बहुभाषिकता के मध्य अन्तर करना भी आवश्यक है। योगात्मक बहुभाषिकता में दोनों भाषाओं के उपयोग से दोनों ही भाषाएँ समृद्ध होती हैं, जबकि दूसरी तरफ़ व्यवकलनात्मक बहुभाषिकता में प्रथम भाषा का धीरे-धीरे ह्रास होने लगता है क्योंकि सीखने वाले की कार्यस्थली पर दूसरी भाषा का प्रभुत्व होता है। ऐसी स्थिति में वक्ता की भाषायी वफ़ादारी नयी सीखी जाने वाली भाषा की तरफ़ स्थानान्तरित हो जाती है। उदाहरणार्थ यदि सुलेमान बातचीत में हिन्दी का अधिकाधिक प्रयोग शुरू कर देता है और घर पर बोली जाने वाली तेलुगू भाषा को भूल जाता है तो हम कह सकते हैं कि सुलेमान का भाषायी उपयोग व्यवकलनात्मक बहुभाषिकता को दर्शा रहा है। इसके विपरीत यदि सुलेमान का परिवार उनकी तेलुगू की बोली के उपयोग को बरकरार रखता है और परिवार के लोग तेलुगू में कोई साहित्य भी पढ़ते हैं साथ ही साथ बाड़मेरी और हिन्दी का धारा प्रवाह उपयोग करते हैं तो यह योगात्मक बहुभाषिकता का उदाहरण होगा।

भारत में, बहुभाषिकता हमेशा हमारे सांस्कृतिक और सामाजिक चरित्र (ethos) का हिस्सा रही है। भारत की बहुभाषिकता की स्थिति की समृद्धता एवं जटिलता, व्यक्तिगत और सामाजिक द्विभाषिकता दोनों से चिह्नित होती है। यह इस तथ्य से जाँची जा सकती है कि भारत में 1652 'मातृ-भाषाएँ' बोली जाती हैं और ये चार अलग-अलग भाषायी परिवारों से सम्बन्धित हैं; प्रिंट मीडिया में 87 भाषाओं का उपयोग होता है, रेडियो 71 तथा विद्यालय 47 भाषाओं को निर्देशों के माध्यम के रूप में इस्तेमाल करते हैं (अग्निहोत्री, 2007, पृ. 79-88)।

भारत सरकार को हमेशा यही लगा कि शिक्षा-तन्त्र में बहुभाषिकता को लागू करने का एकमात्र तरीक़ा पाठ्यक्रम में बहुत सारी भाषाओं के अध्ययन का प्रावधान रखना है (श्रीवास्तव, 2007, पृ. 37-53)।

***diglossia** (डाइग्लोसिया)– यह परिकल्पना चार्ल्स फर्ग्यूसन से मिली है। उनके अनुसार एक ही भाषा के दो बिल्कुल अलग-अलग रूप होते हैं एक निम्न और एक उच्च। ये रूप अलग-अलग सन्दर्भों में उपयोग किये जाते हैं। अरबी और ग्रीक जैसी भाषाओं में ऐसी स्थिति है।

इसी विचार के फलस्वरूप त्रिभाषा सूत्र का उद्भव हुआ। वे मूल सिद्धान्त जिन्होंने त्रिभाषा स्वरूप सूत्र को आकार दिया वे थे कि शिक्षा से सर्वाधिक लाभ प्राप्त करने के लिए मातृभाषा ही वह प्रथम भाषा है जो बच्चों को स्कूल की शुरुआत से ही पढ़नी चाहिए एक विषय की तरह भी व निर्देशों के माध्यम की तरह भी (श्रीवास्तव, 2007, पृ. 37-53)। इसके अलावा, त्रिभाषा सूत्र में क्षेत्रीय भाषा, हिन्दी व अंग्रेज़ी के अध्ययन का भी प्रावधान था। अंग्रेज़ी का अध्ययन कक्षा 5 से आगे की कक्षाओं के लिए था। हालाँकि लोगों की महत्त्वाकांक्षाओं को ध्यान में रखते हुए पहली कक्षा से ही अंग्रेज़ी पढ़ाई जा रही है और हमारे कई राजकीय विद्यालय अंग्रेज़ी माध्यम में संचालित हो रहे हैं।

आइए, हम निम्न केस-स्टडी को पढ़ते हैं और कक्षा-कक्ष में हमें किस प्रकार की अप्रोच अपनानी चाहिए इस पर चर्चा करते हैं।

उत्तराखण्ड के एक गाँव के एक विद्यालय में थारू समुदाय की एक बच्ची पहली बार प्रवेश लेती है। बच्ची घर पर थारू बोलती है। मोहल्ले में उसने लोगों को पंजाबी बोलते सुना है। वह चकरा जाती है, जब शिक्षिका उससे हिन्दी में बात करती है। शिक्षिका जो भी बोलती है, उसे कुछ समझ नहीं आता है और चालीस बच्चों की कक्षा में जहाँ कुछ बच्चे थारू बोलते हैं, कुछ बंगाली, कुछ पंजाबी और कुछ टूटी-फूटी हिन्दी, वह पूरी तरह खो जाती है। दिन-ब-दिन वह विद्यालय से दूर होती जाती है। शिक्षिका को लगता है कि वह कमज़ोर है। जल्द ही वह विद्यालय से ड्रॉपआउट हो जाती है और हाल में पैदा हुए अपने भाई की देखभाल कर अपनी माँ का हाथ बँटाती है।

आइए, अब हम लमन टाण्डा समुदाय को देखते हैं।

लमन टाण्डा समुदाय की रिहाइश पुणे के बाहरी इलाकों में है। यह एक प्रवासी समुदाय है, परन्तु पिछले 30 सालों से यह पुणे के इन इलाकों में निवास कर रहे हैं। ये लमन बोली बोलते हैं और वर्तमान पीढ़ी में कम से कम एक अभिभावक शिक्षित है। ये अपने बच्चों को विद्यालय भेजने के लिए उत्सुक हैं। हालाँकि वे स्कूल जो उन्हें स्वीकार करेंगे तथा जिनका खर्चा ये उठा सकते हैं। वे म्यूनिसिपल विद्यालय हैं, जहाँ महाराष्ट्र की क्षेत्रीय भाषा मराठी-निर्देशों का माध्यम है। लमन बच्चों ने मोहल्ले में खेलते समय कुछ मराठी सीख ली है

परन्तु वह विद्यालय की मानक मराठी नहीं है। शिक्षक लमन बच्चों की भाषा को असभ्य व भद्दी मानते हैं। ये बच्चे शिक्षक के निर्देशों को नहीं समझ पाते हैं लेकिन वे एक-दूसरे की मदद करते हैं और इस तरह एक-दूसरे की सहायता से, सज़ा से बच निकलते हैं (श्रीनिवासन, 2009 से उद्धृत)।

इन दोनों स्थितियों से यह साफ़ है कि अल्पसंख्यक समुदाय के बच्चे जो कि अल्पसंख्यक भाषा बोलते हैं, उन्हें विद्यालय में प्रवेश पाने पर भारी चुनौतियों का सामना करना पड़ता है। इनमें से कुछ चुनौतियाँ हैं :

1. अल्पसंख्यक समुदाय के बच्चे अपनी मातृभाषा में प्राप्त किये देशज (indigenous) ज्ञान के साथ विद्यालय में आते हैं। शिक्षक उस भाषा को नहीं जानते हों, ऐसा हो सकता है और इससे बच्चों की समझने की योग्यता में अड़चन आ सकती है।
2. सामान्यतः इनके घरों में शुरुआती पढ़ने-लिखने (लिट्रेसी) का कोई माहौल नहीं होता है। अतः ऐसा हो सकता है कि वे पढ़ने-लिखने सम्बन्धी ऐसी गतिविधियों में, जो एक उपयुक्त वातावरण का निर्माण करती हों उनमें भाग न ले पायें।
3. यह सम्भव है कि इनको घरों या गलियों में, विद्यालय में बोली जाने वाली भाषा का सामना कभी न करना पड़ा हो।
4. क्योंकि भाषा पहचान से जुड़ी होती है, जब इन्हें लगता है कि इनकी पहचान को नकारा जा रहा है तो ये बच्चे अपने आपको स्कूल से दूर कर सकते हैं।

यह भी कि ऊपर चर्चा किये गये दोनों उदाहरणों में, बच्चे की घर की भाषा कभी भी कक्षा-कक्ष की भाषा नहीं बन सकती है। सकारात्मक कार्रवाइयों की कमी, नीतियों व राजनीतिक कारणों के चलते क्रियान्वयन के स्तर पर ऐसा कोई प्रावधान नहीं बन पाया कि जनजातीय या अल्पसंख्यक भाषाएँ विद्यालय में माध्यम की भाषा बन पायें। अतः इन समस्याओं के प्रत्युत्तर में, हमें अल्पसंख्यक भाषी बच्चों के लिए एक समावेशी वातावरण का निर्माण करना चाहिए, जब वे पहली बार विद्यालय की भाषा और अंग्रेज़ी के सम्पर्क में आते हैं। हम बच्चों के पूर्व ज्ञान व उनकी घर की भाषा को दरकिनार कर किसी भी प्रकार की तरक्की की उम्मीद नहीं कर सकते हैं। हालाँकि घर की भाषा को स्कूल में दरकिनार करने की प्रक्रिया कभी भी इरादतन नहीं

होती है, पर ऐसा हो जाता है क्योंकि हम सभी जो भाषाएँ बोलते हैं, उनको लेकर पूर्वाग्रही होते हैं। हम यक़ीन करते हैं कि मानक व स्वीकृत भाषाएँ 'श्रेष्ठ' होती हैं और वे भाषाएँ जो अल्पसंख्यक समुदाय के बच्चे बोलते हैं वे अमानक है अतः 'बुरी' हैं। बहुत सारे शिक्षक यह भी मानते हैं मानक भाषाएँ व्याकरणिक होती हैं, जबकि अमानक भाषाएँ व्याकरणरहित होती हैं। जो भी हो कक्षा-कक्ष में इन बच्चों की मदद जो इंसान कर सकता है वह केवल एक शिक्षिका है और शिक्षिका द्वारा इसको करने का सबसे बढ़िया तरीक़ा है बहुभाषीय शिक्षण शास्त्र की मदद और कक्षा में अंग्रेज़ी पढ़ाने के लिए बहुभाषीय अप्रोच को अपनाना।

बहुभाषीय अप्रोच क्या है?

बहुभाषीय अप्रोच कक्षा में बच्ची की भाषा का स्वागत कर उसकी पहचान और संस्कृति को स्वीकार करने में विश्वास रखती है। हम जानते हैं कि शुरुआती वर्षों में बच्चों के लिए अर्थपूर्ण माहौल गढ़ने हेतु सबसे बढ़िया कक्षा अभ्यास का तरीक़ा होता है, उसकी भाषा में उसका जो पूर्व ज्ञान है उसका उपयोग। इस प्रकार कक्षा में बच्ची की भाषा का स्वागत करना, बच्ची को अपने पूर्वज्ञान को अभिव्यक्त करने में और उसके पूर्वज्ञान को सराहने में मदद करना इस अप्रोच के बुनियादी सिद्धान्त हैं। दूसरा जिस बहुभाषी अप्रोच को हम अपनाने की बात करते हैं, वह शुरुआती वर्षों में लक्षित भाषा (target language) के साथ-साथ बच्चों की अपनी भाषा के विकास के लिए जगह बनाने में यक़ीन रखती है। यह अप्रोच संज्ञानात्मक विकास के सिद्धान्त पर काम करती है–सरल शब्दों में कहा जाये तो परिचित से अपरिचित की ओर सन्दर्भ-सम्बन्धित से सन्दर्भ-स्वतन्त्र की ओर। अब हम देखेंगे कि यह शिक्षण-शास्त्र में किस प्रकार से दिखाई देता है।

बहुभाषीय शिक्षण-शास्त्र के लिए सैद्धान्तिक रूपरेखा

अब हम इस बात की जाँच करेंगे कि क्यों बहुभाषीय शिक्षणशास्त्र पूर्व उल्लेखित सिद्धान्तों का समर्थन करता है। इस शिक्षण शास्त्र का सैद्धान्तिक आधार क्या है?

आइए, हम जिम कमिंस के प्रतिपादित एक सरल सैद्धान्तिक रूपरेखा को देखते हैं।

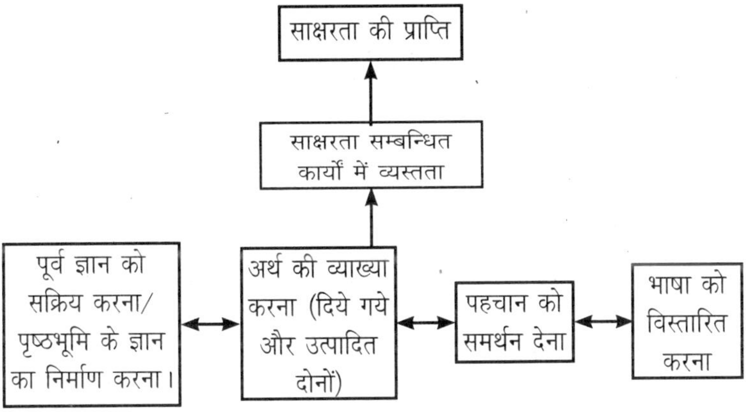

चित्र-1. बहुभाषीय सन्दर्भ में अकादमिक विकास को प्रोन्नत करने हेतु एक शिक्षणशास्त्रीय रूपरेखा (देखें कमिंस, 2009)।

इस रूपरेखा के आधार पर मैं कक्षा पहली से पाँचवीं के लिए बहुभाषीय शिक्षण-शास्त्र के निम्न उदाहरण सुझाना चाहूँगी।

बहुभाषीय शिक्षणशास्त्र

विद्यालय की समयसारिणी में गतिविधि आधारित भाषा की कक्षा के लिए जगह बनाना जिसमें निम्न गतिविधियाँ करायी जा सकें। यह एक ऐसी कक्षा है जहाँ बच्चों के घर की भाषा व विद्यालय की भाषा साथ-साथ पोषित होती है। अतः कक्षा में विद्यालय की भाषा के अर्जन के साथ घर की भाषा का भरण-पोषण व आदर दोनों क्रियाएँ सम्पादित होती रहती हैं।

- **बच्चों की भाषा का कक्षा में उपयोग करना :** बच्चों की भाषा से शुरुआत करें तथा कोड मिक्सिंग और कोड स्विचिंग* के माध्यम से बच्चों को विद्यालय की भाषा से परिचित करायें। उदाहरणार्थ : सोमवार की सुबह कक्षा की शुरुआत बच्चों ने रविवार को घर में क्या-क्या किया, इस पर चर्चा से की जा सकती है। बच्चों को अपनी भाषा में बोलने को प्रोत्साहित करें, उस भाषा में सवाल पूछें जो बच्चे समझते हों। प्रत्येक बच्चे को अपनी भाषा में अभिव्यक्त करने में मदद करें।

---

*कोडमिक्सिंग व कोडस्विचिंग–आमतौर पर इन्हें एक-दूसरे की जगह, अदल-बदल कर उपयोग किया जाता है। इनसे तात्पर्य है दो या अधिक भाषाओं का या एक ही भाषा के अलग-अलग रूपों का बोलते वक़्त एक साथ प्रयोग।

बच्चे जो भी बोल रहे हों उसे बोर्ड पर लिखें। उनकी बातचीत के विषय से सम्बन्धित कुछ अंग्रेज़ी शब्दों को उन्हें बताएँ और उन्हें बोर्ड पर लिखें। कार्डों की एक गड्डी पहले से ही तैयार रखें। बच्चों को बोर्ड पर लिखे गये प्रसंग (थीम) से सम्बन्धित कोई एक शब्द सोचने को कहें जिसके बारे में वे जानना चाहते हों। बच्चों की भाषा में उस शब्द को लिखें (किसी भी लिपि में) तथा अंग्रेज़ी में पहले से तैयार कार्ड पर लिखने को दें। सभी बच्चों को कार्ड दें। उन्हें कार्ड की अदला-बदली करने दें, उनके साथ खेलने दें, घर ले जाने दें तथा वापस लाने को कहें। यह प्रक्रिया हर सोमवार को दोहरा सकते हैं।

- **बच्चों की मदद से चित्र-शब्दकोश बनाना :** बच्चों को उनकी भाषा में से अपना पसन्दीदा कोई एक शब्द चुनने को कहें। उन्हें इस शब्द से सम्बन्धित एक चित्र बनाने को कहें। इन शब्दों व चित्रों से कार्ड बनायें एवं इस शब्द का समानार्थक अंग्रेज़ी भाषा का शब्द भी कार्ड में लिखें। अंग्रेज़ी भाषा के शब्द को ज़ोर से बोलते हुए बच्चों को कार्ड को पहचानने और इसके बारे में बात करने को कहें।
- कक्षा-कक्ष में बोली जाने वाली सभी भाषाओं का उपयोग करते हुए थीम-आधारित शब्द-दीवार बनायें। बच्चों को उनकी पसन्द की कोई थीम चुनने को कहें। अब उन्हें अपनी भाषा से इस थीम से जुड़े अधिक से अधिक शब्द बताने को कहें। ऐसे बच्चे जिनकी भाषा कक्षा के अन्य बच्चों से बहुत अलग है, उन्हें भी बोलने को प्रेरित करें। अब अन्य बच्चों से कहें कि वे इस बच्चे द्वारा बताये गये शब्दों के लिए अंग्रेज़ी व हिन्दी शब्द बता सकते हैं क्या? दरअसल, बच्चों को अपनी भाषा के शब्दों के साथ-साथ अंग्रेज़ी व हिन्दी शब्द सोचने को प्रेरित करें। थीम से सम्बन्धित सभी भाषाओं के शब्दों को स्वीकार करें तथा इन्हें शब्द-दीवारों पर लिखें। इन दीवारों पर अलग-अलग लिपि में शब्द लिखे होंगे–एक अंग्रेज़ी की तथा अन्य भाषाओं की लिपि। बच्चों के लिए यह कोई दिक़्कत नहीं करती है। याद रखिए भाषा व लिपि के बीच की सीमाएँ कृत्रिम सीमाएँ हैं। हाल में प्रचलित विज्ञापन सेवाओं ने इन सीमाओं से पार पा लिया है। एक बार शब्द-दीवार बन जाने पर उससे जुड़ी कई गतिविधियाँ करें।
- **बच्चों की भाषा में कहानी सुनाना :** यह बहुभाषीय अभ्यास धीरे-धीरे कक्षा-कक्ष में बोली जाने वाली सभी भाषाओं में बताया जायेगा। अंग्रेज़ी का परिचय कोड मिक्सिंग और कोड स्विचिंग के माध्यम से करें।

- बच्चों के अभिभावकों को विद्यालय में बुलाकर बच्चों की अपनी भाषाओं में गीत, कविताएँ, कहानियाँ एकत्रित करने का कार्य शुरू करें। इसके आधार पर बच्चों की भाषा में कहानियों की किताब बनायें तथा इसे अंग्रेज़ी व विद्यालय की अन्य भाषाओं में भी लिखें।

कुछ प्रश्न

प्र. भाषा के विकास हेतु शब्दों के अर्जन के साथ-साथ अभ्यास की भी आवश्यकता होती है। इस प्रक्रिया में बहुभाषीय शिक्षणशास्त्र कैसे मददगार होगा?

उ. हमें प्रत्येक भाषा को बहुत गहराई और गहनता से पढ़ाने की आवश्यकता है, एक बहुभाषीय कक्षा एक समावेशी कक्ष में बदल सकती है तथा इसमें मूलभूत अन्तःवैयक्तिक संवाद कुशलता का विकास भी सम्भव है परन्तु प्रत्येक भाषा को सीखने तथा अर्जन करने की आवश्यकता है–हमें अक्षर-ध्वनि सम्बन्धों, शब्दावली के विकास, शब्द संरचना व वाक्य संरचना की रणनीतियों की समझ, पढ़ने की रणनीतियों तथा लेखन कार्यशालाओं पर काम करने की आवश्यकता है। यह एक बहुत ही जायज सवाल है, परन्तु दो भाषाओं का एक साथ काम करना तभी सम्भव है, जबकि दोनों भाषाओं में सेतु निर्मित हो चुके हों। हमारी अधिकांश अकादमिक बातचीत भी अलग-अलग भाषाओं को समझने व स्वीकार करने के लिए ज़्यादा जगह बनाने हेतु और अधिक बहुभाषिक हो सकती है। एक बार सेतु निर्मित हो जाये तो हम भाषा विकास हेतु अलग-अलग जगह बना सकते हैं। हालाँकि, घर की भाषा का रख-रखाव हमेशा इस खोज का हिस्सा बना रहना चाहिए।

प्र. क्या शिक्षक को बच्चों के घर में बोली जाने वाली सभी भाषाओं की जानकारी होनी चाहिए?

उ. यह प्रश्न उस पेराडाइम की बात करता है जिसमें यह माना जाता है कि एक शिक्षक पढ़ाता है और एक विद्यार्थी सीखता है। एक शिक्षक को बच्चों के घर की भाषाओं को कक्षा में स्थान देने हेतु मौक़े उपलब्ध कराने की आवश्यकता है। यह कतई ज़रूरी नहीं है कि वह बच्चों के घर की भाषाओं में निपुण हो परन्तु उनको ग्रहण करने वाला हो। कक्षा में आदर व मूल्य का भाव तभी निर्मित हो सकता है, जबकि कक्षा में सभी सीखने वाले हो तथा सभी एक साथ सीख रहे हों। एक शिक्षक को बच्चों की भाषाओं के

ज्ञान के बजाय गतिविधियों के निर्माण, खोज के ऐसे मौक़े उपलब्ध कराने में महारत चाहिए तथा खुले स्वभाव का होना चाहिए।

सार-संक्षेप

सर्वप्रथम यदि हम यह मानते हैं कि बहुभाषिता हमारी पहचान का हिस्सा है तथा सभी मनुष्य मूलतः बहुभाषिक हैं तो हमारी कक्षाएँ एक-भाषी नहीं हो सकती हैं। दूसरे, ऐसी शिक्षा जो बच्चे की घर की भाषा को नकारने से शुरू होती है, यह सिद्ध हो चुका है कि ऐसी शिक्षा बच्चों को 'बाहर ढकेलती है व बहुत बड़ी संख्या में अशिक्षित युवकों में इज़ाफा करती है' और देश के सामाजिक और आर्थिक जीवन में भारी असमानता पैदा करती है। बहुभाषीय शिक्षणशास्त्र से अभी तक हाशियाकृत रहे बच्चों को लिए अधिक विकल्पों का निर्माण होगा। ऐसी कक्षा समावेशी कक्षा, विद्यालय में अधिक बच्चे और अल्पसंख्यक भाषाओं के उच्च संरक्षण के उदाहरण प्रस्तुत करेगी। यह देश की अल्पसंख्यक भाषाओं तथा इसको बोलने वाले लोगों को देश की आर्थिक, सामाजिक व राजनीतिक जीवन में भागीदारी करने के अवसरों को बढ़ावा देगी।

सन्दर्भ

1. अग्निहोत्री, आर. (2007), *टूवड्‌र्स अ पेडागोजिकल पेराडाइम रूटेड इन मल्टीलिंगुअलिटी, इंटरनेशनल मल्टीलिंगुअल रिसर्च जरनल* 1(2), 79-88।
2. कमिंस, जे. (2009), *फंडामेंटल साइकोलिंग्विस्ट एंड सोशियोलोजिकल प्रिंसिपल्स अंडरलेयिंग• एजुकेशनल सक्सेज़ फॉर लिंग्विस्टिक माइनोरिटी स्टुडेंट्स*, इन ए.के. मोहन्ती, एम. पाण्डा, आर फिलिप्सन, एंड टी. स्कत्नब कंगस (एड.) मल्टीलिंग्वल एजुकेशन फॉर सोशियल जस्टिस : ग्लोबलाइजिंग द लोकल (पृ. 21-35) न्यू दिल्ली : ओरिएंट ब्लेकस्वान प्राइवेट लिमिटेड।
3. केम्प सी. (2009), डिफाइनिंग मल्टीलिंग्वलिस्म. इन एल. एरोनिन, एंड बी. हुफेज़न (एड.), *द एक्प्लोरेशन ऑफ़ मल्टीलिंग्वलिज़्म, डेवलपमेंट ऑफ़ रिसर्च ऑन L3, मल्टीलिंग्वलिज़्म एंड मल्टीपल लैंग्वेज एक्वीजिशन*, पृ. (11-26). एम्स्टडर्म/फिलेडेल्फिया : जॉन बैंजामिंस पब्लिशिंग कम्पनी।
4. श्रीनिवासन, एम. (2009), *कनफ्रांटिंग स्टीरियोटाइप्स प्रगत शिक्षा संस्था, रीट्राइव्ड फ्राम* http://www.progatshikshansanstha.org/article.php?category=uf795f38e6665।

5. श्रीवास्तव, ए.के. (2007), *मल्टीलिंग्वलिज़्म एंड स्कूल एजुकेशन इन इंडिया : स्पेशियल फीचर्स, प्रॉब्लम एंड प्रोस्पेक्ट्स, इन डी.पी. पटनायक (एड.),* मल्टीलिंग्वलिज़्म इन इंडिया (पीपी 37-53), दिल्ली : ओरिएंट लांगमेन प्राइवेट लिमिटेड।

लेखिका के बारे में : निवेदिता विजय बेदादुर, अज़ीम प्रेमजी विश्वविद्यालय, बेंगलूरु के विश्वविद्यालय सन्दर्भ केन्द्र में सहायक प्राध्यापक और अकादमिक तथा शिक्षणशास्त्र की विशेषज्ञ है। उन्होंने भारत व नेपाल के केन्द्रीय विद्यालयों में अंग्रेज़ी का अध्यापन किया है। वर्तमान में वे शिक्षक प्रशिक्षकों के लिए पाठ्य सामग्री निर्माण का कार्य कर रही हैं। शिक्षक विकास और मोबाइल लर्निंग पर किये गये उनके शोध इन लिंक्स पर उपलब्ध हैं–

http://www.britishcouncil.in/sites/britishcouncil.in2/files/tec_13_publication_final_version.pdf, http://englishagenda.britishcouncil.org/sites/ec/files/CPD%20Lessons%20book.pdf.

ई-मेल : nivedita@azimpremjifoundation.org

अनुवादक : यशोधरा कनेरिया, विद्या भवन शिक्षा सन्दर्भ केन्द्र, उदयपुर, राजस्थान

स्रोत : *लैंग्वेज एंड लैंग्वेज टीचिंग,* 4.2.8, 1-6, जुलाई, 2015.

भाषीय विविधता-भाषीय भूदृश्य[1] से भाषीय विविधता का शिक्षण

रिज़वान अहमद

परिचय

भारत की सांस्कृतिक, राजनैतिक, आँचलिक व धार्मिक विविधता को स्कूल पाठ्यक्रम में ज़रूर रेखांकित किया जाता है, पर इसकी भाषीय विविधता, जो भाषाओं की क़िस्मों, बोलियों, लिपियों में निरूपित होती है और बहुभाषिकता की मौजूदगी-एक से अधिक भाषाओं के इस्तेमाल की योग्यता—इन सभी को इस प्रकार की अकादमिक प्रमुखता नहीं मिलती। भारत चार प्रमुख भाषा-परिवारों-इंडो-आर्यन, द्रविड़ियन, तिब्बतो-बर्मन व ऑस्ट्रो-एशिएटिक की हज़ारों भाषाओं और बोलियों का घर है। कई भाषाएँ इतनी अलग-अलग हैं कि एक भाषा को जानने वाला दूसरी भाषा नहीं समझ सकता। उदाहरण के लिए—हिन्दी, तमिल और मणिपुरी जानने वाले एक-दूसरे की भाषा को नहीं समझ सकते।

हिन्दी, जो भारत की राजकीय भाषा है और अंग्रेज़ी जो सह-राजकीय भाषा है, के अलावा 22 भाषाएँ और हैं जिन्हें संवैधानिक दर्जा प्राप्त है। लेकिन छपायी में, ऑडिओ-विजुअल मीडिया में और इंटरनेट पर जिन भाषाओं का प्रयोग होता है उनकी संख्या इससे कहीं ज़्यादा है। उदाहरण के तौर पर पूर्वी उत्तर प्रदेश और बिहार में बोली जाने वाली भोजपुरी को आधिकारिक दर्जा प्राप्त नहीं है लेकिन फ़िल्मों में—संवाद में, गीतों में और वेब पर इसका उपयोग बड़ा व्यापक है, यहाँ तक कि भोजपुरी में तो लिखित साहित्य भी उपलब्ध है।[2]

इसके अलावा, 2001 की जनगणना में अलग-अलग भाषा बोलने वाले लोगों की एक बड़ी संख्या ऐसी थी जिनका कहना था कि अपनी मातृभाषा के अलावा

वे कई अन्य 'सब्सिडीयरी' भाषाएँ भी बोलते हैं (मल्लिकार्जुन, 2010)। इसका आशय यह है कि बहुत से लोग अपने रोज़मर्रा के सामाजिक भाषीय अनुभवों में एक से ज़्यादा भाषाओं का इस्तेमाल करते हैं। इसी सामाजिक-बहुभाषिकता को हमारे शिक्षा के ढाँचे में त्रिभाषा सूत्र (3 LF) के रूप में शामिल किया गया है।[3]

यह सिद्ध करने के लिए कि भारत एक बहुभाषिक देश है। हमें आँकड़ों की कोई ज़रूरत नहीं है : यह हमारे सामाजिक-भाषीय अस्तित्त्व का अभिन्न अंग है। हमारे आसपास ऐसे लोगों को ढूँढ़ पाना बहुत आसान है जो अपनी मातृभाषा के साथ-साथ दो, तीन अथवा अधिक भाषाओं और बोलियों का इस्तेमाल करते हैं। उदाहरण के लिए, यह बहुत सम्भव है कि एक शिक्षित भोजपुरी भाषी व्यक्ति हिन्दी भी जानता हो और अंग्रेज़ी भी। अगर वह पटना में रहा हो तो यह भी बहुत सम्भव है कि उसे कुछ मगही भी आती हो। बिहार में, ट्रेन व बस में सफ़र करते हुए मैंने कितनी दफ़ा लोगों को उनकी बोलियों में राजनीति के बारे में चर्चा करते हुए सुना है और तब एकाएक वे अंग्रेज़ी शब्दों का इस्तेमाल भी करने लगते हैं।[4]

भारत की भाषायी विविधता केवल भाषा और बोलियों के मौखिक सम्प्रेषण तक ही सीमित नहीं है; पूरे भारत में लिपियों और लेखन व्यवस्था के प्रयोग में भी यह विविधता हम देख सकते हैं। किताबें, अख़बार, इश्तहार, ब्रोशर इत्यादि बड़ी संख्या में बहुत सी भाषाओं व लिपियों में लिखे जाते हैं, उन भाषाओं में भी जो आधिकारिक तौर पर अनुसूचित भाषाएँ नहीं हैं। भाषायी विविधता का एक ठोस उदाहरण है जनहित में ज़ारी चेतावनी/निर्देशों (Public signage) में विभिन्न भाषाओं का इस्तेमाल। इक्कीसवीं शताब्दी की वैश्वीकृत दुनिया में जनहित से सम्बन्धित निर्देश/प्रतीक सर्वत्र दिखाई देते हैं—ये एक तरह से अनोखे हैं, वे इस मायने में कि ये भाषा और बोली दोनों ही को दर्शाते हैं। इन जन-निर्देशों/प्रतीकों में राज्य व केन्द्र सरकार द्वारा लगाये गये निर्देश/प्रतीक-आदि सभी शामिल हैं। (जैसे—सड़कों और प्रशासनिक स्थानों को इंगित करते साइन, निजी संपत्ति जैसे घर, दुकान, होटल आदि को इंगित करते साइन)।

जहाँ स्कूल पाठ्यक्रम में सांस्कृतिक विविधता पर ज़ोर दिया जाता है, वहीं भाषागत विविधता को इतनी तवज्जो नहीं दी जाती। जहाँ दी भी जाती है, वहाँ अनुदेशक बच्चों के रोज़मर्रा के जीवन में भाषाओं और बोलियों से निर्मित होने वाली समृद्ध सिंफनी का बेहतरी से प्रयोग कर पाने में असमर्थ हैं। परिणाम स्वरूप बच्चे कक्षा की भाषा और वास्तविक दुनिया की भाषा में सम्बन्ध नहीं

बना पाते। जन निर्देश/प्रतीक और साइनबोर्ड से एकत्रित डेटा (यानी भाषायी भूदृश्य) भाषीय विविधता और भाषा के अन्य मुद्दों पर विमर्श के लिए स्रोत की तरह कैसे इस्तेमाल किये जा सकते हैं—यह बताने की कोशिश मैं इस पेपर में करूँगा। मेरा तर्क रहेगा कि यदि बच्चों की भागीदारी से इस प्रकार के डेटा को इकट्ठा किया जाये और फिर सीखने-सिखाने में उसका उपयोग किया जाये तो सीखने की प्रक्रिया ज़्यादा जीवन्त और प्रभावशाली हो जाती है।

भाषायी भूदृश्य का शिक्षण सामग्री की तरह उपयोग

पिछले कुछ समय से सामाजिक भाषाशास्त्री भाषायी विविधता के विभिन्न पहलुओं जैसे कि बहुभाषिकता, भाषाओं का मेल और एक भाषा बोलते-बोलते, दूसरी भाषा पर आ जाना (Language mixing and switching) और शब्दों का लेन-देन (lexical borrowing) आदि की अकादमिक पड़ताल में लगे थे। पर हाल के कुछ समय में अध्ययनकर्ताओं ने जन निर्देश/प्रतीक के क्षेत्र में हुए भाषा और लिपि के प्रयोग का अध्ययन किया है, जिससे भाषा और उसके बोलने वालों की ज़्यादा विस्तृत समझ बनती है। इसकी पहल करने वाले लेंड्री और बोहरिस (1997) थे, जिन्होंने कनाडा में भाषाओं की भाषायी जीवन्तता (linguistic vitality) का अध्ययन किया। उस समय से अब तक यह क्षेत्र इतना आगे बढ़ चुका है और विस्तृत हो चुका है कि इसमें भाषा के कई सामाजिक-सांस्कृतिक पहलू शामिल हैं, जैसे कि भाषा नीति से सम्बन्धित मुद्दे, विभिन्न भाषाओं का रुतबा और उनकी प्रतिष्ठा और सामाजिक पहचान व सत्ता जिनका प्रतिरूपण (Symbolise) ये भाषाएँ करती हैं (बेन-राफेल, शोहमी आमरा और ट्रंपर-हेच, 2006)। दूसरे शब्दों में भाषायी भूदृश्य के अध्ययन के अन्तर्गत भाषा की पूरी की पूरी पारिस्थितिकी है जिसमें वे सामाजिक कारक भी शामिल हैं जो भाषा को एक सामाजिक परिघटना बनाते हैं।

इस दृष्टिकोण से देखा जाये तो किसी भी शहर या क़स्बे का भाषायी भूदृश्य एक सांस्कृतिक निरूपण की जगह होती है और यहाँ भाषायी वस्तुओं, जैसे भाषाएँ और लिपियाँ, का उपयोग करते हुए ही यह सांस्कृतिक निरूपण होता है। चूँकि सभी सांस्कृतिक निरूपण विचारधारा से ही निर्मित होते हैं—अतः संकेत (Sign) भी सांस्कृतिक वस्तुएँ ही हैं जो कुछ ख़ास सामाजिक पहचानों और पदों को निर्धारित करते हैं (ब्लोमेर्ट, कॉलिंस और स्लेमब्रूक, 2005)।

यही वह वजह है कि भाषाओं के बीच सम्बन्धों तथा उनके नित बदलते हुए और बहुधा प्रतिस्पर्धात्मक प्रतीकात्मक मूल्य की पड़ताल करने के लिए संकेत के ज़रिये शुरुआत हो सकती है। हर समुदाय के लिए अलग-अलग भाषा की अहमियत में तुलनात्मक फ़र्क़ हो सकता है। प्रतीकों का साथ इसी अन्तर की परख करने का अवसर बच्चों को देता है। बच्चे इन प्रतीकों से पहले से ही परिचित होते हैं व हर जगह उनसे रू-ब-रू होते हैं। इस कारण से भी ये विषयवस्तु पड़ताल के लिए अत्यन्त रोचक है। औरंगज़ेब मार्ग का नाम बदलकर ए.पी.जे. अब्दुल कलाम मार्ग कर देने का हाल का विवाद संकेतों की विचारात्मक सत्ता का गवाह है।

बाक़ी के पर्चे में मैं इस बात के उदाहरण दूँगा कि कैसे शिक्षक और विद्यार्थी दोनों ही अपने आस-पड़ोस में मौजूद संकेतों को कक्षा में ला सकते हैं और कैसे इन्हें भाषा, बहुभाषिकता, सामाजिक निरूपण, भाषा-नीति, भाषा-अधिकार आदि पर अर्थपूर्ण और सक्रिय चर्चा के लिए स्रोत की तरह इस्तेमाल कर सकते हैं। तरीक़ों और सामग्री, जिनकी मैं यहाँ चर्चा करूँगा वे सीखने और सिखाने को लेकर हाल में हुए अध्ययनों पर आधारित हैं, जो सीखने की विद्यार्थी केन्द्रित दृष्टिकोण का समर्थन करते हैं जिसमें शिक्षक सीखने की प्रक्रिया में एक सुगमकर्ता की तरह होते हैं : उन्हें ज्ञान भण्डार गृह नहीं माना जाता जिनसे विद्यार्थी स्वयमेव ग्रहण करते चलें। यह नहीं कहा जा रहा कि शिक्षकों को ज्ञानवान होने की ज़रूरत नहीं। बल्कि मूल बात यह है कि शिक्षक का ज्ञान सीधे-सीधे बच्चों के सीखने में तब तक तब्दील नहीं होगा जब तक कि शिक्षक उन्हें सक्रिय व अर्थपूर्ण सीखने के लिए सशक्त नहीं करेंगे।

डाटा इकट्ठा करना

विद्यार्थियों को सीखने की प्रक्रिया में मशग़ूल करने का एक कारगर तरीक़ा है नयी रोचक शिक्षण सामग्री व गतिविधियाँ नियोजित करना। कक्षा में ख़ुद के सीखने के लिए सामग्री एकत्रित करना कुछ ऐसा है जो विद्यार्थियों को रुचिकर भी लगता है और सशक्त भी करता है। ऐसा करना उनको यह दर्शाता है कि शिक्षक उन पर भरोसा करता है (कि वे अपना सीखना स्व-नियन्त्रित कर सकते हैं) इससे वे प्रदत्त कार्य और भी रुचि से करते हैं। इस कार्य के लिए विद्यार्थियों को कोई बहुत महँगे कैमरों की ज़रूरत नहीं है। वे तस्वीरें लेने के लिए अपने मोबाइल फ़ोन का उपयोग कर सकते हैं और फिर उन्हें मामूली काग़ज़ पर छपवा

सकते हैं। बस तस्वीर में साइन-बोर्ड की भाषा की लिखावट स्पष्ट हो। अगर कैमरे और मोबाइल उपलब्ध न हों, तो विद्यार्थी आसपास के साइन-बोर्ड पर जो लिखा है उसे अपनी कॉपी में नोट कर सकते हैं तथा फिर इन्हें कक्षा में उल्लेखित कर सकते हैं। इस तरह से विद्यार्थी एक नृशास्त्री की तरह काम करना सीखते हैं और साथ ही समाज भाषीय वस्तुओं की समझ भी बनाते हैं।

कक्षा को समूहों में बाँटा जा सकता है और हर समूह को अपने आसपास के शहर या कस्बे में नज़र आने वाले साइन-बोर्ड की तस्वीरें इकट्ठी करने का काम दिया जा सकता है। हमें व्यापक डाटा मिल सके यह सुनिश्चित करने के लिए हर समूह को अलग-अलग कार्य दिया जा सकता है, उदाहरण के लिए, एक समूह मुख्यतः सड़क व यातायात संकेतों को इकट्ठा करे, दूसरा समूह प्रशासनिक इमारतों पर लिखित संकेतों को इकट्ठा करे। अगला समूह व्यापार सम्बन्धित संकेतों पर ध्यान दे और एक समूह ऐसे संकेतों की तस्वीरें ले जो व्यक्तियों द्वारा उनके घरों पर लगाये गये हों। शिक्षक भी इस गतिविधि में सहायक हो सकते हैं और संकेतों की तस्वीरें ले सकते हैं। जब सभी समूह शिक्षक के पास अपने नाम के साथ, ली गयी तस्वीरों के पोर्टफ़ोलियो जमा कर दें तब पाठ की योजना बनायी जा सकती है।

डाटा की समीक्षा और पड़ताल

दिल्ली के अलग-अलग क्षेत्रों से लिए गये चार संकेत पट्ट आगे दिये गये हैं। मैं यह दर्शाने की कोशिश करूँगा कि विद्यार्थियों को भाषा और लिपि के सामाजिक-सांस्कृतिक आयामों को सिखाने के लिए इन संकेतों का इस्तेमाल किस तरह किया जा सकता है। यह अभ्यास न केवल भाषा व लिपि के प्रति जागरूकता बढ़ायेगा, बल्कि विद्यार्थियों को भाषा के व्यापक सामाजिक-सांस्कृतिक आधारों के बारे में आलोचनात्मक दृष्टि से सोचने में भी मददगार होगा। हालाँकि भाषायी भूदृश्य का अध्ययन अब काफ़ी व्यापक हो गया है और भाषायी भूदृश्य से प्राप्त डेटा का उपयोग करते हुए अनेक मुद्दों की पड़ताल की जा सकती है, मैं अपने अध्ययन को निम्न चार मुद्दों तक ही सीमित रखूँगा–

1. संकेतों के लिए कौन-सी भाषा का प्रयोग होगा, यह निर्णय कौन लेता है और इस तरह के संकेतों के लक्षित दर्शक/पाठक कौन होते हैं? यह संकेतों की भाषा क्या होगी, इसके चयन को प्रभावित करता है?

2. संकेत पट्टों पर कौन-कौन-सी भाषाएँ पायी गयीं? यह हमें प्रशासन या संस्था की भाषा नीति के बारे में क्या बताता हैं?[5]
3. ये संकेत उन बोलने वालों, जिनकी भाषा इन पर अंकित है और उन बोलने वालों, जिनकी भाषा इन पर अंकित नहीं है, इन दोनों के सामाजिक और राजनीतिक मूल्यों के बारे में क्या सुझाते हैं?
4. वे संकेत पट्ट जो बहुभाषीय हैं, उनमें जिस क्रम में भाषाएँ अंकित की गयी हैं, ऊपर से नीचे या बायें से दायें, क्या क्रम भाषायी सत्ता की सोपानक्रमिकता बताता है?

ये सवाल किसी भी दृष्टि से विस्तृत और सम्पूर्ण नहीं हैं, यहाँ ये केवल उदाहरण के तौर पर दिये गये हैं ताकि विद्यार्थी भाषा के उपयोग से जुड़े सामाजिक मुद्दों पर सोचना शुरू कर सकें। कक्षा में विद्यार्थी के विशेष सन्दर्भ और सामग्री जो शिक्षक/अनुदेशक उपयोग कर रहे हैं, उसके आधार पर उन्हें ख़ुद के सवाल बनाने के लिए प्रोत्साहित किया जा सकता है। उदाहरण के लिए केरल के एक छोटे से क़स्बे की कक्षा और वहीं के एक शहर की कक्षा और दिल्ली महानगर की कक्षा के सवाल भिन्न-भिन्न होंगे।

चित्र-1. (सम्पादन) दिल्ली में सड़क संकेत का चित्र

चित्र-2. राष्ट्रीय संग्रहालय दिल्ली में एक इमारत पर संकेत का चित्र

चित्र-1 और 2 में दिल्ली के भाषायी भूदृश्य में पाये जाने वाले दो तरह के प्रशासनिक संकेत हैं। इन दोनों संकेतों में इस्तेमाल की गयी भाषाओं में अन्तर है। पहले चित्र में भारत की दो राज भाषाओं (हिन्दी और अंग्रेज़ी) के अलावा दो अन्य भाषाएँ भी हैं—उर्दू व पंजाबी। यह सड़क संकेत, दिल्ली में मौजूद अधिकांश

सड़क संकेतों, जिनमें ये चार भाषाएँ मिल जायेंगी उनका प्रतिनिधित्व करता है, जबकि चित्र-2 में दिये गये संकेत पट्ट पर केवल दो ही भाषाएँ अंकित हैं–हिन्दी और अंग्रेज़ी।

विद्यार्थियों के साथ, भाषा के विभिन्न सामाजिक और सांस्कृतिक पहलुओं, तथा दिल्ली में इनके उपयोग के सन्दर्भ में चर्चा करने के लिए इन दो संकेत पट्टों को काम में लिया जा सकता है। इस तरह की चर्चा में निम्न बिन्दु मदद के लिए शामिल किये जा सकते हैं।

1. संकेत पट्ट पर हिन्दी व अंग्रेज़ी लिखी होना तो वाजिब है, पर पहले चित्र में इनके अलावा उर्दू व पंजाबी में लिखाई हमें क्या बताती है? और फिर ये दूसरे चित्र में क्यों नहीं है?
2. इन भाषाओं के इस्तेमाल करने वाले लोग हैं कौन? कहीं वे भाषीय अल्पसंख्यक तो नहीं हैं? क्या ऐसी कोई अन्य भाषाएँ भी हैं, जिसे बोर्ड पर होना चाहिए जैसे कि बंगाली?

इन सवालों के जवाब ढूँढ़ने के लिए कक्षा को कुछ और सवालों के बारे में सोचना होगा। ये कुछ इस प्रकार हो सकते हैं–

1. क्या ऐसी कोई नीति या क़ानून है जो ऐसे संकेतों पर उर्दू व पंजाबी भाषा का प्रयोग निर्धारित करती हो? क्या ये नीतियाँ संवैधानिक प्रावधान का परिणाम हैं? क्या ये नीतियाँ इन भाषाओं को बोलने वालों के मत को ध्यान में रखकर बनती हैं?
2. क्या इन संकेतों को निर्धारित करने की ज़िम्मेदारी किसी विशेष सरकारी महकमे की होती है? उदाहरण के लिए–क्या तस्वीर में दिख रहा संकेत दिल्ली राज्य सरकार के प्राधिकार में आता है, जबकि दूसरे वाला केन्द्र सरकार के प्राधिकार में आता है?

ऊपर दिये गये ये प्रश्न, बहुभाषिकता, भाषा नीतियाँ, अल्पसंख्यक भाषाएँ, भाषा सम्बन्धित संवैधानिक प्रावधान इत्यादि मुद्‌दों पर एक सक्रिय चर्चा की शुरुआत करने में मददगार होंगे। ऐसा हो सकता है कि शिक्षक के पास सभी सवालों के जवाब नहीं हों, पर उद्‌देश्य यह है कि पूरी कक्षा मिलकर खोज और पड़ताल के सफ़र की शुरुआत करे। कुछेक जवाब अन्य की तुलना में जल्दी मिल जायेंगे। इस पर इस अभ्यास से मिलने वाली आलोचनात्मक सोच बच्चों के लिए जीवन भर की उपलब्धि रहेगी।

अब मैं दो ग़ैर सरकारी व्यावसायिक संकेतों की चर्चा करूँगा (**चित्र-3 व 4**)।

चित्र-3. ज़ाकिर नगर में एक क्लीनिक के बाहर लगे संकेत पट्ट की तस्वीर

चित्र-4. बसन्त विहार में एक दुकान के बाहर लगे संकेत पट्ट की तस्वीर

चित्र-3 ज़ाकिर नगर, दिल्ली में स्थित एक क्लिनिक के बाहर लगा संकेत पट्ट है-इसमें तीन भाषाएँ हैं, जबकि **चित्र-4** जो बसन्त विहार के एक मॉल का लिया गया है इस पर केवल अंग्रेज़ी है। इन दोनों संकेतों में क्या-क्या अन्तर है यह समझने के लिए निम्न प्रश्नों से चर्चा शुरू की जा सकती है।

1. चित्र-3 में दिये गये संकेत में कितनी भाषाएँ नज़र आ रही हैं और चित्र-4 में दिये संकेत में कितनी? क्या आप बता सकते हैं ये कौन-कौन-सी भाषाएँ हैं?
2. मेडिकल क्लीनिक और टॉमी हिलफिगर के सम्भावित ग्राहक कौन लोग हो सकते हैं? क्या दोनों के ग्राहक एक ही सामाजिक-आर्थिक वर्ग के होंगे? क्या इसी अन्तर के कारण दोनों संकेतों पर लिखी भाषाओं में भी अन्तर है?
3. क्या व्यावसायिक संकेतों पर इस्तेमाल होने वाली भाषाओं पर सरकार की कोई विशेष नीति होती है?[6]

अनुदेशक, चर्चा को आगे बढ़ा सकते हैं और कक्षा को यह खोजने, समझने में मदद कर सकते हैं कि भाषाएँ, शब्दों के सबसे बुनियादी अर्थ के परे जाकर भी अर्थों को सम्प्रेषित करती हैं। उदाहरण के लिए—अंग्रेज़ी एक उच्च मध्यम वर्ग की, अंग्रेज़ी भाषी पहचान को बताती है, जो हिन्दी नहीं दर्शाती (गुप्ता और कपूर, 1991; प्रोक्टर, 2014)। यही कारण है कि टॉमी हिलफिगर जैसे बड़े विदेशी ब्रांड हिन्दी के इस्तेमाल से बचते हैं। क्लीनिक पर लगे संकेत पर हिन्दी और उर्दू का इस्तेमाल शायद इस कारण से है कि ज़ाकिर नगर में रहने वाले उनके ग्राहकों की एक बड़ी संख्या सम्भवतया उर्दू जानने वालों की है, ऐसा भी

हो सकता है कि वहाँ ऐसे लोग भी हो जो अंग्रेज़ी और उर्दू दोनों ही नहीं जानते। इसलिए क्लीनिक के संकेत पर कौन-सी भाषा होगी इसका निर्धारण इससे होता है कि सम्प्रेषण का उद्देश्य क्या है।

संकेतों का आख़िरी समूह जिनकी मैं चर्चा करूँगा, वे भी ज़ाकिर नगर में स्थित निज़ी घरों से लिये गये हैं।

चित्र-5 में ज़ाकिर नगर में एक मकान पर लगे संकेत की तस्वीर

जहाँ **चित्र-5** में दिये गये संकेत पर उर्दू और अंग्रेज़ी दोनों अंकित हैं, **चित्र-6** में दिया गया संकेत केवल अंग्रेज़ी में ही लिखा गया है। ग़ौर करने लायक़ बात है कि दोनों मकान एक ही मोहल्ले के हैं। यहाँ भी बच्चों को दोनों संकेतों के बारे में विचार करके चर्चा से कुछ निष्कर्ष निकालने के लिए प्रेरित किया जा सकता है। निष्कर्ष यह निकलकर आयेगा कि लोगों के पास अपने घर पर नाम लिखने के लिए भाषा का चुनाव करने की पूरी आज़ादी है। पर यह भी कि यह चुनाव भी विचारधारा से मुक्त नहीं हो सकता। यहाँ पहले संकेत में अरबी व उर्दू का इस्तेमाल और दूसरे चित्र में दिये गये संकेत में केवल अंग्रेज़ी का इस्तेमाल, आधुनिक भारत में उर्दू और अंग्रेज़ी के बदलते सामाजिक मूल्यों के सम्बन्ध में घर के मालिक की विचारधारा को बताता है।

निष्कर्ष

इस पर्चे में मैंने दर्शाया है कि गलियों, बाज़ारों, मॉल इत्यादि से एकत्रित जन संकेतों को भाषायी विविधता के साथ-साथ भाषा के तमाम सामाजिक-सांस्कृतिक पहलू जैसे नीतियाँ जो भाषा के इस्तेमाल का नियमन करती हैं, भाषा के प्रतीकात्मक मूल्य, बहुभाषिकता, भाषा, प्रतिनिधित्व, अल्पसंख्यक समूहों की भाषाओं आदि पर समझ बनाने के लिए इस्तेमाल किये जा सकते हैं। मैंने दर्शाया कि किस तरह बच्चे और अध्यापक द्वारा जुटायी गयी सामग्री से भाषा व भाषीय विविधता पर समझ तो बनती ही है। इसके साथ-साथ बच्चों में आलोचनात्मक सोच को प्रेरित करने वाला विद्यार्थी-केन्द्रित माहौल भी निर्मित होता है।

सन्दर्भ

1. अहमद आर. (2011), *उर्दू इन देवनागरी : शिफ्टिंग ओर्थोग्राफिक प्रेक्टिसेज एंड मुस्लिम आइडेंटिटी इन दिल्ली*, लैंग्वेज इन सोसायटी, 40 (3), 259-284।
2. बेन-राफेल, ई शोहमी, ई अमारा एच और ट्रंपर हेच, न. (2006), *द सिंबैलिक कंस्ट्रक्शन ऑफ़ द पब्लिक स्पेस : द केस ऑफ़ इज़राइल*, इंटरनेशनल जर्नल ऑफ़ मल्टीलिंगुअलिज़्म, 3(1), 7-28।
3. ब्लोमेर्ट, जे., कॉलिंस, जे. स्लेमब्रूक, एस. (2005), *पॉलिसेंट्रिसिटी एंड इंटरनेशनल रिजिम्स इन* 'ग्लोबल नेबरहुड्स', एथ्नोग्रॉफ़ी, 6(2), 2015-235।
https://www.a cademia.edu/140280/spaces-of=multilizualisam
4. गुप्ता, आर.एस एंड कपूर, के. (1991), इंट्रोडक्शन, इन आर.एस. गुप्ता-कपिल कपूर (eds), *इंग्लिश इन इंडिया : इशूज एंड प्रॉब्लम्स*, (पी.पी. 13.24) दिल्ली : एकेडमिक फ़ाउंडेशन।
5. लैंड्री, आर. एंड बोहरिस, आर. (1997), *लिंगुइस्टिक लैंडस्केप्स एंड एथ्नोलिंगुस्टिक वाइटेलिटी : एन इंपीरिकल स्टडी*, जर्नल ऑफ़ लैंग्वेज एंड सोशल साइकोलॉज़ी, 16 (2), 23-49।
6. मल्लिकार्जुन, बी. (2010), *पैटर्न्स ऑफ़ इंडियन मल्टीलिंगुअलिस्म* लैंग्वेज इन इंडिया, ई-जर्नल, 10।
https://www.languageinindia.com/june2010malikarjunmultilingnalisam.org
7. NCERT(2006) *नेशनल फ़ोकस ग्रुप पोजिशन पेपर ऑन टीचिंग ऑफ़ इंडियन लैंग्वेज*, New Delhi, NCERT।
8. प्रोक्टर, एल.एम. (2014), *इंग्लिश एंड ग्लोबलाइजेशन इन इंडिया : द फ्रेक्चल नेचर ऑफ़ डिस्कोर्स, जर्नल ऑफ़ लिंग्विस्टिक एंथ्रोपोलॉजी, 24 (3)*, 294-314।
9. शिफमान, एच. (2006), *लैंग्वेज पॉलिसी एंड लिंग्विस्टिक कल्चर, इन टी. रिसेंटो (Ed) एन इंट्रोडक्शन टू लैंग्वेज पॉलिसी : थ्योरी एंड मेथड* (पीपी. 111.125) ऑक्सफोर्ड : ब्लैंकवैल।
10. स्कॉट, एम. (2015), *फ्रेंच लैंग्वेज ग्टिल वलनरेबल इन क्यूबैंक, जज रूल्स इन रिजेक्टिंग चैलेंज टू साइन लॉ*।
https://news.nationalpost.com/news/canada/french-language-still-Vulnerable-in-quebec-judge-rules-in-rejecting-challenge-to-sing-law
11. शर्मा, जे.सी. (2001), *मल्टीलिंगुअलिस्म इन इंडिया, लैंग्वेज इन इंडिया*, ई. जर्नल, 1(8)
https://www.languageinindia.com/dec2001/jcsharma2.html

एंडनोट :

मैनुस्क्रिप्ट/पाण्डुलिपि पर प्रतिक्रिया देने के लिए सम्पादकों व अनाम समीक्षकों का मैं शुक्रिया अदा करना चाहूँगा। मैं डॉ. कौसर मज़हरी और डॉ. महमूद अख़्तर का भी शुक्रगुज़ार हूँ कि उन्होंने इस पेपर में इस्तेमाल करने के लिए तस्वीरें उपलब्ध करायी।

1. सामाजिक साहित्य में सामुदायिक स्थलों को इंगित करने वाले भाषीय तत्त्वों को कहा जाता है–भाषायी भूदृश्य (Linguistic landscape)।
2. उदाहरण के लिए देखें-वेबसाइट–www.bhojpuria.com इसका और पूरा भाग भोजपुरी साहित्य को समर्पित है और इसके अलावा ऑनलाइन 'इंग्लिश से भोजपुरी' शब्दकोश भी है।
3. भारतीय भाषाओं के शिक्षण के सिद्धान्त और सूत्रों की आलोचनात्मक समीक्षा के लिए NCF का Position Paper on language 2006 देखें।
4. कुछ अल्पसंख्यकों की मातृ भाषाओं के ह्रास के लिए देखें अहमद (2011) और शर्मा (2001)
5. भाषा नीतियों में स्पष्ट रूप से लिखित दस्तावेज़ों के साथ-साथ सार्वजनिक रूप से भाषा के उपयोग के सन्दर्भ में अलिखित वार्तालाप भी शामिल है। (शिफमान, 2006)
6. कनाडा के क्यूबेक में नीतियाँ निर्धारित करती हैं कि साइन-बोर्ड पर फ्रेंच भाषा प्रमुख होनी चाहिए। हाल में एक कम्पनी पर जुर्माना लगाया; हालाँकि फ्रेंच को अंग्रेज़ी के ऊपर स्थान दिया गया परन्तु दोनों के फॉन्ट का आकार बराबर था। (स्कॉट, 2015)

लेखक के बारे में : रिज़वान अहमद ने अपनी पीएच.डी. मिशीगन यूनिवर्सिटी से की है। फिलहाल आप कतर यूनिवर्सिटी में सोश्योलिंग्विस्टिक्स के असिस्टेंट प्रोफ़ेसर के रूप में कार्यरत हैं। आपकी शोध रुचियों में भाषा और पहचान, शिक्षा में भाषा और वर्णविन्यास शामिल है। आपके शोध पत्र प्रेग्मेटिक्स, लैंग्वेज इन सोसायटी और मॉर्डन एशियन स्टडीज़ में प्रकाशित हो चुके हैं।

e-mail : rizwan.ahmad@qu.edu.qa

अनुवादक : पँखुड़ी अरोड़ा, विद्या भवन शिक्षा सन्दर्भ केन्द्र, उदयपुर (राजस्थान)।

स्रोत : *लैंग्वेज एंड लैंग्वेज टीचिंग*, 5.1.9, 1-7, जनवरी, 2016.

अंग्रेज़ी की कक्षा में डिस्कोर्स का सृजन

के.एन. आनन्दन

परिचय

हमारे देश में शिक्षा की गुणवत्ता के मानदण्डों पर होने वाली चर्चाओं में केन्द्रीय विषय रहा है; अंग्रेज़ी भाषा सीखने-सिखाने की दयनीय स्थिति, चाहे यह प्राथमिक स्तर पर हो, माध्यमिक अथवा उच्च माध्यमिक स्तर पर। 10 से 12 साल तक की काफ़ी अच्छी समयावधि तक अंग्रेज़ी सीखने के बावजूद अधिकांश विद्यार्थी अपनी स्कूल और कॉलेज की शिक्षा को त्रुटिपूर्ण भाषायी उपकरण (डिफेक्टिव लैंग्वेज़ अप्रेट्स) के साथ पूर्ण करते हैं; जो उनके सभी अकादमिक और व्यावसायिक उपक्रमों में एक रोड़े की तरह मौजूद रहता है।

ऐसा क्यों होता है? सीखने वालों को या फिर शिक्षकों को दोषी करार देने का कोई मतलब नहीं है। सीखने वाले कई वर्षों तक अंग्रेज़ी सीखते हैं, लेकिन वे जो सीखते हैं वह भाषा नहीं होती बल्कि भाषायी तथ्यों का बोझा होता है जिसमें शब्द भण्डार, संरचनाएँ, उनका उपयोग करना व बहुत अधिक संख्या में प्रश्न व उत्तर होते हैं। शिक्षक विद्यार्थी तक पाठ ठीक उसी तरह पहुँचाता है जैसे डाकिया पत्र पाने वालों को, पत्र पहुँचाता है। डाकिये को पत्र पढ़ने और उसकी व्याख्या करने व विषय वस्तु के बारे में सोचने-विचारने की ज़रूरत नहीं है; उसके द्वारा किये गये इस तरह के कृत्य को व्यावसायिक धृष्टता से कम नहीं माना जायेगा। प्राप्तकर्ता बदले में डाकिये को यह नहीं बताते कि जो पत्र उन्होंने प्राप्त किये हैं उनके बारे में वे क्या महसूस करते हैं। ठीक इसी प्रकार पाठ्यपुस्तकों की विषयवस्तु सीखने वालों तक पहुँचायी जाती है। उनसे अपेक्षा की जाती है कि वे उन्हें अपनी याददाश्त में संचित कर रखेंगे और परीक्षा के समय उनका पुनरोत्पादन करेंगे। सीखने वालों को, जो पहुँचाया गया है, उसके बारे में अपने विचार, अनुभव और सोच को अभिव्यक्त करने हेतु पूरे अकादमिक समय के

दौरान कभी भी नहीं कहा जाता, उन्हें कभी भी भाषा के उत्पादन के लिए नहीं कहा जाता। इस तरह के हालातों में उनकी कमज़ोर अंग्रेज़ी अथवा सम्प्रेषण के कौशलों की कमियों के बारे में भुनभुनाना अनैतिक (unethical) होगा। कोई भी व्यक्ति जो भाषा के बारे में समझ रखता है, वह यह स्वीकार करेगा कि भाषा सीखने का मतलब हज़ारों प्रश्नों व उत्तरों को याद करना या व्याकरण और शब्द-भण्डार के अभ्यास करना नहीं है। हम शिक्षकों और सीखने वालों के अंग्रेज़ी की कक्षा में हुए दुःखद अनुभवों के बारे में जानते हैं। लेकिन जो भी हम कर रहे हैं, वह उन्हें भाषा सिखाने के बहाने घिसे-पिटे अंग्रेज़ी शब्द व वाक्य सिखाने और सीखने के घृणित, निष्क्रिय और नीरस कार्य से मुक्त करने में सहयोगी हो ऐसा प्रतीत नहीं होता। चलिए हम पड़ताल करें कि ऐसा क्यों है?

सहज भाषायी क्षमता

सबसे आम समस्याओं जैसे कि एक भाषा-भाषी जनसमुदाय की कमी या एक्सपोज़र की कमी के अलावा हमारे देश में अंग्रेज़ी भाषा शिक्षण की एक बुनियादी समस्या है। यह बच्चे के सहज भाषायी तन्त्र को पूरी तरह अनदेखा करता है। सीखने-सिखाने की सामग्री और तरीक़े व्यवहारवाद की इस मान्यता पर आधारित होते हैं कि बच्चे का दिमाग़ एक ख़ाली बर्तन की तरह है और भाषा से सम्बन्धित सारी सामग्री उसे बाहर से ही प्राप्त होती है। 1960 की संज्ञानात्मक क्रान्ति के प्रभाव के कारण, दुनियाभर में द्वितीय भाषा सीखने को सुसाध्य बनाने हेतु नवीन पद्धतियाँ विकसित हुईं। इसके बावजूद संज्ञानात्मक मनोविज्ञान, सैद्धान्तिक भाषा विज्ञान और समीक्षात्मक शिक्षणशास्त्र की अन्तर्दृष्टि हमारे शैक्षणिक तन्त्र में परिलक्षित नहीं होती। भाषा शिक्षण का वर्तमान मॉडल इस मामले में अन्तर्निहित तौर पर अपूर्ण है कि यह डिस्कोर्स स्तर के ट्रांज़ेक्शन[1] को पूरी तरह अनदेखा करता है और इस तरह, यह अपने आपको विलग (आइसोलेटेड) भाषिक पदों के हस्तान्तरण तक सीमित कर लेता है। परन्तु एक शब्द, यहाँ तक कि एक वाक्य भी विलगन में स्वतन्त्र अस्तित्त्व नहीं रखता क्यों कि भाषा के ये घटक केवल डिस्कोर्स के अन्तर्गत ही कार्य करते हैं।

---

1. ट्रांज़ेक्शन–यहाँ इस शब्द का प्रयोग एक पूरी प्रक्रिया को बताने के लिए किया गया है, जिसमें उपयुक्त मॉड्यूल का निर्माण सीखने-सिखाने के दौरान होने वाली अन्तःक्रिया, सीखने-सिखाने का तरीका सभी शामिल है।

भाषा अर्जन 'संरचना की समझ' हासिल करने के साथ पूरा होता है। यह सिर्फ़ अर्थ पूर्ण और आवश्यकता आधारित भाषिक डिस्कोर्स से ही प्राप्त की जा सकती है, ऐसा डिस्कोर्स जो स्वनिमिक (ध्वनि के स्तर), शब्दगत और वाक्यगत स्तर पर भाषिक पदों की पुनरावृत्ति को सुनिश्चित करता है और इस प्रकार भाषा के अनुभव को एक निरन्तरता प्रदान करता है।

इसके अलावा ग़ैर-समीक्षात्मक अंग्रेज़ी भाषा शिक्षण जिसका पूरे देश में चलन है (यह कुछ और नहीं करेगा बल्कि) हमारे देश को भाषिक साम्राज्यवाद के बन्धन से जकड़ लेगा। यदि कुछ का ज़िक्र करें तो अंग्रेज़ी माध्यम स्कूलों की निरन्तर बढ़ती हुई ग्राह्यता, मानकीकृत अंग्रेज़ी की ज़ोरदार माँग, बाज़ार चलित शक्तियों द्वारा विकसित सीमित पैकेजों पर निर्भरता, मूल भाषा भाषियों को अंग्रेज़ी सिखाने का कार्य सौंपना इत्यादि से यह साफ़ उजागर होता है।

यह था वह सन्दर्भ जिसमें मैंने केरल और आन्ध्र प्रदेश (विभाजन से पहले) राज्यों के लिए डिस्कोर्स अभिविन्यस्त शिक्षणशास्त्र डिज़ाइन किया। इस शिक्षणशास्त्र की मूल मान्यता यह है कि भाषा डिस्कोर्स के रूप में जीवित रहती है न कि विछिन्न (डिस्क्रीट) ध्वनियों, शब्दों और वाक्यों की तरह।

इस शिक्षणशास्त्र हेतु बल व ऊर्जा का काम किया है भाषा क्या है और यह कैसे अर्जित की जाती है, इसकी मौजूदा समझ ने।

डिस्कोर्स अभिविन्यस्त शिक्षणशास्त्र का सिंहावलोकन

डिस्कोर्स अभिविन्यस्त शिक्षणशास्त्र के ख़ास लक्षण संक्षेप में निम्नानुसार प्रस्तुत किये जा सकते हैं।

डिस्कोर्स व थीम (प्रसंग) की बढ़ती हुई संख्या के कारण सीखने वाले को एक समृद्ध भाषिक अनुभव मिलता है। एक तरफ़ सीखने वाले के भाषायी आउटपुट और इनपुट में एक ही थीम (उदाहरण के लिए हाशियाकरण) की पुनरावृत्ति के साथ तरह-तरह की डिस्कोर्स विधाएँ शामिल होती हैं। जैसे कहानी, कविता, निबन्ध, नाटक इत्यादि। दूसरी तरफ़ सीखने वालों को एक ही डिस्कोर्स विधा (उदाहरण के लिए बातचीत) को लेकर अलग-अलग थीम से रू-ब-रू कराया जाता है।

कक्षायी अन्तःक्रिया के सभी स्तरों पर मुख्य सरोकार होता है, सीखने वालों के लिए इनपुट को समझने योग्य बनाना ताकि समझ को जाँचने की आवश्यकता

न पड़े। डिस्कोर्स अभिविन्यस्त शिक्षणशास्त्र का मानना है कि समझना एक ऐसी प्रक्रिया है, जो हर एक सीखने वाले के दिमाग़ में कुछ कारकों की परस्पर क्रिया के कारण होती है, जैसे कि डिस्कोर्स का सन्दर्भ, सीखने वाले के दिमाग़ में सक्रिय हुई सम्प्रेषण की इच्छा, परिचित शब्दों, बयानों द्वारा निर्मित छवियाँ, अन्तःक्रिया करते हुए ब्रेनस्टॉर्मिंग, प्रोसोडिक लक्षण[2], फेसीलिटेटर द्वारा उपयोग में लायी गयी मुखमुद्राएँ और हाव-भाव, साथियों का सहयोग, कोड स्विचिंग इत्यादि।

डिस्कोर्स अभिविन्यस्त शिक्षणशास्त्र विभिन्न प्रकार की डिस्कोर्स विधाओं के अनुभव, विभिन्न प्रकार के मक़सदों और पाठकों के लिए लेखन इन दोनों सन्दर्भों के अन्तर्गत कौशलों के विकास का भी ध्यान रखता है। ये कौशल उनके उपयोग से विलग करके नहीं सिखाये जाते और न ही कौशलों के लिए बनाये गये कृत्रिम, अवास्तविक पाठों के माध्यम से। कोई भी ध्वनि व संकेतों में सम्बन्ध बैठाये बिना वर्णानुक्रमिक भाषा नहीं पढ़ सकता। वास्तव में सीखने वाले को, जो वह पढ़ने वाला है अथवा सुनने वाला है उसके बारे में पूर्वानुमान लगाने हेतु कुछ संकेत उपलब्ध होते हैं। उन सभी उपलब्ध संकेतों का कैसे उपयोग करना है, यह सीखने में शिक्षकों को बच्चों की मदद करनी चाहिए।

डिस्कोर्स अभिविन्यस्त शिक्षणशास्त्र समग्र भाषा दर्शन के विचारों के अनुरूप है। संज्ञानात्मक मनोविज्ञान, लर्निंग थ्योरी, मनोभाषा विज्ञान, समाज भाषा विज्ञान, भाषा अर्जन और उभरती साक्षरता, साथ ही साथ शिक्षा में हुए शोध समग्र भाषा दृष्टिकोण के समर्थन में मज़बूत आधार उपलब्ध कराते हैं। शोधार्थियों ने पाया है कि पारम्परिक अप्रोच की तुलना में समग्र भाषा (के विचार के अनुरूप) सीखना-सिखाना साक्षरता के प्रति नज़रिये, योग्यताओं और व्यवहारों के एक बहुत ही समृद्ध सत्र को पोषित करता है। चूँकि यहाँ फ़ोकस प्रक्रिया पर होता है न कि उत्पाद पर इसलिए कोई भी शिक्षक जो इस सम्बन्ध में गम्भीरता से सोचता है और डिस्कोर्स फसिलिटेटर बनना चाहता है, बन सकता है क्योंकि शिक्षक की भूमिका बहुत महत्त्वपूर्ण होती है लेकिन केवल सर्वोपरि नहीं यानी सब कुछ शिक्षक को आता हो और वह ये सब कुछ बता दे ऐसी स्थिति नहीं है, लेकिन गम्भीर शिक्षक का होना ज़रूरी है।

2. प्रोसोडिक फीचर्स—इसके अन्तर्गत आते हैं—बलाघात (स्ट्रेस), स्वरमान (Pitch), तीव्रता और लम्बाई। चोमस्की और हाले की स्कीम में ये फोनेटिक लक्षणों के अन्तर्गत आते हैं।

द्वितीय भाषा कक्षा में मातृभाषा का उपयोग

बच्चों को दिये जाने वाले इनपुट का अधिकांश हिस्सा (विशेषकर प्राथमिक स्तर पर) वर्णनों के रूप में होता हैं जो श्रोताओं में भावात्मक गेस्टाल्ट[3] निर्मित करने के लिए विशेषतौर पर डिजाइन किया जाता है। तथापि इनपुट को समझने योग्य बनाने हेतु हमें वर्णनों को बारीकी से देखते हुए उनका भाषिक प्रतिरोध कम से कम करना होता है। पूरी दुनिया के डिस्कोर्स अभिविन्यस्त शिक्षणशास्त्र के स्कूलों ने द्वितीय भाषा की कक्षा में मातृभाषा के विवेकपूर्ण उपयोग की वकालत करना शुरू कर दिया है। लेकिन यह शब्द विवेकपूर्ण बहुत ही अस्पष्ट है, शिक्षक इस शब्द को कैसे समझे? वह अनुवाद और कोड मिक्सिंग का प्रयोग कर सकती है लेकिन भाषा अर्जन को सुसाध्य बनाने के लिए अनुवाद एक लाभदायक युक्ति नहीं है। कोड मिक्सिंग में मातृभाषा का वाक्य विन्यास आधार की तरह लिया जाता है और अंग्रेज़ी के कुछ शब्द उस वाक्य के ढाँचे में शामिल कर लिए जाते हैं। उदाहरण के लिए आज में बिल्कुल बिज़ी हूँ, अधिकांश शिक्षित व्यक्ति (और अशिक्षित भी) इस युक्ति को काम में लेते हैं। लेकिन यह भी भाषा अर्जन में मददगार नहीं है। तब भी एक और युक्ति है जिसमें शिक्षक एक कोड (जैसे भाग एक) से दूसरी (भाग दो) में आना-जाना (स्विच ओवर) करते हैं यह आना-जाना डिस्कोर्स के क्षेत्र में होता है न कि वाक्यों में। इस तरह की अन्तरभाषा (interlanguage) गुणात्मकता में कोड मिक्सिंग और अनुवाद से अलग होती है और शिक्षणशास्त्रीय तरीक़ों से टेप भी की जा सकती है। चलिए मैं इस बिन्दु को एक वर्णन की मदद से दर्शाता हूँ जो कोड स्विचिंग के द्वारा कक्षा-1 अथवा कक्षा-2 में किया जा सकता है।

Raju was walking to school. At the roadside, there were thick bushes. Some of them had flowers on them.

"How nice!" he said to himself suddenly, he noticed that the leaves in the bushes on the left side were moving.

"There is no wind. And only those leaves are moving!" Raju became curious. "I'm sure there must be something in that bush."

He went near the bush, moved the leaves to one side with his hand and peeped in.

3. गेस्टाल्ट—एक सिद्धान्त है जिसका मूल बिन्दु यह है कि हम चीज़ों को टुकड़ों-टुकड़ों में नहीं देखते बल्कि एक पूरे यानी संगठितपूर्ण के रूप में देखते हैं।

"What is this?" Raju wondered.

"Mew!"

"Oh, it's a cat!" he said in surprise.

चलिए हम यह मान लेते हैं कि कहानी सीखने वाले की मातृभाषा में सुनाई जाती है और जहाँ रेखांकित पद हैं वहाँ अंग्रेज़ी का प्रयोग किया जाता है। यहाँ सीखने वाले को भाग दो में पदों को समझने में कोई रुकावट नहीं होगी। कोड को (स्विच) बदलने की युक्ति, जैसा कि सुझाया गया है, सीखने वाले को अनुवाद किये बिना सूचना को समझने में मदद करेगी। ध्यान दें कि वर्णन की कल्पना इस तरह से की गयी है कि रेखांकित हिस्सों में दिये गये विचार सीखने वाले के दिमाग़ में मानसिक रचना (मेंटल टेक्स्ट) की तरह उत्पन्न होंगे।

डिस्कोर्स के शब्दों में शिक्षाक्रम सम्बन्धी उद्‌देश्य

डिस्कोर्स ओरिएंटेड शिक्षणशास्त्र शिक्षाक्रम सम्बन्धी उद्‌देश्यों को डिस्कोर्स के सम्बन्ध में पुनः परिभाषित करने की ज़रूरत को बताता है ना कि संरचनाओं और उनसे जुड़े सम्प्रेषण के सम्बन्ध में। सारणी-1 कक्षा 1 से 10 में लक्षित विभिन्न प्रकार के डिस्कोर्स दर्शाती है।

सारिणी-एक

क्र. सं.	डिस्कोर्स का प्रकार	कक्षा									
		1	2	3	4	5	6	7	8	9	10
1	बातचीत	■	■	■	■	■	■	■	■	■	■
2	विवरण	■	■	■	■	■	■	■	■	■	■
3	गीत/कविता	■	■	■	■	■	■	■	■	■	■
4	वृतांत वर्णन	■	■	■	■	■	■	■	■	■	■
5	डायरी लेखन				■	■	■	■	■	■	■
6	पत्र				■	■	■	■	■	■	■
7	नोटिस/सूचना				■	■	■	■	■	■	■
8	नाटक			■	■	■	■	■	■	■	■
9	प्रोफ़ाइल						■	■	■	■	■
10	बायोग्राफ़िकल स्केच							■	■	■	■
11	लघु निबन्ध/निबन्ध					■	■	■	■	■	■

12	रिपोर्ट										
13	न्यूज़ रिपोर्ट										
14	नारा										
15	भाषण										
16	समीक्षा										
17	वाद-विवाद/परिचर्चा										
18	सूत्रधार										
19	यात्रा वृत्तान्त										
20	कोरियोग्राफ़ी										

डिस्कोर्स का क्रम निर्धारण

सारिणी-एक दर्शाती है कि डिस्कोर्स को विभिन्न स्तरों पर निर्मित किया जा सकता है। हालाँकि सारिणी यह उल्लेख नहीं करती कि एक निश्चित स्तर पर डिस्कोर्स के कौन से गुण सीखे जायेंगे। उदाहरण के लिए एक डिस्कोर्स जैसे कि बातचीत; एक प्राथमिक स्कूल के विद्यार्थी द्वारा रचित बातचीत व एक उच्च माध्यमिक स्कूल के विद्यार्थी द्वारा रचित बातचीत में अन्तर करने के लिए हमें डिस्कोर्स के विभिन्न भाषिक स्तरों को पहचानने की ज़रूरत होगी। बातचीत को एक डिस्कोर्स की तरह देखें तो इस में एक शुरुआत और इस शुरुआत की प्रतिक्रिया सम्मिलित होती है। शुरुआती सीखने वाले की बातचीत में सिर्फ़ एक शुरुआत व उसकी प्रतिक्रिया होगी, लेकिन जैसे-जैसे वह डिस्कोर्स के उच्च स्तर पर जायेगा बातचीत संरचनात्मक और शैलीगत रूप से ज़्यादा परिष्कृत होती जायेगी। मैं इस बिन्दु को बातचीत के कुछ उदाहरणों की मदद से दर्शाऊँगा।

1. *Raju* : Where is your book?
   Rani : My book is on the table.
2. *Priya* : Where's your book, Maya?
   Maya : It's here, in my bag.
3. *Rahim* : You need some money, don't you?
   Ramu : Well, as a matter of fact I do.

4. डिस्कोर्स मार्कर–वे सूचक जो बताते हैं कि फलाँ प्रक्रिया पूरा एक डिस्कोर्स है।

4. *Joseph* : I wonder why that man is so harsh with his wife.
Mary : Why this question all of a sudden?

Joseph : Oh, nothing. You see, I was just thinking about him.
Mary : Don't pretend. You're thinking about her, weren't you?

हो सकता है प्राथमिक स्तर पर निर्मित बातचीत में डिस्कोर्स सूचक[4] और टैग नहीं हो। लेकिन उच्च माध्यमिक स्कूल के विद्यार्थियों द्वारा निर्मित बातचीत में इस तरह के भाषिक तत्त्व ज़रूर होंगे। कुछ इसी तरह का अन्तर अन्य डिस्कोर्स के लिए भी ज़रूरी होगा। इस तरह हम डिस्कोर्स को श्रेणीबद्ध कर सकते हैं और संरचनात्मक श्रेणीबद्धता के बदले इसका प्रयोग कर सकते हैं।

ट्रांज़ेक्शन का माड्यूलर तरीक़ा

डिस्कोर्स ओरिएंटेड शिक्षणशास्त्र कक्षा में सीखने-सिखाने हेतु माड्यूलर तरीक़ा अपनाता है। सीखने-सिखाने के उद्देश्यों हेतु हम मॉड्यूल को गतिविधि के एक पुलिन्दे के रूप में परिभाषित कर सकते हैं जो एक विचार अथवा अवधारणा के निर्माण की ओर ले जाता है।

यद्यपि माड्यूल का स्वतन्त्र उपयोग किया जा सकता है, पर उसका उपयोग अन्य माड्यूल्स के साथ भी किया जा सकता है। प्रत्येक मॉड्यूल को पढ़ाने के बाद सीखने वालों के दिमाग़ में अपनी स्वयं की कुछ परिकल्पनाएँ बनेंगी। इस स्थिति में ट्रांज़ेक्शन एक भारी-भरकम पद है, इस मायने में कि इसमें एक सुपरिभाषित प्रक्रिया शामिल होती है। डिस्कोर्स जैसे कि बातचीत, विवरण, वर्णन, गीत, पत्र इत्यादि जो किसी कक्षा विशेष में पढ़ाये जाने वाले हैं। उन्हें मातृभाषा के किसी ऐसे वर्णन के साथ जोड़कर जो सुनने के लिए है, सुनने और पढ़ने के कौशल विकसित करने हेतु उपयोग में लिया जा सकता है। इसके द्वारा जो अन्तःक्रिया होगी वह सीखने वालों को मौखिक व लिखित दोनों रूपों में डिस्कोर्स निर्मित करने देगी।

ट्रांज़ेक्शन के इस मॉड्यूल को प्रक्रिया बन्धित (Process bound) तत्त्व की तरह देखने पर, डिस्कोर्स के आगे बढ़ने को भाषा कक्षा हेतु एक अन्य मॉड्यूल की तरह भी देखा जा सकता है। यह समझ पाना आसान है कि यह केवल ट्रांज़ेक्शन का माड्यूल नहीं है बल्कि यह भाषा का भी मॉड्यूल है। उदाहरण के लिए एक अन्तःक्रिया जिसमें सुनना और बोलना दोनों सम्मिलित हैं। उसे भाषा का एक ऐसा मॉड्यूल माना जा सकता है जो शिक्षणशास्त्रीय उद्देश्यों से स्वतन्त्र है क्योंकि भाषा, भाषा-भाषियों की अन्तःक्रिया से जीवित रहती है। इसी तरह

पढ़ना एक ऐसी गतिविधि है जो व्यक्ति स्वयं स्वतन्त्र रूप से कर सकते हैं। इसे शिक्षणशास्त्रीय गतिविधि की तरह लेना ज़रूरी नहीं है।

तब भी डिस्कोर्स निर्मित करना एक और भाषा मॉड्यूल है जो स्वतन्त्र रूप से उपयोग किया जा सकता है। हम यह कह सकते हैं कि ये सब उप मॉड्यूल हैं जिन्हें एक मौलिक सम्पूर्ण रचना बनाने के लिए क्रम में एक-दूसरे के साथ जोड़ा जा सकता है।

फ़ील्ड से उपलब्ध प्रमाण

2007 में जब पहली बार केरल राज्य की पाठ्यचर्या में डिस्कोर्स ओरिएंटेड शिक्षण की शुरुआत हुई, एक ज़िले अलपुझा की प्राथमिक कक्षाओं के बच्चों द्वारा उनके सृजनात्मक लेखन से लगभग 20,00,000 जर्नल अंग्रेज़ी में बनाये गये। हाल में हुए अंग्रेज़ी पाठ्यक्रम के पुनः परीक्षण के परिणाम में शिक्षकों, प्रशिक्षकों व विद्यार्थियों के सामान्य दक्षता स्तर में वृद्धि परिलक्षित हुई—यह तथ्य अंग्रेज़ी हेतु क्षेत्रीय शिक्षा संस्थान, दक्षिण भारत, बेंगलूरु द्वारा किये गये अध्ययन में उल्लेखित है। तद्नन्तर 2011 में आन्ध्र प्रदेश में शुरू हुए शिक्षाक्रम पुनः परीक्षण के दौरान डिस्कोर्स ओरिएंटेड शिक्षणशास्त्र लागू किया गया। विषम परिस्थितियों में (जैसे कि एक ही शिक्षक सभी विषयों को एक से अधिक कक्षाओं में पढ़ा रहा है, प्रथम पीढ़ी के सीखने वाले, शिक्षक जिन्होंने अंग्रेज़ी में कोई विशेष योग्यता प्राप्त नहीं है इत्यादि।) यह शिक्षणशास्त्र कैसे काम करता है यह आन्ध्र प्रदेश के नालगोण्डा ज़िले के नारकेटपल्ली मण्डल की 42 सरकारी प्राथमिक शालाओं द्वारा प्रदर्शित किया गया। विभिन्न शालाओं के बच्चों ने अंग्रेज़ी में नाटक, नृत्य और हाव-भाव के साथ कविताएँ प्रस्तुत कीं। प्राथमिक कक्षाओं के बच्चों द्वारा (निर्मित) 3000 से अधिक पत्रिकाओं का रंग-बिरंगा प्रदर्शन भी था और यह बिना किसी बाहरी सहयोग के किया गया था।

शिक्षक जो शिक्षाक्रम में सोची-विचारी गयी कक्षा-कक्ष प्रक्रियाओं का अनुसरण करते हैं, सीखने-सिखाने में बदलाव को समझ चुके हैं। वे यह महसूस करते हैं कि पाठ पढ़ाने हेतु महज शब्दों व वाक्यों के अर्थ बता देने से और बच्चों को समझ के प्रश्न-उत्तर याद करने को कहना पर्याप्त नहीं है। बच्चे स्वयं अपना मौखिक व लिखित डिस्कोर्स बना पायें इसमें उन्हें मदद करनी ही होगी।

अधिकांश कक्षाओं में जहाँ डिस्कोर्स ओरिएंटेड शिक्षणशास्त्र का उपयोग हो रहा है उनमें दिखाई देने वाले परिवर्तन हैं :

1. समूह द्वारा किये गये कार्यों का चार्ट द्वारा प्रदर्शन
2. अन्तःक्रिया को बढ़ावा देने के लिए शिक्षकों की बनायी गयीं तस्वीरें
3. पाठ्यपुस्तकों में प्रदर्शित आकृतियों के बड़े कैनवास और कट-आउट
4. अपने पढ़ने के अनुभवों को एक-दूसरे से साझा करते, समूह में बैठे हुए बच्चे
5. शिक्षक और सीखने वालों के बीच बेहतर अन्तःक्रिया
6. स्टाफ के बीच सहयोगपूर्वक कार्य
7. मोबाइल फ़ोन का उपयोग करते हुए बच्चों की प्रस्तुति की रिकॉर्डिंग करना।

अंग्रेज़ी को औपनिवेशिक बेड़ियों से मुक्त करते हुए, बढ़ते हुए भाषायी साम्राज्यवाद को रोकने और थ्योरी और प्रेक्टिस के बीच की खाई को मिटाने के लिए सीखने-सिखाने के टिकाऊ मॉडल कैसे विकसित किये जायें। इस बारे में दो दशकों से भी अधिक समय तक किये गये गहन प्रयोगों का परिणाम है डिस्कोर्स ओरिएंटेड शिक्षणशास्त्र। अपेक्षा है कि यह नया शिक्षणशास्त्र अंग्रेज़ी में विद्यार्थियों के कमज़ोर प्रदर्शन से सम्बन्धित अधिकांश मुद्दों को हल कर देगा।

लेखक के बारे में : डॉ. के.एन. आनन्दन ने पी.जी.सी.टी.ई., पी.जी.डी.टी.ई., एम.लिट. और पीएच.डी., सी.आई.ई.एफ.एल., हैदराबाद से की है। उन्होंने फिर एस.एस.ए., केरल के साथ सलाहकार के पद पर कार्य किया। 2007 में जब राज्य की पाठ्यचर्चा का पुनः परीक्षण हुआ तब उन्होंने द्वितीय भाषाओं हेतु शिक्षाक्रम डिस्कोर्स ऑरिएंटेड शिक्षणशास्त्र पर कार्य किया। वे केरल पाठ्यचर्या की रूपरेखा 2007 में अंग्रेज़ी के फ़ोकस ग्रुप के अध्यक्ष थे। वर्तमान में वे ए.पी.आर.ई.आई.एस., हैदराबाद में सलाहकार के पद पर हैं और आन्ध्र प्रदेश की अंग्रेज़ी पाठ्यपुस्तकों के सम्पादकीय बोर्ड में हैं।

ई मेल : anandan.kn@gmail.com

अनुवादक : रजनी द्विवेदी

स्रोत : *लैंग्वेज एंड लैंग्वेज टीचिंग*, 4.1.7, 20-25, जनवरी, 2015।

द्वितीय/विदेशी भाषा में पढ़ने की अन्तःक्रियात्मक अप्रोच और इसके निहितार्थ

एस.सी. सूद

परिचय

प्रथम भाषा की कक्षा हो अथवा द्वितीय/विदेशी भाषा की कक्षा (द्वि.भा./वि.भा.) दोनों में पढ़ना एक महत्त्वपूर्ण गतिविधि है। इस पर भी पढ़ने की प्रक्रिया पर सजगता से किया जाने वाला शोध वर्तमान का उद्यम है। इस शोध ने पढ़ना क्या है? इस बारे में हमारे ज्ञान में महत्त्वपूर्ण बदलाव किये हैं। यह बताता है कि पढ़ने की प्रक्रियाएँ तीन तरह की होती हैं : (1) पढ़ना यानी लेखक ने जो कोड किया है उसे डिकोड करने की प्रक्रिया, एक बॉटम अप भाषा-संचालित प्रक्रिया; (2) पढ़ना यानी एक टॉप डाउन, अवधारणा संचालित प्रक्रिया और (3) पढ़ना जैसे एक इंटरेक्टिव कंपनसेटरी प्रक्रिया (संवादात्मक प्रतिपूरक प्रक्रिया)*।

इंटरेक्टिव अप्रोच

द्वितीय भाषा/विदेशी भाषा में पढ़ने की इंटरेक्टिव अप्रोच के अनुसार पढ़ना न तो एक टॉप डाउन प्रक्रिया है न ही बॉटम अप; बल्कि यह एक इंटरेक्टिव कंपनसेटरी प्रक्रिया है। दूसरे शब्दों में पढ़ना, पढ़ने की समस्या (पढ़ने की रणनीतियों के संग्रह के तौर पर) और भाषा की समस्या, दोनों है। प्रभावी पाठकों के पास पढ़ने के कौशलों का समुच्चय होता है और टॉप डाउन प्रक्रिया हेतु रणनीतियाँ होती हैं। साथ ही उनके पास बॉटम अप प्रक्रिया हेतु भाषायी योग्यता तथा पढ़ते समय टेक्स्ट और स्थितियों के अनुरूप अपने आपको मशगूल करने हेतु एक इंटरेक्टिव कंपनसेटरी प्रक्रिया भी होती है।

---

*टॉप डाउन, बॉटम अप, इन्टरेक्टिव अप्रोच के बारे में और अधिक जानने के लिए आप *भाषा और भाषा शिक्षण खण्ड—एक* में आर. अमृतावल्ली का लेख पढ़ सकते हैं।

पढ़ने के क्षेत्र में कार्य कर रहे शोधकर्ता और अध्येता जैसे केरेल (1983) मानते हैं कि कुशल पाठक टेक्स्ट की माँग और पढ़ने की स्थिति में संयोजन के लिए जानकारी को प्रोसेस करने के तरीक़ों में निरन्तर बदलाव करते रहते हैं (पृ. 101)।

अर्थ के लिए पढ़ना : बाधा/मदद करने वाले कारक

शोधकर्ताओं ने अक्सर उन कारकों का पता लगाने की कोशिश की है, जो पढ़ना सीखने वाले को इंटरेक्टिव कंपनसेटरी प्रक्रिया में मशग़ूल होने से रोकते हैं। केरेल और इस्टर होल्ड (1983/1988, पृ. 73), स्कीमा थ्योरी के आधार पर कहते हैं कि प्रभावी पाठकों द्वारा अर्थ निर्माण के लिए काम में ली जाने वाली टॉप डाउन प्रक्रिया में पृष्ठभूमि का ज्ञान बहुत महत्त्वपूर्ण भूमिका अदा करता है, इसकी कमी पढ़ने की प्रक्रिया में एक बहुत बड़ा रोड़ा है।

पृष्ठभूमि के ज्ञान के अलावा, प्रशिक्षित पाठक सम्बद्ध विषयवस्तु स्कीमा और औपचारिक स्कीमा की भी मदद लेते हैं। विषयवस्तु के स्कीमा से तात्पर्य है टेक्स्ट की विषयवस्तु की पृष्ठभूमि का ज्ञान। इसलिए सम्बद्ध विषयवस्तु स्कीमा का *मौजूद* होना ही काफ़ी नहीं है बल्कि टेक्स्ट की प्रोसेसिंग करते समय उसका *सक्रिय* होना भी ज़रूरी है। विषयवस्तु के स्कीमा जिसमें संस्कृति-विशेष का ज्ञान भी सम्मिलित होता है, यदि द्वितीय विदेशी भाषा पाठक के पास यह ज्ञान नहीं है तो 'शार्ट सर्किट'[1] जैसी स्थिति उत्पन्न हो सकती है। इसके साथ-साथ सन्दर्भ और दुनिया के बारे में सामान्य ज्ञान भी समझकर पढ़ने को बढ़ावा देता है। औपचारिक स्कीमा से तात्पर्य है विभिन्न तरह की रचनाओं और विधाओं की रिटोरिकल संगठनात्मक संरचनाएँ[2] उदाहरण के लिए कहानियाँ, कविताएँ, विज्ञान सम्बन्धी रचनाएँ, अख़बार के लेख, तार्किक/एक्पोजिटरी लेख इत्यादि। लेखक अपने प्रकरणों को अलग-अलग तरह से व्यवस्थित करते हैं और इसके लिए वे अलग-अलग तरह के टेक्स्ट ऑर्गनाइज़ेशन और रिटोरिकल आर्गेनाइज़ेशन का प्रयोग करते हैं। औपचारिक स्कीमेटिक ज्ञान का अभाव पढ़े हुए को समझने में बाधा डालता है। आगे के पृष्ठों में हम सम्बद्धता (कोहेरेंस) और संसगता (कोहेजन) की बात करते हुए इस पहलू की विस्तृत पड़ताल करेंगे।

---

1. आपको पता ही होगा कि शार्ट सर्किट में ग़लत तारों के जुड़ जाने के कारण विस्फोट जैसी स्थिति आ जाती है। यहाँ तात्पर्य है कि पाठक टेक्स्ट में दी गयी बात न समझकर कुछ और ही समझेगा।

2. Rhetorical organisation structure—किसी टेक्स्ट, रचना को संगठित करने वाली संरचनाएँ/पैटर्न जो उस रचना में दिये विभिन्न विवरणों को मुख्य विचार से जोड़ने के लिए एक ढाँचा प्रदान करती है और इस तरह दिये गये अनुच्छेद में सम्बन्ध को सुनिश्चित करती है।

एक अन्य कारक जो पढ़ने में बाधा हो सकता है वह है, पढ़ना क्या है? और अर्थ के लिए, प्रभावी रूप से पढ़ने हेतु क्या कौशल व रणनीतियाँ ज़रूरी होंगी। बहुत से द्वितीय भाषी पाठक सोचते हैं कि पढ़ने का मतलब है उचित बलाघात और उच्चारण के साथ ज़ोर-ज़ोर से पढ़ना। हो सकता है कुछ स्थितियों में ऐसा करना पड़े लेकिन समझ के लिए पढ़ना एक मौन गतिविधि है। यह भी पाया गया है कि सफल पाठकों के विपरीत जब द्वितीय भाषा सीखने वाले पढ़ते हैं, वे प्रत्येक शब्द को कुछ ज़्यादा ही तवज्जो देते हैं और अपरिचित शब्दों के अर्थ का अनुमान लगाने के लिए अनिच्छुक रहते हैं। इसके अलावा वे अर्थपूर्ण खण्डों के बजाय शब्द दर शब्द पढ़ते हैं। समझकर पढ़ने को प्रभावित करने वाले कुछ अन्य कारक, जो केवल द्वितीय भाषा पाठकों पर ही नहीं बल्कि प्रथम भाषा पाठकों पर भी लागू होते हैं, पाठक का इरादा, रुचि और प्रेरणा, व्यग्रता आदि। पाठक का इरादा और मक़सद टेक्स्ट से जो जानकारी प्राप्त की जा सकती है, उसकी प्रकृति व परिणाम को प्रभावित कर सकते हैं। इसी तरह व्यग्रता, रुचि और प्रेरणा या प्रेरणा का *प्रकार* बाहरी अथवा आन्तरिक भी, अर्थ के लिए पढ़ना सीखने में महत्त्वपूर्ण कारक होंगे।

द्वितीय भाषा कक्षा में पढ़ने की समस्याएँ

अर्थ के लिए पढ़ने में मददगार कारकों व रणनीतियों की हमने बात की जैसा कि एल्डरसन (1984, पृ. 84) सुझाते हैं, "जिनकी विदेशी भाषा में योग्यता कम है उनके लिए यह भाषा की समस्या है न कि पढ़ने की समस्या।" द्वितीय भाषा में पढ़ने की प्रक्रिया पर शोध कर रहे कई अन्य शोधार्थी इस बात पर ज़ोर देते हैं कि द्वितीय भाषा विद्यार्थियों के लिए एक प्रमुख समस्या भाषा है और यह, पढ़ने की प्रक्रिया में उनके द्वारा इंटरेक्टिव अप्रोच का उपयोग करने के प्रयास में दख़ल देती है।

शोधार्थियों ने यह भी इंगित किया है कि द्वितीय भाषा विद्यार्थियों के लिए, हम यह मानकर नहीं चल सकते कि उनके पास एक समृद्ध शब्द भण्डार और वाक्य-विन्यास सम्बन्धी आधारभूत संरचनाएँ पहले से ही उपलब्ध होंगी। एसकी (1973, 1986), क्लार्क (1979) और एल्डरसन (1984) इन सीमाओं की व्याख्या भाषायी सीमा रेखा या दहलीज के रूप में करते हैं। और कहते हैं कि द्वितीय भाषा के विद्यार्थियों को यदि धाराप्रवाह रूप से पढ़ने की योग्यता विकसित करनी है तो उन्हें इस दहलीज को पार करना ही होगा। उनका मानना है कि महत्त्वपूर्ण

'डिकोडिंग' नहीं है बल्कि 'रफ़्तार एवं सटीकता' और डिकोडिंग के कौशल की 'स्वचालितता' है न कि अप-डाउन प्रक्रिया का सहारा लेना। एसकी के अनुसार (1988, पृ. 94) : निश्चित रूप से यह 'स्वचालितता' ही है जो एक भाषा को धाराप्रवाह रूप से पढ़ने वाले पाठकों के दिमाग़ को इतना स्वतन्त्र कर देती है कि वे जो पढ़ रहे हैं। उसके बारे में सोच पाते हैं, उसका विवेचन भी कर पाते हैं। इसका मतलब है उच्चस्तर की, टॉप डाउन रणनीतियों को काम में लेना जैसे कि स्कीमेटा और अन्य तरह के पृष्ठभूमीय ज्ञान का उपयोग करना। अतः धाराप्रवाह रूप से पढ़ पाने का एक कारण अच्छे डिकोडिंग कौशलों का होना है लेकिन यह नहीं कह सकते कि अच्छे डिकोडिंग कौशल पढ़ने का परिणाम हैं।

बहुत से शोधार्थियों द्वारा यह बताया गया है कि द्वितीय भाषा/वि.भा. में समझ कर पढ़ने की प्रक्रिया में भाषा एक प्रमुख समस्या है। स्वाभाविक ही है कि इसके द्वितीय भाषा/वि.भा. के शिक्षकों और सामग्री बनाने वालों के लिए गम्भीर निहितार्थ हैं। इसलिए साझेदारों के लिए यह ध्यान में रखना ज़रूरी है कि द्वितीय भाषा/वि.भा. सीखने वालों की ये भाषायी समस्याएँ क्या हैं? और वे इन्हें दूर करने में सीखने वालों की मदद कैसे कर सकते हैं?

द्वितीय भाषा सीखने वालों की भाषायी समस्याएँ

यह पाया गया है कि वे पाठक जिनके लिए अंग्रेज़ी द्वितीय भाषा है और जिनकी भाषायी दक्षता का स्तर कम है वे, यदि टेक्स्ट में नये शब्दों की सघनता अधिक है तो पढ़े हुए को समझने में समस्या का सामना करते हैं। नटॉल (1987, पृ. 65) इन शब्दों को नये शब्द कहने के बजाय नये कोशगत पद (लेक्सिकल आइटम) कहना पसन्द करते हैं। एक कोशगत पद न तो हमेशा कोई शब्द होता है और न ही हमेशा यह एक पूर्णार्थ (कंटेट) शब्द होता है। इसमें नये शब्द और पदबन्ध, परिचित शब्दों के नयी तरह के उपयोग और नये मुहावरे (जैसे कि ऐसे मुहावरे जिसमें क्रिया पद के साथ क्रिया विशेषण अथवा विभक्ति जुड़ी हो) लिकिंग डिवाइस और प्रोक्ति सूचक (डिस्कोर्स मार्कर) जुड़े हो सकते हैं। दूसरे शब्दों में कोशगत पद, शब्द या शब्दों का वह समूह है, जो अर्थपूर्ण है और जिसे सम्पूर्णता में समझना होता है। अनेक अर्थ रखने वाले शब्द, अलग-अलग स्थितियों व अलग-अलग विषयों के अनुरूप अर्थ परिवर्तित करने वाले पद (सब टेक्नीकल वोकेबुलेरी) उच्च कोटि वाक्यांश (सुपर ओरडिनेट), अवनाम शब्द (दो अर्थपूर्ण इकाइयों के बीच सम्बन्ध जिसमें पहले आने वाले शब्दों का अर्थ

दूसरे में सम्मिलित होता है—जैसे नीम और बबूल दोनों पेड़ हैं। अतः नीम व बबूल अवनाम शब्द हैं।) मुहावरे, लाक्षणिक शब्द ये भाषा के कुछ ऐसे गुण हैं जो द्वितीय भाषा पाठक के समक्ष समस्या खड़ी करते हैं। इनमें सबसे ज़्यादा प्रमुख हैं व्याकरणिक और कोशगत संसक्ति (सन्दर्भ, प्रतिस्थापन, पदलोप, दोहरान, समानार्थकता, अवनामिता); अन्तर वाक्यीय संयोजन (मिलान, व्यतिरेक, तार्किक क्रम) और वाक्य विन्यास सम्बन्धी गुण (काल, पक्ष, बहुलकता यानी मॉडेलिटी, अपरिमित वाक्यखण्ड और हेतूमद वाक्य खण्ड) (कूपर, 1984, 122 एफ.एफ., विलियम्स और डलास, 1984; कोहेन और अन्य 1988) बर्मन ने पाया कि दूसरी भाषा सीखने वालों के लिए 'भारीपन' और 'अपारदर्शिता' की वजह से वाक्य संरचना के परस्पर सम्बन्धित घटकों (जैसे कि शब्दों के समूह की संरचना, संरचनात्मक पद और निर्भरता) को प्रोसेस करना मुश्किल होता है। भारीपन से बर्मन का तात्पर्य है वाक्य की ऐसी बनावट जो आधारभूत संरचना (संज्ञा-क्रिया-संज्ञा) से भी आगे जाती है। जिससे वाक्य के एक अथवा अधिक संघटक भारी हो जाते हैं क्योंकि इनमें अन्तः स्थापन और रूपान्तरण के परिणामस्वरूप कई उप हिस्से होते हैं। भारीपन की स्थिति तब भी आ सकती है, जबकि आधारभूत संज्ञा-क्रिया (संज्ञा) या 'केरनल' संरचना का उल्लंघन हुआ हो। 'अपारदर्शिता' का तात्पर्य उन चुनौतियों से है, जो कुछ ख़ास प्रकार की सम्बद्धता की युक्तियों जैसे विलोपन द्वारा निर्मित होती हैं, जैसे—गैपिंग के जरिये, अंग्रेज़ी के रिलेटिव वाक्य खण्ड में रिलेटिव सर्वनाम की अनुपस्थिति से आदि और प्रतिस्थापन के जरिये (जैसे—'एक' (one) का या क्रियापद (do) की पुनरावृत्ति, ऐसे शब्दों की जगह जो बार-बार आ रहे हैं या फिर एक व्याकरणिक प्रतिस्थापी के तौर पर प्रयोग)।

सम्बद्धता और वाक्य विन्यास के गुण जहाँ द्वितीय भाषा सीखने वालों के लिए समस्या खड़ी करने वाले पाये गये हैं और उन्हें सिखाना ही चाहिए वहीं बहुत से शोधार्थी भाषा की समस्या का कारण लेखन की उस संरचना को बताते हैं जिसका ज़िक्र हमने ऊपर किया है। दूसरे शब्दों में टेक्स्ट में सुसंगतता का अहसास-लेखक क्या कह रहा है, वह क्या कहना चाहता है। इस का तार्किक क्रम—बड़ी समस्या खड़ी करता है और इसे सिखाना ही चाहिए।

लेखन तार्किक रूप से आगे बढ़े, यह सुनिश्चित करने के लिए लेखक कई तरीक़ों का उपयोग करते हैं। और यह जान पाना कि टेक्स्ट कैसे व्यवस्थित है, पढ़े हुए को समझने में मददगार होता है।

शोधार्थियों द्वारा एक्पोज़िटरी टेक्स्ट के पाँच विभिन्न प्रकार के रिटोरिकल ढाँचे/संघटन बताये गये हैं। (1) **संग्रह**–सूचीकरण और संग्रह प्रकार के (2) **कार्य कारण**–कारण और प्रभाव (3) **प्रतिक्रिया**–समस्या से समाधान प्रकार के (4) **तुलनात्मक**–तुलना व व्यतिरेक और (5) **विवरणात्मक**–गुण आरोपण (मेयर और फ्रीडल, 1984)। टेक्स्ट का तार्किक क्रम सुनिश्चित करने हेतु कुछ टेक्स्ट काल क्रम के अनुसार व्यवस्थित होते हैं; कुछ स्थानानुसार; कुछ अन्य अनूठी तरह से कुछ केन्द्रीय व सहायक वाक्यों का उपयोग करते हुए अन्तःक्रियात्मक हो सकते हैं। लिखित प्रोक्ति (डिस्कोंस) की प्रकृति का भाव भी पाठकों को समझने में मदद करता है। यह कहा जाता है कि लिखित प्रोक्ति अन्तःक्रियात्मक होती है, लेकिन यह हमेशा ही स्पष्ट और ज़ाहिर तौर पर अन्तःक्रियात्मक नहीं होती; प्रायः यह केवल छुपे तौर पर अन्तःक्रियात्मक हो सकती है। इस छुपी हुई अन्तःक्रिया को पहचान पाना, पाठकों को लेखक से, छपे हुए टेक्स्ट के माध्यम से एक तरह के संवाद से जुड़ने के योग्य बनाता है और अर्थ निर्माण की प्रक्रिया में मदद करता है।

निहितार्थ

पृष्ठभूमि के ज्ञान को सक्रिय करके पढ़ने को सुगम बनाने के लिए कई अप्रोच और पद्धतियाँ सुझायी गयी हैं। इनके अलावा, पाठक को टेक्स्ट के ढाँचे और उसकी रिटोरिकल संरचना से अवगत कराने में मदद करने के लिए हाल में कुछ इंस्ट्रक्शनल रणनीतियाँ विकसित हुई है। टेक्स्ट के पूर्वावलोकन के लिए भी बहुत सी तकनीकें सुझायी गयी हैं।

केरेल (1988 बी, पृ. 248) इन पद्धतियों के समान गुणों को प्रस्तुत करने की कोशिश करती हैं। उनके अनुसार ये सभी तरीक़े सीखने वाले को टेक्स्ट पढ़ने से पहले एक विशेष गतिविधि करने के लिए प्रशिक्षित करते हैं ताकि वे उपयुक्त पृष्ठभूमिक ज्ञान को सक्रिय कर सकें। इसके साथ-साथ ये सभी तरीक़े सक्रिय हुए ज्ञान के मद्देनज़र पाठक से पढ़ने की माँग करते हैं। अन्ततः, ये सभी पाठक को पढ़ने के बाद एक अन्य गतिविधि करने को कहते हैं, टेक्स्ट से प्राप्त नयी जानकारी को अपने पूर्व ज्ञान के साथ संश्लेषित करना। इन्हें आमतौर पर पढ़ने से पूर्व (प्री रीडिंग), पढ़ने के दौरान (वाइल रीडिंग) और पढ़ने के बाद की (पोस्ट रीडिंग) गतिविधियों के नाम से जाना जाता है।

पठनपूर्व टॉस्क और गतिविधियाँ

पठनपूर्व टॉस्क और गतिविधियों का मुख्य उद्देश्य सीखने वाले को प्रोत्साहित करना, पढ़ने का मक़सद देना और पृष्ठभूमिक जानकारी देना अथवा उसे सक्रिय करना है (भाषा विज्ञान, अवधारणात्मक, विषय और प्रकरण का ज्ञान और सामाजिक-सांस्कृतिक ज्ञान)। पठनपूर्व टॉस्क व गतिविधियाँ कई तरह की हो सकती हैं; लेकिन सभी का लक्ष्य एक ही मक़सद हासिल करना होता है।

पढ़ने के दौरान किये जाने वाले टॉस्क व गतिविधियाँ

इन टॉस्क का मक़सद टेक्स्ट पढ़ते समय सीखने वाले का मार्गदर्शन करना है, उसको ऐसा अभ्यास कराना है ताकि वह कुशल पाठक के कौशलों को आत्मसात कर सके। इनका उद्देश्य है–

- सुनिश्चित करना कि पढ़ने का मक़सद स्पष्ट हो और यह मक़सद सीखने वाले को टेक्स्ट पढ़ना शुरू करने से पहले ही बता दिया गया हो।
- पूर्व अनुमान लगाने और इंटरेक्टिव कंपनसेटरी प्रोसेस को काम में लेने के लिए सीखने वालों की मदद (टेक्स्ट और प्रकरण की कठिनता के स्तर के अनुसार टॉप डाउन से बॉटम अप व बॉटम अप से टॉप डाउन पर जाना)।
- समझ कर पढ़ने के लिए सही समझ विकसित कर पाना (मौन वाचन) सेंस ग्रुप में पढ़ना; (सेंस ग्रुप–छोटी-छोटी अर्थपूर्ण इकाइयाँ जो अलग-अलग बोली जाती हैं सेंस ग्रुप कहलाती हैं।) सेंस ग्रुप पठन के दौरान पाठक को विभिन्न तरह से मदद की जाती है, संकेत दिये जाते हैं, ताकि वह इन छोटी-छोटी पृथक इकाइयों का अर्थ बिना किसी कठिनाई/गड़बड़ी के समझ पाये। पृष्ठभूमिक जानकारी के सन्दर्भ में शब्दों और पदबन्धों को पढ़ना और उनका अर्थ पता लगाना; अपरिचित शब्दों व पदबन्धों के अर्थ के बारे में उनके आकार सन्दर्भ व अन्य संकेतों के माध्यम से क़यास लगाना)।
- सीखने वालों को पढ़ने के मक़सद के अनुसार पढ़ने की गति में बदलाव के लिए प्रोत्साहित करना (विस्तृत विवरण के लिए पढ़ना, सार हेतु पढ़ना)।
- सम्बद्धता को समझने में सीखने वालों की मदद करना (तार्किक क्रम में विकास के लिए वाक्यों को आपस में कैसे जोड़ा गया है)।
- सीखने वालों को यह जानने देना कि सुसंगति के लिए व टेक्स्ट के प्रकार के अनुरूप उसके ढाँचे को प्राप्त करने के लिए पैराग्राफ़ कैसे जुड़े हैं–जैसे कि लेखक जो कहता है वह कैसे कहता है (रिटोरिकल ढाँचा सूचीकरण की तरह

का हो सकता है, समस्या-समाधान; तुलनात्मक व व्यतिरेक, परिकल्पना, उपपत्ति सामान्य से विशिष्ट, इनके उलट आदि आदि)।

- टेक्स्ट/ग़ैर-मौखिक जानकारी, यदि कोई है तो सीखने वालों को अर्थ निर्माण के लिए उसका उपयोग करने हेतु प्रशिक्षित करना।
- सीखने वालों को अर्थ की रचना करना सिखाना क्योंकि कितना भी भाषिक टेक्स्ट क्यों न हो अपने आप में कभी पूर्ण नहीं होता।
- शब्दों, पदबन्धों व डिस्कोर्स मार्कर पर ध्यान दिलाकर, भाषा के प्रति संवेदनशीलता विकसित करना।

पढ़ने के बाद किये जाने वाले टॉस्क

एक बार जब पाठक सफलतापूर्वक अपने टेक्स्ट के मायने समझ लें, तब उन्हें पढ़ने के बाद की जाने वाली गतिविधियाँ और टॉस्क दिये जा सकते हैं। इन गतिविधियों का मक़सद है :

- स्कीमा को विस्तृत करने में, नयी जानकारी के सम्मिलन व समायोजन में सीखने वालों की मदद करना।
- सक्रिय शब्द भण्डार को बढ़ाना।
- व्याकरण की जानकारी देना विशेष तौर पर उन कुछ भाषायी ग़लतियों के बारे में जो द्वितीय और विदेशी भाषा सीखने वाले करते हैं।
- लिखित टेक्स्ट में काम में लिए जाने वाले विभिन्न वर्ण लेखन सम्बन्धी सिद्धान्तों के बारे में उन्हें जागरूक करना (कैपिटल लेटर, इटैलिक, अवतरण)।
- बोल-चाल की भाषा, उच्चारण, बलाघात और स्वरोच्चारण, विशेषकर उन हिस्सों में जो द्वितीय और विदेशी भाषा सीखने वाले के लिए समस्यात्मक हो सकते हैं, उनका अभ्यास करने में मदद करना।

निष्कर्ष

पढ़ना और लिखना एक ही सिक्के के दो पहलू हैं; पढ़ने का अभ्यास लिखने के प्रशिक्षण के लिए भी उपयोग लिया जा सकता है। पढ़ने के लिए जिन रचनाओं से सीखने वाला परिचित हो चुका है। उस पर आधारित लिखने के अभ्यास/असाइनमेंट दिये जा सकते हैं। लिखने के इन असाइनमेंट में पैराग्राफ़ लिखना, निबन्ध, नोट्स व निर्देश, सूचना, संवाद, भाषण, वक्तव्य, व्याख्यान और इस तरह के अन्य प्रामाणिक/विशुद्ध लिखित कार्य हो सकते हैं, जो सीखने वाले को वास्तविक जीवन की परिस्थितियों में करने पड़ते हो। ऐसे टॉस्क व गतिविधियों से, भाषा सिखाने व

सीखने के समग्र दृष्टिकोण को बढ़ावा मिलता है। यद्यपि यह सच है, जैसा कि कुछ लोग भी कहते हैं कि व्यक्ति पढ़कर ही पढ़ना सीख सकता है। अभ्यासों को करने से नहीं लेकिन यह भी सच है कि सीखने वाले को पढ़ने की प्रक्रिया में मज़ा तब आता है। जब वे आन्तरिक रूप से प्रेरित हो (इनट्रिंसिकली मोटीवेटेड) यानी जो पढ़ रहे हैं। उसका अर्थ निर्माण कर पायें। विभिन्न प्रकार की पढ़ने की सामग्री का चयन व उससे जान-पहचान महत्त्वपूर्ण है। इसमें कोई संशय नहीं लेकिन टॉस्क व गतिविधियाँ किस प्रकार बनाये जायेंगे और किस तरह सीखने वाले को पढ़कर समझने में मदद करेंगे यह शिक्षक प्रशिक्षण और सामग्री लेखन कार्यशालाओं का एक महत्त्वपूर्ण घटक होना चाहिए।

सन्दर्भ

1. एल्डरसन, जे. चार्ल्स, (1984), *रीडिंग इन अ फोरेन लैंग्वेज : अ रीडिंग प्रोब्लम और लैंग्वेज प्रोब्लम? इन जे. चार्ल्स एल्डरसन एंड ए.एच. अरक्वार्हट (एड.), रीडिंग इन ए फोरेन लैंग्वेज* (पृ. 1-27), लंदन : लोंगमैन।
2. बर्मन, रूथ ए. (1984), *सिंटेक्टिक कोम्पोनेंट्स ऑफ़ द फोरेन लैंग्वेज रीडिंग प्रोसेस, इन जे. चार्ल्स एल्डरसन एंड ए.एच. अरक्वार्हट (एडस.) रीडिंग इन अ फोरेन लैंग्वेज* (139-159). लंदन : लोंगमैन।
3. केरेल, पेट्रिसिया एल. (1988*a*), *सम कॉज़ेज ऑफ़ टेक्स्ट बाउंडेडनेस एंड स्कीमा इंटरफेरेंस इन ईएसएल रीडिंग, इन पेट्रिसिया एल. केरेल, जोने डिवाइन, डेविड ई. एसकी (एड.) इंटरेक्टिव अप्रोचेज़ टू सेकेंड लैंग्वेज रीडिंग* (पीपी. 101-113), कैम्ब्रिज : कैम्ब्रिज यूनिवर्सिटी प्रेस।
4. केरेल, पेट्रिसिया एल. (1988*b*), *इंटरेक्टिव टेक्स्ट प्रोसेसिंग : इम्प्लिकेशंस फॉर ईएसएल/सेकेड लैंग्वेज रीडिंग क्लासरूम्स, इन पेट्रिसिया एल. केरेल, जोआने डिवाइन, डेविड ई एस्की (एड.), इंटरेक्टिव अप्रोचेज़ टू सेकेंड लैंग्वेज रीडिंग* (पीपी. 239-259), कैम्ब्रिज : कैम्ब्रिज यूनिवर्सिटी प्रेस।
5. केरेल, पेट्रिसिया एल. एंड इस्टरहोल्ड, जॉन सी. (1983), *स्कीमा थ्योरी एंड ईएसएल रीडिंग पेडागॉजी, टीईएसओएल क्वाटरली, 17(4), 553-573 इन पेट्रिसिया एल. केरेल, जोआने डिवाइन, डेविड ई. एस्की (एड.) इंटरेक्टिव अप्रोचेज़ टू सेकेंड लैंग्वेज रीडिंग*, ओपी. सीआइटी. पीपी. (रिपोर्ट 1988)।
6. क्लार्क, एम. (1979), *रीडिंग इन स्पेनिश एंड इंगलिश : एव्डिंस फ्रॉम एडल्ट ईएसएल लर्नर्स. लैंग्वेज लर्निंग*, 29, 121-150।
7. कोहेन, एंड्रयू, ग्लेसमेन, एच. रोज़ेनबाम—कोहेन, पी.आर. फ्रेरेरा, जे. एंड फाइन, जोनाथन (1988), *रीडिंग इंग्लिश फॉर स्पेशियलाइज्ड परपज़ेज : डिस्कोर्स*

एनालिसिस एंड द यूज़ ऑफ़ स्टूडेंट इनफोरमेंट्स, इन पेट्रिशिया एल. केरेल, जोआने डिवाइन, डेविड ई एस्की (एड.) इंटरेक्टिव अप्रोचेज़ टू सेकेंड लैंग्वेज रीडिंग (पीपी. 152.167) कैम्ब्रिज : कैम्ब्रिज यूनिवर्सिटी प्रेस।

8. कूपर, मॉलकॉम, (1984), *लिंग्विस्टिक कांपीटेंस ऑफ़ प्रेक्टिस्ड एंड अनप्रेक्टिस्ड नॉन-नेटिव रीडर्स ऑफ़ इंग्लिश, इन जे. चार्ल्स एल्डरसन एंड ए.एच. उरक्वाहार्ट (एड.), रीडिंग इन अ फोरेन लैंग्वेज* ; (पीपी.122.138). लंदन : लोंगमैन।
9. एस्की, डी. (1973), *अ मॉडल प्रोग्राम फोर टीचिंग एडवांस्ड रीडिंग टू स्टूडेंट ऑफ़ इंग्लिश एज़ अ फोरेन लैंग्वेज, लैंग्वेज लर्निंग*, 23, 169-184।
10. एस्की, डी. (1986), *थ्योरिटिकल फ़ाउंडेशंस इन एफ डूबिन, डी. एस्की, एंड डब्ल्यू ग्रेब (एड.), टीचिंग सेकेंड लैंग्वेज रीडिंग फॉर एकेडेमिक परपज़ेज* (पीपी. 2.23) रीडिंग एम.ए. एडीसन-वेसले।
11. एस्की, डी. (1988), *होल्डिंग इन द बॉटम : एन इंटरेक्टिव अप्रोच टू द लैंग्वेज प्रोब्लम्स ऑफ़ सेकेंड लैंग्वेज रीडर्स, इन पेट्रिसिया एल. केरेल एट. ऑल (एड.) इंटरेक्टिव अप्रोचेज टू सेकेंड लैंग्वेज रीडिंग* (पीपी. 223.238), न्यूयॉर्क : कैम्ब्रिज यूनिवर्सिटी प्रेस।
12. मेयर, बी.जे.एफ. एंड फ्रीडल, आर.ओ. (1984), *द इफेक्ट्स ऑफ़ डिफरेंट डिस्कोर्स टाइप्स ऑन रिकॉल, अमेरिकन एजुकेशनल रिसर्च जरनल* 21(1), 121-143।
13. नटॉल, क्रिस्टीन, (1982 रिप्रिटेंड विद करेक्शंस 1985 एंड 1987), *टीचिंग रीडिंग स्किलस इन अ फोरेन लैंग्वेज*, लंदन : हाइनमैन एजुकेशनल बुक्स।
14. विलियम्स, रे एंड डलास, डॉन. (1984), *आसपेक्ट ऑफ़ वोकेबुलेरी इन द रीडेबिलिटी ऑफ़ कांटेंट एरिया एल2 एजुकेशनल टेक्स्ट बुक्स : अ केस स्टडी, इन एल्डरसन एंड उरक्वाहार्ट (एड.) टीचिंग रीडिंग स्किल्स इन अ फोरेन लैंग्वेज* (पीपी. 199.212) लंदन एंड न्यूयॉर्क : लोंगमैन।

लेखक के बारे में : एस.सी. सूद दिल्ली विश्वविद्यालय के दयाल सिंह कॉलेज में अंग्रेज़ी के एसोसिएट प्रोफ़ेसर रहे हैं और यूएनडीपी के अन्तर्गत डिला विश्वविद्यालय के शिक्षक प्रशिक्षण महाविद्यालय (इथोपिया) में प्रोफ़ेसर के पद पर थे। वर्तमान में वे ईएलटी और अंग्रेज़ी में बिजनेस कम्युनिकेशन के फ्री लांस कंसल्टेंट व प्रेक्टिशनर हैं।

ई मेल : scsood@rediffmail.com

अनुवादक : रजनी द्विवेदी

स्रोत : *लैंग्वेज एंड लैंग्वेज टीचिंग*, 4.1.7, 41-45, जनवरी 2015.

अर्थ का अनुमान लगाने में वाक्य स्तरीय औपचारिक स्कीमा शिक्षण का प्रभाव

लक्ष्मण राव पिन्निन्ती

परिचय

पढ़ते समय जब किसी विद्यार्थी का सामना किसी अपरिचित शब्द से होता है, तो यह स्वाभाविक है कि उसका अर्थ जानने के लिए सबसे पहले वह अपने शिक्षक या दोस्त से पूछे या शब्दकोश की मदद ले। हालांकि यह ज़रूरी नहीं कि शिक्षक, दोस्त या शब्दकोश हमेशा उपलब्ध हों ही। अगर शब्दकोश उपलब्ध होता भी है, तब भी इसका उपयोग करने से न केवल विचार प्रक्रिया रुक जाती है, बल्कि पढ़ने की गति भी धीमी हो जाती है। जैसा कि नटाल (1996, पृ. 69) ने इस बारे में ठीक ही तर्क दिया है, लगातार शब्दकोश देखने की ज़रूरत प्रभावी रूप से पढ़ने को और भी मुश्किल बना देती है पर एक प्रवीण पाठक सन्दर्भ से ही अर्थ का अनुमान लगा कभी-कभार आने वाली ऐसी रुकावटों का सामना कर सकता है। इसलिए अपरिचित शब्दों के अर्थ का अनुमान लगाने की योग्यता, समझ के साथ पढ़ने का एक महत्त्वपूर्ण पहलू है, विशेषकर दूसरी भाषा के विद्यार्थियों के लिए। इसी के मद्देनज़र नटाल (1996) विद्यार्थियों में, सन्दर्भ से अर्थ निकालने की क्षमता को विकसित करने की माँग करती है, ताकि विद्यार्थी शब्दकोश एवं सूचनादाताओं पर निर्भर नहीं रहें। द्वितीय भाषा के विद्यार्थियों के लिए सन्दर्भ से अर्थ का अनुमान लगाने के लिए तैयार किये गये विशिष्ट प्रशिक्षण कार्यक्रम में उन्होंने दो तरह के उद्देश्यों को सूचीबद्ध किया है (पृ. 70) :

1. यह बता पाना कि शब्दकोश या किसी अन्य के द्वारा बताये बिना भी अपरिचित शब्दों के अर्थ को समझा जा सकता है।

2. अपरिचित शब्दों के प्रति विद्यार्थियों को सकारात्मक दृष्टिकोण (अगर मैं कोशिश करूँ तो समझ सकता हूँ) अपनाने के लिए प्रोत्साहित करना बजाय कि नकारात्मक दृष्टिकोण के (शब्दकोश के बग़ैर मेरा काम नहीं होगा।)

अपरिचित शब्दों के अनुमानित अर्थों को समझने में भाषा सीखने वाले के पास उपलब्ध पृष्ठभूमि ज्ञान की महत्त्वपूर्ण भूमिका होती है। पृष्ठभूमि का यह ज्ञान 'अपने अवलोकन अनुभव के आधार पर अर्थ का पता लगाने' से 'तुक्का लगाने' को अलग करने में अहम् भूमिका अदा करता है। कैम्ब्रिज एडवांस लर्नर्स डिक्शनरी के अनुसार पहली वाली बात इंफरिंग है, "आपके पास जो जानकारी है उसके आधार पर यह राय बनाना अथवा क़यास लगाना कि फलाँ चीज़ सही है।" जबकि बाद वाली बात का मतलब है, "किसी प्रश्न विशेष का उस स्थिति में उत्तर देना जब आपके पास सारे तथ्य नहीं हैं और इसलिए आप निश्चित तौर पर नहीं कह सकते कि आपका उत्तर सही होगा।" उपर्युक्त परिभाषा सुझाती है कि जहाँ अनुमान 'इंफरिंग' में उपलब्ध सन्दर्भ संकेतों से आत्मविश्वास द्वारा अर्थ को तर्क द्वारा पता (deduce) करना शामिल है। वहीं 'तुक्का लगाने' में बिना आत्मविश्वास और बिना निश्चितता के अर्थ के बारे में अटकल लगायी जाती है। हालाँकि शैक्षिक हलकों में तुक्का लगाना (guessing) शब्द ही ज़्यादा प्रचलित है। इस अध्ययन में, सीखने वाले के पूर्व ज्ञान को ध्यान में रखते हुए दोनों ही प्रक्रियाओं के लिए अनुमान (inference) शब्द का ही प्रयोग किया गया है। वह सिद्धान्त जो भाषा को समझने की प्रक्रिया में पृष्ठभूमि के ज्ञान की भूमिका की पड़ताल करता है, उसे 'स्कीमा थ्योरी' के नाम से जाना जाता है, जिसके अनुसार किसी "टेक्स्ट/पठन सामग्री को समझना पाठक के पृष्ठभूमि के ज्ञान एवं टेक्स्ट के बीच होने वाली एक संवादात्मक (इंटरेक्टिव) प्रक्रिया है।" "बेहतर समझ पठन सामग्री को अपने स्वयं के पास पहले से उपलब्ध ज्ञान से जोड़कर देखने की योग्यता की माँग करती है।" (केरेल व ईस्टर होल्ड, 1983, पृ. 556-557)

विषय वस्तु स्कीमा और औपचारिक स्कीमा में अन्तर किया जाता है। (केरेल एंड ईस्टर होल्ड, 1983) विषय वस्तु स्कीमा, टेक्स्ट (पठन सामग्री) में दी गयी विषयवस्तु के डोमेन के बारे में पृष्ठभूमि के ज्ञान से सम्बन्धित होता है। उदाहरण के लिए, पाठक धार्मिकता से लदी हुई एक साहित्यिक रचना जैसे जॉन मिल्टन की *'पैरेडाइज़ लोस्ट'* को पढ़कर कैसे समझ पाते हैं अथवा उसका

आनन्द उठा पाते हैं, इस हेतु धर्म का ज्ञान होना एक महत्त्वपूर्ण निर्धारक हो सकता है। औपचारिक स्कीमा का तात्पर्य है, विभिन्न प्रकार के टेक्स्ट का औपचारिक संगठनात्मक ढाँचा एवं उनमें उपयोग होने वाले विभिन्न प्रकार के डिस्कोर्स चिह्नों के बारे में पृष्ठभूमि ज्ञान। उदाहरण के लिए पहले हुए शोध में पाँच प्रकार के डिस्कोर्स ढाँचों को पहचाना गया : संग्रह, विवरणात्मक, कारणत्व (कार्य करना), समस्या/समाधान आधारित और तुलनात्मक (मेयर और फ्रीडर, 1984)। इनमें से हर डिस्कोर्स ढाँचे का अपना विशिष्ट उद्देश्य होता है एवं आलंकारिक/शब्दाडम्बरयुक्त व्यवस्थित बनावट होती है। (निर्देशात्मक दृष्टिकोण से देखें तो कक्षा में) विद्यार्थियों के औपचारिक स्कीमा को तो व्यावहारिक तौर पर बढ़ाया जा सकता है परन्तु विषयवस्तु स्कीमेटा को नहीं। केरेल (1985) ने रिटोरिकल आर्गनाइज़ेशन के शिक्षण को समझकर पढ़ने पर प्रभाव की पड़ताल की और इसके काफ़ी आशाजनक परिणाम मिले। हालाँकि ज़्यादातर शोध औपचारिक स्कीमेटा का टेक्स्ट स्तर पर समझकर पढ़ने पर प्रभाव की पड़ताल पर केन्द्रित होते हैं। अर्थ की दृष्टि से असम्बद्ध वाक्यों पर ली (1988) द्वारा किया गया एक प्रयोग इस अध्ययन हेतु विशेष तौर पर प्रासंगिक है क्योंकि यह वाक्य स्तर के स्कीमेटा से सम्बन्धित है। ली (1988) ने पाया कि जिन विद्यार्थियों को ऐसे वाक्य मिले जिनमें पर्याप्त संकेत थे। उन्होंने अपरिचित शब्दों का अर्थ इंफर करने और उन्हें याद रखने दोनों में उन विद्यार्थियों से बेहतर प्रदर्शन किया, जिन्हें ऐसे वाक्य मिले जिनमें पर्याप्त संकेत नहीं थे।

अध्ययन की आवश्यकता

वर्तमान अध्ययन शुरू करने की मुख्य वजह वे प्रतिभागी थे जो यू.जी.सी. की उपचारात्मक अंग्रेज़ी कार्यक्रम की कक्षाओं में भाग ले रहे थे। उन्होंने एक शोधकर्ता से कहा कि वह पढ़ते समय आने वाले अपरिचित शब्दों को समझने में उनकी मदद करें। यह मान लिया गया था प्रतिभागी न तो ऐसे शब्दों को समझने के लिए सन्दर्भ का उपयोग कर रहे थे न ही इन शब्दों को बरतने (deal) के लिए उनके पास आत्मविश्वास था। आत्मविश्वास पढ़ने में महत्त्वपूर्ण भूमिका निभाता है क्योंकि अगर विद्यार्थियों को अपने स्वयं के अनुमान पर विश्वास नहीं होगा तो वे प्रयास करना छोड़ देंगे और पढ़ना बन्द हो जायेगा (मैथ्यूडकीज़, 2009)। उपरोक्त दोनों मान्यताओं को ध्यान में रखते हुए सन्दर्भ के आधार

पर अपरिचित शब्दों को इंफर करने की उनकी योग्यता विकसित करने के लिए और ऐसा वे आत्मविश्वासपूर्वक कर सकें, इसके लिए प्रतिभागियों में वाक्य स्तरीय औपचारिक स्कीमेटा की जागरूकता उत्पन्न करने के उद्देश्य से एक इंटरवेंशन डिज़ाइन किया गया। व्यावहारिक ज़रूरतों के साथ सैद्धान्तिक तर्क ली के शोध (1988) और स्कीमा थ्योरी (केरेल और ईस्टरहोल्ड, 1983) द्वारा प्रदान किया गया। अपरिचित शब्दों का अर्थ सन्दर्भ से इंफर करने पर, वाक्य स्तरीय औपचारिक स्कीमेटा के प्रभाव की पड़ताल की दिशा में अधिक शोध कार्य नहीं हुआ है, वर्तमान अध्ययन इस रिक्तता को पूर्ण करता है।

कार्य प्रणाली

उद्देश्य

1. यह पता लगाना कि क्या प्रतिभागियों के समक्ष जब अपरिचित शब्द आये तो क्या वे सन्दर्भ का उपयोग कर रहे थे।
2. प्रतिभागियों की वाक्य-स्तरीय-स्कीमेटा की जागरूकता बढ़ाने से उनकी अपरिचित शब्दों का अर्थ इंफर करने की योग्यता और ऐसा करने के लिए आत्मविश्वास होना, इन पर क्या प्रभाव पड़ता है इसकी पड़ताल करना।

विधि

सभी प्रतिभागियों का पूर्व परीक्षण किया गया तत्पश्चात सभी इंटरवेंशन में शामिल हुए (उनके साथ कार्य किया गया) और अन्त में उनका पुनः परीक्षण किया गया।

प्रतिभागी

सभी सातों प्रतिभागी पुरुष विद्यार्थी हैं (इनकी उम्र 21 से 26 वर्ष के बीच है) और ये सभी हैदराबाद विश्वविद्यालय के स्नातकोत्तर कार्यक्रम में अध्ययनरत हैं। ये सभी अपने अंग्रेज़ी भाषायी कौशल को बेहतर बनाने के लिए यू.जी.सी. के उपचारात्मक अंग्रेज़ी शिक्षण कार्यक्रम (रेमेडियल इंग्लिश प्रोग्राम) में नामांकित थे।

सामग्री

1. इंफरिंग की क्षमता की जाँच करने के लिए पूर्व परीक्षण और उत्तर परीक्षण जाँच पत्र बनाये गये। इन जाँच पत्रों में 10 प्रश्न शामिल थे। प्रत्येक प्रश्न में एक अभिव्यक्ति को गहरा बोल्ड किया गया था जिसके अर्थ का अनुमान

प्रतिभागियों को सन्दर्भ द्वारा लगाना था। प्रतिभागियों से कहा गया : (अ) अपने इंफरेंस को लिखें, (ब) इंफर करने के सन्दर्भ में अपने आत्मविश्वास के स्तर को प्रतिशत रूप में दर्शाएँ (स) और अपने इंफरेंस के आधार को भी स्पष्ट करें।

2. प्रतिभागियों में वाक्यस्तरीय स्कीमेटा की जागरूकता बढ़ाने के लिए अन्तःक्रियात्मक इंटरवेंशन सत्र में उन्हें कारणत्व, विभेद और समरूपता हरेक का एक वाक्य इसी क्रम में दिया गया। नीचे दिये गये उदाहरणों में रेखांकित शब्द डिस्कोर्स चिह्नों को तथा गहरे किये गये शब्द अपरिचित शब्दों को दर्शाते हैं।

(a) I didn't sleep well because my neighbour's dog was **yelping** all night.

(b) Although some old people **abhor** change, most of them enjoy new things and experiences.

(c) The land was as **arid** as the Sahara desert.

प्रक्रिया

इस दस प्रश्नीय (पदीय) जाँच पत्र से पूर्व-परीक्षण किया गया। पूर्व-परीक्षण में औसतन 33 मिनट लगे। पूर्व परीक्षण के पश्चात् 20 मिनट का इंटरेक्टिव सत्र लिया गया। पहले, प्रतिभागियों से पूछा गया कि जो शब्द उनके लिए अपरिचित माने गये, क्या वे उनका अर्थ जानते थे? फिर प्रत्येक वाक्य को ब्लैक बोर्ड पर लिखा गया और उसके इंफरेंस पर चर्चा की शुरुआत की गयी। अन्त में कारण व प्रभाव, समरूपता व विभेद बताने वाले अलग-अलग डिस्कोर्स चिह्नों पर चर्चा की गयी। प्रतिभागियों को अन्तःक्रियात्मक इंटरवेंशन के दौरान नोट्स नहीं लेने के निर्देश प्रारम्भ में ही दे दिये गये ताकि वे उत्तर-परीक्षण में इनका उपयोग न कर पायें। इंटरवेंशन के बाद उत्तर-परीक्षण लिया गया। प्रतिभागियों द्वारा उत्तर-परीक्षण में औसत 26 मिनट का समय लिया गया। पूर्व और उत्तर दोनों ही परीक्षणों में प्रतिभागियों से गहरे रंग की अभिव्यक्ति के अर्थ को इंफर करते समय आत्मविश्वास को प्रतिशत में दर्शाने और अनुमानित अर्थ के पीछे के तर्क को स्पष्ट करने के लिए निर्देश दिये गये। यह पूरी प्रक्रिया, पूर्व-परीक्षण, इंटरवेंशन और उत्तर परीक्षण कुल एक घण्टा 40 मिनट में सम्पन्न हुई।

विश्लेषण

प्रतिभागियों के जवाबों का विश्लेषण गुणात्मक और मात्रात्मक दोनों तरह से किया गया। अपरिचित शब्द के आने पर प्रतिभागी सन्दर्भ का उपयोग कर रहे थे अथवा नहीं यह पता लगाने के लिए गुणात्मक विश्लेषण किया गया। इंफरेंस की सटीकता की जाँच करना थोड़ा चुनौतीपूर्ण रहा क्योंकि यहाँ एक से ज़्यादा उत्तर सही थे। मैथ्यूडकीज़ (2009) का अनुसरण करते हुए अर्थ इंफरेंस की सटीकता को 'सही' या 'ग़लत' आँकने के बजाय एक 'आकलन-पट्टी' की निरन्तरता में देखा गया। यह निरन्तरता पूरी तरह त्रुटिपूर्ण (0%) से पूर्णतः सटीक (100%) के मध्य होती है। उनके इंफरेंस की सटीकता का निर्धारण दो निर्धारणकर्ताओं द्वारा किया गया, इनमें से एक का इस शोध से कोई त[illegible] नहीं था तथा दूसरा खुद शोधकर्ता था। इन दोनों निर्धारणकर्ताओं द्वारा अपने अन्तरों का हल निकालने (अशुद्धता और सटीकता) के बाद कोरिलेशन (अन्तःसम्बन्ध) 0.92 रहा। पूर्व-परीक्षण व उत्तर-परीक्षण के बीच के अन्तर को समझने के लिए टी-टेस्ट लिया गया, इंफरिंग के लिए तर्क के उपयोग पर इंटरवेंशन का क्या प्रभाव पड़ा यह देखने के लिए पूर्व परीक्षण में प्रतिभागियों द्वारा अभिव्यक्त किये गये तर्कों की तुलना उनके उत्तर-परीक्षण तर्कों से की गयी।

परिणाम एवं चर्चा

अपरिचित शब्दों से रू-ब-रू होते समय प्रतिभागी सन्दर्भ का उपयोग करते हैं या नहीं, यह जानने के लिए पूर्व-परीक्षण के आँकड़ों की पड़ताल की गयी। विश्लेषण से पता चला कि प्रतिभागियों ने न तो उपलब्ध सन्दर्भ संकेतों का उपयोग किया और न ही उन्होंने व्युत्पत्ति विषयक विश्लेषण को उपयुक्त तरह से किया। उदाहरण के लिए, प्रतिभागी एस 6 ने 'censure' का अर्थ (perfect) इंफर किया। इस इंफरेंस की व्याख्या उसने इस प्रकार की, क्योंकि शब्द censure और cent percent दोनों शब्दों में cen शब्द कॉमन है और cent percent शब्द उत्तमता दर्शाता है, इसलिए उसने perfect लिखा। यहाँ प्रतिभागी ने मूल शब्द 'cent' के बारे में अपने पूर्व ज्ञान को 'censure' पर भी लागू किया, जो वास्तव में अपने मूल शब्द से भी नहीं लिया गया था और परिणाम स्वरूप ग़लत इंफरेंस किया। एक और शब्द 'earnestness' को भी तीन प्रतिभागियों द्वारा ग़लत इंफर किया गया, उन्होंने मूल शब्द 'eornoste' को सक्रिय करने के बजाय इसे 'earn' शब्द से जोड़ा और इस हेतु उन्होंने जो इंफरेन्स दिये वे थे : 'make money' (पैसे कमाना), 'purpose of earning' (कमाने का उद्देश्य)

और 'willing to earn' (कमाने की इच्छा रखना)। चूँकि 'earnestness' शब्द में 'earn' शब्द शामिल है इसलिए कुछ प्रतिभागियों ने सोचा कि इस शब्द का अर्थ पैसे कमाने से सम्बन्धित है। ये दोनों व्याख्याएँ इस बात की ओर संकेत करती हैं कि प्रतिभागियों ने अपरिचित शब्दों के अर्थ का अनुमान लगाने के लिए सन्दर्भ आधारित विश्लेषण के बजाय शब्द व्युत्पति विश्लेषण को तरजीह दी। यहाँ तक कि पर्याप्त सान्दर्भिक संकेतों के उपलब्ध होने पर भी प्रतिभागी सन्दर्भ का उपयोग नहीं कर पा रहे थे। उपर्युक्त खोज के प्रकाश में देखें तो शोधकर्ता की यह धारणा कि प्रतिभागी अपरिचित शब्दों के अर्थ पता करते समय सन्दर्भ का उपयोग नहीं कर रहे थे, यह धारणा सच ही प्रतीत हुई। अतः प्रतिभागियों की वाक्य स्तरीय औपचारिक स्कीमा के प्रति जागरूकता बढ़ाने के लिए, ताकि उनकी अपरिपचित शब्दों के अर्थ को इंफर करने की योग्यता में इज़ाफ़ा हो, इस के लिए इंटरवेंशन की आवश्यकता तर्क संगत/उचित थी।

प्रतिभागियों में वाक्य स्तरीय औपचारिक स्कीमा के प्रति जागरूकता बढ़ाने पर सन्दर्भ द्वारा अपरिचित शब्दों के अर्थ का अनुमान लगाने की उनकी क्षमता पर तथा ऐसा करने के लिए उनके आत्मविश्वास पर क्या प्रभाव पड़ता है। इसकी जाँच करने के लिए पूर्व व उत्तर परीक्षण के स्कोर का टी-टेस्ट किया गया।

टी-टेस्ट के परिणाम बताते हैं कि इंटरेक्टिव सत्र की वजह से पूर्व परीक्षण से लेकर उत्तर-परीक्षण तक के परिणामों में इंफरेंस की सटीकता व आत्मविश्वास में उल्लेखनीय ढंग से सुधार आया। सारिणी संख्या 1 टी-टेस्ट के परिणामों को दर्शाती है—

सारिणी-1. प्रतिदर्शी टी-टेस्ट को इंफरेन्स की सटीकता व आत्मविश्वास के लिए एक साथ कर दिया गया है।

चर	परीक्षण	समान्तर माध्य (M)	मानक विचलन (SD)	टी-टेस्ट	सार्थकता स्तर (Sig.)
सटीकता	पूर्व-परीक्षण	75.46	18.05	3.67	0.005*
	उत्तर-परीक्षण	79.51	15.82		
आत्मविश्वास	पूर्व-परीक्षण	76.27	10.08	10.75	0.000*
	उत्तर-परीक्षण	89.44	7.76		

*0.01 स्तर पर सिग्निफिकेंट

टी-टेस्ट के परिणाम दर्शाते हैं कि प्रतिभागियों ने उत्तर-परीक्षण में बेहतर प्रदर्शन किया। सटीकता से इंफर करने की क्षमता में पूर्व परीक्षण (एम.=75.46, एस.डी.=18.05) की तुलना में उत्तर-परीक्षण (एम.=79.51, एस.डी.=15.82) में महत्त्वपूर्ण सुधार आया, टी-टेस्ट=3.67 रहा, सार्थकता के 0.01 के स्तर पर .005 रहा। सन्दर्भ से अर्थ को इंफर करने हेतु प्रतिभागियों के आत्मविश्वास में भी पूर्व-परीक्षण [समान्तर माध्य (एम.)=76.27, मानक विचलन (एस.डी.)=10.68] की तुलना में उत्तर-परीक्षण [समान्तर माध्य (एम.)=89.44, मानक विचलन (एस.डी.)=7.76] बेहतर वृद्धि हुई, टी-टेस्ट में यह प्रदर्शन=10.75, 0.01 सार्थकता के स्तर पर 0.00 पाया गया। इससे यह सिद्ध होता है कि प्रतिभागियों में वाक्य स्तरीय औपचारिक स्कीमा के प्रति जागरूकता बढ़ाने हेतु किये गये इंटरवेंशन से अपरिचित शब्दों के अर्थ का सन्दर्भ द्वारा अनुमान लगाने की उनकी क्षमता में तथा इन सब के दौरान उनके आत्मविश्वास में भी सुधार आया।

पूर्व और उत्तर-परीक्षण के प्राप्तांकों का गहन विश्लेषण करने पर यह पता चलता है कि चार प्रश्नों (आइटम) के औसत प्राप्तांक लगभग समान थे, पूर्व-परीक्षण में (90.1) और उत्तर-परीक्षण में (90.7)। क्योंकि पूर्व-परीक्षण में इंफरेन्स की सटीकता 90 से ज़्यादा थी, वहाँ सुधार की बहुत ज़्यादा गुंज़ाइश नहीं थी। हालाँकि शेष शब्दों के प्रदर्शन में पूर्व परीक्षण (65.66) की तुलना में उत्तर-परीक्षण (72.05) में सार्थक सुधार पाया गया। क्योंकि पूर्व परीक्षण में इन शब्दों ने प्रतिभागियों को ज़्यादा हैरान किया, उत्तर-परीक्षण में उनके इंफरेंस की सटीकता में सुधार आने की ज़्यादा सम्भावना थी। यह दर्शाता है कि जब प्रतिभागी वास्तव में उन अपरिचित शब्दों के अर्थ का अनुमान लगाने में जूझ रहे थे, उस दौरान उनके साथ किया इंटरवेंशन काफ़ी उपयोगी रहा।

मात्रात्मक विश्लेषण के आधार पर दिये गये उपर्युक्त निष्कर्षों के साथ-साथ, प्रतिभागियों द्वारा दिये गये रेशनल के बारे में इंटरवेंशन के प्रभाव की पड़ताल के लिए गुणात्मक विश्लेषण भी किया गया। यह पाया गया कि प्रतिभागियों ने उत्तर-परीक्षण में बेहतर तर्क प्रस्तुत किये। उदाहरण के लिए प्रत्यादर्श S 5) ने तर्क दिया कि 'earnestness' शब्द का अर्थ 'fun' का विलोम होगा, क्योंकि वह वाक्य 'whereas' (जबकि) से जुड़ा हुआ था, जो विभेद बताता है। पूर्व-परीक्षण में उसने कोई तर्क ही नहीं दिया था। एक और प्रतिभागी 3 ने उत्तर-परीक्षण में

'tedious' शब्द के इंफरेंस के सम्बन्ध में बेहतर स्पष्टीकरण दिया, उसका कारण उसने बताया था कि 'similurly' शब्द यह बताता है कि दोनों शब्दों 'tedious' और 'boring' में कुछ समान गुण हैं, इसलिए दोनों शब्द लगभग एक ही जैसे हैं और इसी तरह से इनको उपयोग में लाया गया है।

जबकि पूर्व-परीक्षण में उसने बस यह कारण बताया कि 'boring' शब्द यहाँ उपयुक्त है। दिये गये दोनों उदाहरणों में प्रतिभागियों ने उत्तर-परीक्षण में इंफरेंस का अपना तर्क समझाते हुए डिस्कोर्स चिह्नों के स्कीमेटा का उपयोग किया जो उन्हें इंटरवेंशन के दौरान सिखाये गये थे। इस प्रकार यह अध्ययन दर्शाता है कि वाक्य स्तरीय डिस्कोर्स चिह्नों को ध्यान में रखते हुए किये गये प्रत्यक्ष शिक्षण द्वारा दूसरी भाषा के विद्यार्थियों की सन्दर्भ के आधार पर अपरिचित शब्दों के अर्थ का अनुमान लगाने की क्षमता को आगे बढ़ाया जा सकता है और इससे ऐसा करने के लिए उनके आत्मविश्वास को भी बढ़ाया जा सकता है।

शिक्षण के लिए निहितार्थ

इस अध्ययन से निम्नलिखित निहितार्थ निकाले जा सकते हैं-

- यद्यपि जो टेक्स्ट विद्यार्थी पढ़ते हैं, उसमें सन्दर्भ से शब्दों के अर्थ को इंफर करने के संकेत होते हैं, फिर भी यह शिक्षक की ही ज़िम्मेदारी है कि वह सीखने वालों को अपरिचित शब्दों का अर्थ इंफर करने के लिए इन संकेतों का उपयोग करना सिखाएँ।
- यह अध्ययन दर्शाता है कि सान्दर्भिक संकेतों के उपयोग द्वारा विद्यार्थियों को अपरिचित शब्दों के अर्थ को इंफर करना सिखाया जा सकता है। यह उनको अपरिचित शब्दों के प्रति एक सकारात्मक दृष्टिकोण विकसित करने के लिए भी सक्षम बनाता है।
- विद्यार्थियों को अपरिचित शब्दों का उपयोग करने के अन्य सम्भव तरीक़ों के बारे में भी सचेत किया जा सकता है। उदाहरण के लिए मूल शब्द का विश्लेषण, शब्दों को रोज़मर्रा के अनुभवों से जोड़ना आदि।

निष्कर्ष

निष्कर्ष से पूर्व इस अध्ययन की सीमाओं का उल्लेख करना आवश्यक है। इस अध्ययन में प्रतिदर्शियों की संख्या सीमित थी। पूर्व-परीक्षण और उत्तर-परीक्षण के लिए एक ही जाँच पत्र का प्रयोग किया गया था। यहाँ इस बात का भी उल्लेख

करना ज़रूरी होगा कि हर अपरिचित शब्द को सिर्फ़ सन्दर्भ का विश्लेषण करके ही इंफर नहीं किया जा सकता क्योंकि कई अपरिचित शब्द सन्दर्भ के दायरे के बाहर भी होते हैं।

यद्यपि अध्ययन की अपनी कई सीमाएँ थीं, फिर भी यह दर्शाता है कि विद्यार्थी अपरिचित शब्दों के साथ काम करते हुए सन्दर्भ का इस्तेमाल नहीं कर रहे थे।

इस अध्ययन से यह भी सिद्ध होता है कि वाक्य स्तरीय औपचारिक स्कीमा के प्रति जागरूकता बढ़ने से विद्यार्थियों में सन्दर्भ द्वारा अपरिचित शब्दों के अर्थ का अनुमान लगाने की क्षमता विकसित करने में मदद मिलती है और इस प्रक्रिया से उनके आत्मविश्वास में भी बढ़ोतरी होती है।

आभार

मैं अपने सभी प्रतिभागियों को, उनके सहयोग के लिए धन्यवाद देता हूँ तथा कान्धाराजा केएमसी को प्रतिक्रियाओं की रेटिंग करने के लिए और डॉ. अप्पा स्वामी को इस अध्ययन के पूर्व ड्राफ्ट पर अपनी बहुमूल्य टिप्पणी देने के लिए धन्यवाद देता हूँ।

सन्दर्भ

1. केरल, पी.एल. (1985), *फेसिलीटेटिंग ई.एस.एल. रीडिंग बाय टीचिंग टेक्स्ट स्ट्रक्चर,* टी.ई.एस.ओ.एल. क्वाटरली, 19(4), 727-752।
2. केरेल, पी.एल. एंड ईस्टरहोल्ड, जे.सी. (1983), *स्कीमा थ्योरी एंड ई.एस.एल. रीडिंग पेडागॉजी,* टी.ई.एस.ओ.एल. क्वाटरली, 17(4), 402-413।
3. ली, एक्स. (1988), *इफेक्ट्स ऑफ़ कंटेक्सचुअल क्यूज़ ऑन इंफरिंग एंड रिमेंबरिंग मिनिंग्स ऑफ़ न्यू वर्ड्स,* अप्लाइड लिंग्विस्टिक्स, 9(4), 402-413।
4. मेथ्यूडकीज़, एन. (2009), *द फज़ी एरियाज ऑफ़ एक्यूरेसी एंड कांफिडेंस वाइल गेसिंग द इडियोसिनक्रेटिक वोकेबुलेरी ऑफ़ निकोज कज़ानट्ज़ाकिज़ QAYWElA : इन प्रोसिडिंग फ्रॉम द 9th इंटरनेशन कांफ्रेंस ऑन ग्रीक लिंग्विसटिक्ज़* (ICGL9), शिकागो, IL : ओहियो स्टेट यूनिवर्सिटी।
5. मेयर, बी.जे. एंड फ्रेडल, आर.ओ. (1984), इफेक्ट्स ऑफ़ डिस्कोर्स टाइप ऑन रिकॉल, *अमेरिकन एजुकेशनल रिसर्च जरनल,* 21(1), 121-143।
6. नटॉल, सी. (1996), *टीचिंग रीडिंग स्किल्स इन ए फॉरिन लैंग्वेज,* लंदन : हाइनमैन एजुकेशनल।

लेखक के बारे में	:	लक्ष्मण राव पिन्निन्ती हैदराबाद विश्वविद्यालय में पीएच.डी. (ई.एल.टी.) के विद्यार्थी हैं। इन्होंने अंग्रेज़ी भाषा और साहित्य में स्नातकोत्तर किया है तथा 'आरम्भिक शिक्षा' में एम.एड. किया है। इनकी रुचि भाषा सीखने में सामाजिक सांस्कृतिक सिद्धान्तों व पढ़ने की प्रक्रियाएँ/रणनीतियाँ इत्यादि शोध विषयों में है।
e-mail	:	lakshman_ma007@yahoo.com
अनुवादक	:	अंजना राव, विद्या भवन शिक्षा सन्दर्भ केन्द्र, उदयपुर (राजस्थान)।
स्रोत	:	*लैंग्वेज एंड लैंग्वेज टीचिंग*, 4.2.8, 38-42, जुलाई, 2015।

अभिप्रेरणात्मक साक्षात्कार : द्वितीय और विदेशी भाषा के अध्यापकों के लिए प्रभावी साधन है

डॉ. ए. अरुण कुमार

परिचय

सीखने की प्रक्रिया में अभिप्रेरणा एक सामूहिक संज्ञानात्मक गतिविधि है और यह सीखने की शुरुआत और उसके पोषण व सन्धारण पर फ़ोकस करती है (पिनट्रिक और शंक 1996)। पिछले कुछ दशकों में दूसरी भाषा (L2) अभिप्रेरणा अध्ययन का विषय बन चुका है। अध्ययन बताते हैं कि दूसरी भाषा सीखने की अभिप्रेरणा, रुझान कारक को भी पीछे छोड़ देती है और इसीलिए संज्ञानात्मक और पर्यावरणीय कारकों में विभिन्नताओं की क्षतिपूर्ति भी कर देती है (गार्डनर और लेम्बर्ट 1972)। दूसरी भाषा सीखने के परिदृश्य में 1990 तक, राबर्ट गार्डनर, वालेक लम्बर्ट, रिचर्ड क्लेमेंट और उनके सहयोगियों की सामाजिक मनोवैज्ञानिक अप्रोच हावी थी। हालाँकि द्वितीय व विदेशी भाषा सीखने में अभिप्रेरणा की भूमिका को समझने की अप्रोच का विस्तार 1990 के बाद हुआ और इसका फ़ोकस द्वितीय भाषा के सन्दर्भ में होने वाले अभिप्रेरणात्मक शोधों के शैक्षणिक निहितार्थों को समझना था। बावजूद इसके कक्षा में अभिप्रेरणा की भूमिका को अध्येताओं द्वारा कुछ ख़ास तवज्जो नहीं मिली और इस स्थिति ने अध्यापकों को असम्बद्ध विधियों पर भरोसा करने को बाध्य किया। डोर्नेई (1998) के अनुसार, द्वितीय भाषा सीखने में अभिप्रेरणा की भूमिका पर होने वाले कुल शोधों की तुलना में सीखने वाले को प्रेरित करने के लिए किये गये शोधों की संख्या बहुत ही कम है।

यह पर्चा द्वितीय और विदेशी भाषा सीखने में अभिप्रेरणा के तहत विभिन्न अप्रोचों, अभिप्रेरणात्मक साक्षात्कार की तकनीक और आधुनिक समय की कक्षाओं के लिए इसके निहितार्थों की चर्चा करता है।

द्वितीय और विदेशी भाषा सीखने में अभिप्रेरणा

द्वितीय और विदेशी भाषा सीखने में अभिप्रेरणा की संकल्पना, इस पर निर्भर करती है कि यह किस धुरी पर केन्द्रित है। राबर्ट गार्डनर द्वारा दी गयी सामाजिक मनोवैज्ञानिक अप्रोच तीन मुख्य घटकों का विवरण प्रस्तुत करती है, यथा—अभिप्रेरणात्मक तीव्रता; भाषा सीखने की इच्छा और भाषा सीखने की क्रिया के प्रति रवैया। रवैये और व्यवहार के बीच सह-सम्बन्ध, रवैयात्मक और व्यवहारात्मक लक्ष्यों के बीच सामंजस्य के समानुपातिक होता है (अजज़ेन और फिशबेन, 1977)। ट्रेम्बले और गार्डनर ने (1995) इस मॉडल को अपेक्षित मूल्य (एक्सपेंटेसी वैल्यू) और लक्ष्य सिद्धान्त (गोल थ्योरी) के तत्त्वों को शामिल करते हुए और विस्तारित किया।

रिचर्ड क्लेमेंट की भाषिक आत्मविश्वास की अवधारणा बताती है कि द्वितीय व विदेशी भाषा सीखने में आत्मविश्वास की भूमिका महत्त्वपूर्ण है। आत्म-निर्धारण के सिद्धान्त के अनुसार, स्वायत्त रूप से सीखना अभिप्रेरणा के लिए एक महत्त्वपूर्ण योगदानकर्ता है। इस सिद्धान्त के अनुसार, सीखने वाले, सफलता व विफलता का श्रेय किसी बाह्य कारक को देने के बजाय अपने स्वयं के प्रयासों और रणनीतियों को देते हैं। अध्ययन यह भी दिखाते हैं कि शिक्षण की लोकतान्त्रिक शैली द्वारा आन्तरिक अभिप्रेरणा को प्रोत्साहन मिलता है (डिकिंसन, 1995, पृ. 173-174)।

अंग्रेज़ी को विदेशी भाषा के तौर पर सीखने वाले हंगरी के निवासियों पर किया गया एक अध्ययन त्रिपक्षीय अभिप्रेरणात्मक निर्मिति (construct) दर्शाता है यथा : समेकितता, भाषिक आत्मविश्वास और कक्षा परिवेश का मूल्य निर्धारण (क्लेमेंट, डोर्नेई, और नोईल्स, 1994)। आगे के अध्ययनों ने इस रूपरेखा के विभिन्न घटकों को निम्नलिखित आयामों में वर्गीकृत किया : भाषायी स्तर, सीखने वाले का स्तर और सीखने की स्थितियों का स्तर (डोर्नेई, 1994)। विलियम्स और बर्डेन ने भी 1997 में अभिप्रेरणात्मक कारकों की कुछ ऐसी ही रूपरेखा विकसित की थी। हालाँकि, दोनों रूपरेखाओं में सूचीबद्ध विभिन्न अवधारणाओं में दिशा निर्देशात्मक (directional) सम्बन्धों की कमी थी। वर्तमान अध्ययन, उद्दीपन परीक्षण प्रक्रिया (स्टिमुल्स अप्रेजल प्रोसेस) पर आधारित टिकाऊ, स्थायी सीखने के ज़रिये भाषा अर्जन के तन्त्रिका-जैवविज्ञान मॉडल पर ध्यान केन्द्रित करता है (शूमन, 1998)।

अभिप्रेरणात्मक साक्षात्कार

अभिप्रेरणात्मक साक्षात्कार, परामर्श की एक ग्राहक केन्द्रित तकनीक है, जिसमें मिल-जुलकर निर्णय लेने की प्रक्रिया के माध्यम से उभयवृत्तिता को खोजने और उसका हल निकालने के लिए उपयोग किया जाता है (रोलनिक व मिलर, 1995)। इस तकनीक की जोड़ परिवर्तन के ट्रांस थ्योरीटिकल मॉडल[1] पर टिकी है, जिसके अनुसार व्यवहार में परिवर्तन छह अवस्थाओं में धीरे-धीरे विकसित होता है, यथा-चिन्तन पूर्व, चिन्तन, तैयारी, क्रिया, सन्धारण/पोषण और अवसान (प्रोकास्का और वेलीसर, 1997)।

द्वितीय और विदेशी भाषा सीखने में अभिप्रेरणा की इन संकल्पनाओं और अभिप्रेरणात्मक साक्षात्कार की नयी तकनीक के आधार पर हमने परिवर्तन के ट्रांस थ्योरीटिकल मॉडल का उपयोग करते हुए भाषा की कक्षाओं में अभिप्रेरणात्मक साक्षात्कार की तकनीक को सम्मिलित करने की एक रणनीति का विकास करने की कोशिश की। नीचे दिया गया हिस्सा अभिप्रेरणात्मक साक्षात्कार-रणनीति के विकास में प्रयुक्त तरीक़ों की एक रूपरेखा प्रस्तुत करता है।

तरीक़े

जुलाई, 2014 से दिसम्बर, 2014 तक, अभिप्रेरणात्मक साक्षात्कार करने की तकनीक को विकसित किया गया और इसका पायलट टेस्ट (मार्गदर्शी परीक्षण) भारत के चेन्नई में स्थित, एक निजी संस्थान की स्पैनिश की कक्षा में किया गया। स्पैनिश में, स्तर-1 में कुल 31 भागीदार (14 पुरुष : 17 महिलाएँ) पंजीकृत थे। इस कक्षा में साक्षात्कार की दोनों तकनीकों, समूह और व्यक्तिगत साक्षात्कार का प्रयोग किया गया। सौ घण्टे की कक्षा के दौरान इन तकनीकों का प्रयोग तीन बार किया गया (शुरुआती परीक्षण, कार्यक्रम के मध्य में और फिर अन्त में)। पहले, विद्यार्थियों द्वारा स्पैनिश सीखने को दी गयी अहमियत और इसे सीखने के उनके अभिप्रेरण का आकलन करने के लिए व्यक्तिगत साक्षात्कार किये गये। कोर्स की मध्यावधि में

---

1. Trans-theoretical Model Of Change—यह मॉडल व्यक्ति द्वारा स्वयं निर्णय लेने पर फ़ोकस करता है और यह एक स्वैच्छिक बदलाव का मॉडल है। इस मॉडल की मान्यता है कि लोग अपने व्यवहार में जल्दबाज़ी में कोई निर्णायक बदलाव नहीं करते बल्कि बदलाव लगातार होता है और एक चक्रीय प्रक्रिया में होता है।

समूह अभिप्रेरण साक्षात्कार आयोजित किये गये। ये 45 मिनट की एक गतिविधि के रूप में थे और अंग्रेज़ी में थे। अन्तिम परीक्षा के बाद, विद्यार्थियों के अभिप्रेरणा स्तर का आकलन करने के लिए व्यक्तिगत साक्षात्कार किये गये। यह आकलन दो मानदण्डों पर आधारित था : अगले स्तर पर जाने की इच्छा और विद्यार्थियों के कम होने की दर। कक्षा के पहले, कक्षा के दौरान और कक्षा के बाद विद्यार्थियों का व्यक्तिगत साक्षात्कार लिया गया। फ़ील्ड नोट्स लिए गये एवं उनका पृथक रूप से विश्लेषण किया गया।

परिणाम

परिणामों ने दर्शाया कि अगले स्तर को जारी रखने के लिए विद्यार्थियों में अभिप्रेरणा का स्तर उच्च था और कम होने की दर 5 प्रतिशत से कम थी। परीक्षण में प्रयोग की गयी तकनीक की व्याख्या उदाहरण सहित निम्न है।

1. **अनुमति लेना**

   विद्यार्थियों से प्रश्न पूछने से पहले उनकी अनुमति माँगना और उनकी मौखिक सहमति लेना बताता है कि शिक्षक-विद्यार्थियों का सम्मान करता है। साधन सेवी के रूप में शिक्षक व्याख्या अथवा सलाह पर फ़ोकस नहीं करता है।

   उदाहरण : आप स्पैनिश क्यों पढ़ना चाहते हैं? यदि इन कारणों के बारे में हम चर्चा करना चाहे तो क्या आप इसे बुरा मानेंगे? (एक भाषा सीखने के लिए सभी विद्यार्थियों में समान अभिप्रेरणा नहीं होती। इन विभिन्नताओं को समझना कक्षा में की जाने वाली गतिविधियों और अभ्यासों को विद्यार्थियों की आवश्यकता के अनुसार संशोधित करने में मददगार होता है।)

2. **आन्तरिक अभिप्रेरणा को व्यक्त करना**

   प्रत्येक विद्यार्थी भाषा की कक्षा में किसी आन्तरिक अभिप्रेरणा की वजह से आता है। एक सफल अभिप्रेरणात्मक साक्षात्कार में, शिक्षक प्रभावी बातचीत के द्वारा इस आन्तरिक अभिप्रेरणा को निकालने पर फ़ोकस करता है।

   उदाहरण : तुम्हारे विचार से, इस कोर्स के माध्यम से तुम क्या हासिल कर पाने में सक्षम हो पाओगे?

   स्पैनिश सीखना भविष्य में तुम्हारे लिए मददगार होगा, इस बारे में तुम क्या सोचते हो?

क्या तुम ऐसी किन्हीं तीन चीज़ों के बारे में सोच सकते हो जो स्पैनिश सीखने के परिणामस्वरूप तुम्हारे लिए लाभकारी होगी?

स्पैनिश सीखने के बाद अगले पाँच सालों में तुम अपने आपको कहाँ देखते हो?

क्या तुम्हें स्पैनिश सीखने में कोई नुक़सान नज़र आता है।

3. **महत्त्व की पड़ताल**

अगले क़दम में, सीखने वाले के परिप्रेक्ष्य से द्वितीय भाषा सीखने के महत्त्व को समझना शामिल है। इसका प्रयोग यह समझने के लिए किया जा सकता है कि वे भाषा सीखने को कितनी व कैसे प्राथमिकता देते हैं और यह आकलन करने के लिए कि क्या एक समयावधि के बाद उनकी प्राथमिकता बदल तो नहीं गयी।

आपके लिए स्पैनिश कितनी महत्त्वपूर्ण है? क्या निम्नलिखित पैमाने पर आप उसका मान अंकित कर सकते हैं?

—बहुत महत्त्वपूर्ण

—महत्त्वपूर्ण

—कुछ हद तक महत्त्वपूर्ण

—कतई महत्त्वपूर्ण नहीं

4. **खुले (ओपन एंडेड) प्रश्नों को पूछना**

ओपेन एंडेड प्रश्न, सीखने वाले को गहन बातचीत में व्यस्त रखते हैं और शिक्षक को चिन्तनशील श्रवण का समय भी देते हैं। कहानी कहने के पैटर्न सीखने वाले को बेहतरी से समझने में और परानुभूति की भावना निर्मित करने में मदद करते हैं। इसके विपरीत बन्द व एक ही जवाब वाले प्रश्न सीखने वाले को यह महसूस कराते हैं कि उनसे पूछताछ की जा रही है।

उदाहरण : स्कूल या कॉलेज या कहीं भी भाषा सीखने का आपका पिछला अनुभव कैसा रहा है?

5. **चिन्तनशील श्रवण**

शिक्षक चिन्तनशील श्रवण की तकनीक को लागू करता है और इसमें शिक्षक, सीखने वाले के स्वयं के विचारों या ख़यालों जिसे उन्होंने कहा या नहीं कहा को पुनः गढ़ता (Paraphrase) है। यह समानुभूति को निर्मित करता है जिससे विद्यार्थियों के साथ घनिष्टता बनाने के लिए अधिक जगह मिलती है।

उदाहरण : ऐसा लगता है कि आपको भाषाएँ सीखने से डर लगता था। ऐसा लगता है कि आप स्पैनिश सीखकर एक वैकल्पिक पेशा सृजित करना चाहते हैं।

6. **सामान्यीकृत करना**

सामान्यीकृत करने की रणनीति का उपयोग सीखने वालों को यह समझाने के लिए होता है कि बहुत से अन्य लोग भी भाषा सीखने की प्रक्रिया में कुछ ख़ास कठिनाइयों का सामना करते हैं।

उदाहरण : मैं समझता हूं कि याददाश्त कम होने के कारण आपको भाषाएँ सीखने के लिए जूझना पड़ रहा है। लेकिन यह कोई अनोखी बात नहीं है। बहुत से विद्यार्थियों को यह समस्या आती है।

7. **निर्णयात्मक सन्तुलन**

यह एक प्रभावी अभ्यास है, जहाँ विद्यार्थी निम्न बिन्दुओं पर चर्चा करते हैं– इस भाषा को सीखने के उनके अपने क्या कारण है, इसके नुक़सान और फ़ायदे क्या हैं और इस भाषा कोर्स के लिए उनके लक्ष्य क्या हैं? फिर वे लक्ष्य तक पहुँचने के लिए उनके मौजूदा सीखने के व्यवहार में क्या कमियाँ हैं, उनको लिखते हैं। वे यह भी चर्चा करते हैं कि विभिन्न रणनीतियों द्वारा इस रिक्तता को कैसे पाटा जा सकता है। इस गतिविधि में मुख्य प्रतिभागी विद्यार्थी होते हैं, जबकि शिक्षक सिर्फ़ एक सहयोगदाता होता है। बिना तोहमत लगाये या निर्णय दिये विसंगतियों पर चर्चा के लिए एक अप्रोच जिसे कोलम्बोस्क्यू अप्रोच कहा जाता है, का प्रयोग किया जाता है। इसका प्रयोग कोर्स के दौरान कभी भी किया जा सकता है।

उदाहरण : मुझे यह समझने में मदद करिए कि आप भाषा सीखने के लिए एक दिन में कम से कम दो घण्टे काम करना चाहते हैं लेकिन आप ऐसा नहीं कर पा रहे हैं। आप क्या सोचते हैं कि क्या किया जा सकता है।

8. **आत्म-प्रभावकारिता के समर्थन में कथन**

कुछ विद्यार्थियों के पास भाषा सीखने के लिए आत्मविश्वास की कमी होती है। ऐसे कथन जो आत्म-प्रभावकारिता का समर्थन करते हैं, विद्यार्थियों की बेहतर सीखने में मदद करते हैं।

उदाहरण : मैं देख सकता हूँ कि आपकी स्पैनिश बेहतर हुई है। ऐसा लगता है कि आप इस अवधारणा को अच्छी तरह समझ गये हैं।

पचास घण्टे पहले, आप स्पैनिश के बारे में बहुत कुछ नहीं जानते थे, लेकिन अब आप बहुत सारे शब्दों को सीख चुके हैं।

9. **पुष्टीकरण**

सीखने वालों ने जो कुछ कहा उसकी प्रतिक्रिया में शिक्षक सकारात्मक पुष्टीकरण देता है और ऐसे कथनों से बचता है जो प्रतिक्रिया को बढ़ा-चढ़ा कर प्रस्तुत करते हैं।

उदाहरण : इस भाषा को सीखने की आपकी प्रतिबद्धता अच्छी है और यह जानकर अच्छा लगा कि आप प्रतिदिन एक घण्टा स्पैनिश सीखने में लगाते हैं।

10. **सलाह/प्रतिपुष्टि**

शिक्षक बारम्बार विद्यार्थियों को फीडबैक देता है, जो उन्हें सतत प्रगति के रास्ते पर बढ़ने में मदद करता है।

परिचर्चा

अभिप्रेरणात्मक साक्षात्कार की इस तकनीक का प्रयोग करने के बाद हमारे द्वारा किये गये विद्यार्थियों के अवलोकन ने दर्शाया कि इसने भाषा सीखने के सन्दर्भ में प्रभावी निर्णय लेने में विद्यार्थियों की मदद की, इसलिए यह सीखने के उस तन्त्र की ओर ले जाती है जो उद्देश्यों द्वारा चलित है। भाषा सीखने की शुरुआती सफलता, उनकी आन्तरिक अभिप्रेरणा और आत्मविश्वास को पुनर्बलन देती है, जो रिचर्ड क्लेमेंट की भाषायी आत्म-विश्वास की अवधारणा को सिद्ध करता है। इसके भाषा सीखने की कक्षा के लिए बहुत सारे शैक्षिक निहितार्थ हैं और वे पूरे कोर्स के दौरान, विभिन्न कालांशों में प्रयोग किये जा सकते हैं। इस तकनीक का प्रयोग उम्र, लिंग या अन्य सामाजिक-सांस्कृतिक कारकों की परवाह किये बिना किसी भी भाषा की कक्षा के विद्यार्थियों को अभिप्रेरित करने में किया जा सकता है। इस अध्ययन की सीमाएँ ये हैं कि इस तकनीक का विकास बेहद छोटे आकार के नमूने (सैंपल) के साथ किया गया है। एक बड़े आकार का नमूना इस तकनीक के भावी अनुप्रयोग पर एक व्यापक परिप्रेक्ष्य दे सकता है।

निष्कर्ष

एक भाषा सीखने के लिए विद्यार्थियों में आन्तरिक अभिप्रेरणा उत्पन्न करने में अभिप्रेरणात्मक साक्षात्कार प्रभावी है। हालाँकि विविध संस्कृतियों में

इसके (क्रॉस-कल्चरल) निहितार्थों को समझने के लिए और अध्ययनों की आवश्यकता है।

सन्दर्भ सूची

1. अज़ेन, आई., फिशबेन, एम. (1977), *एटीट्यूड-बिहेवियर रीलेशंस : अ थ्योरिटिकल एनालिसिस एंड रिव्यू ऑफ़ इंपीरिकल रिसर्च,* सॉयकलोजिकल बुलेटिन, 84(5), 888।
2. ब्रोफी, जे. (1987), *सिंथेसिस ऑफ़ रिसर्च ऑन स्ट्रेटजीज फॉर मोटिवेटिंग स्टूडेंट्स टू लर्न,* एजुकेशनल लीडरशिप, 45(2), 40-48।
3. क्लेमेंट, आर., डोर्नेई, जेड., *नोएल्स, के. ए. (1994), मोटिवेशन, सेल्फकांफिडेंस, एंड ग्रुप कोहेज़न इन द फारेन* लैंग्वेज क्लासरूम, लैंग्वेज लर्निंग, 44, 417-417।
4. डिकिंसन, एल. (1995), *आटोनॉमी एंड मोटिवेशन अ लिटरेचर रिव्यू,* सिस्टम, 23(2), 165-174।
5. डोर्नेई, जेड. (1994), *मोटिवेशन एंड मोटितेटिंग इन द फॉरेन लैंग्वेज क्लासरूम, द मार्डन लैंग्वेज जर्नल,* 78 (3), 273-284।
6. डोर्नेई, जेड. (1998), *मोटिवेशन इन सेकेंड एंड फॉरेन लैंग्वेज लर्निंग.* लैंग्वेज टीचिंग, 31(03), 117-135।
7. गार्डनर, आर.सी., लैम्बर्ट, डबल्यू.ई. (1972), *एटिट्यूड्स एंड मोटिवेशन इन सेकेंड लैंग्वेज लर्निंग,* राउले, एम ए : न्यूबरी हाउस।
8. गार्डनर, आर.सी. (1985), *सोशल सॉइकालॉजी एंड सेकेंड लैंग्वेज लर्निंग : द रोल ऑफ़ एटिट्यूड एंड मोटिवेशन.* लंदन : एर्नाल्ड।
9. हेट्टेमा, जे., स्टीले, जे, मिलर, डब्ल्यू. आर. (2005), *मोटिवेशनल इंटरव्यूइंग. एन्यूअल रिव्यू ऑफ़ क्लीनिकल सॉयकालोजी,* 1,91-111।
10. नोएल्स, के.ए., क्लेमेंट, आर., प्लेटियर, एल.जी. (1999), *परसेप्शन ऑफ़ टीचर्स 'कम्यूनेटिव स्टायल एंड स्टूडेंट्स' इंट्रिसिंक एंड एक्सट्रिसिंक मोटिवेशन,* मॉडर्न *लैंग्वेज जर्नल,* 23-34।
11. पिंटरिच, पी.आर., शंक, डी.एच. (2002), *मोटिवेशन इन एजुकेशन : थ्योरी, रिसर्च, एंड एप्लीकेशन,* अपर सेडल रिवर, एन.जे. : प्रेंटिस हॉल।
12. प्रोस्का, जे.ओ. और वेलिसर, डब्ल्यू. एफ. (1997), *द ट्रांस थ्योरिटिकल मॉडल ऑफ़ हेल्थ बिहेवियर चेंज, अमेरिकन जर्नल ऑफ़ हेल्थ प्रोमोशन,* 12(1), 38-48।
13. रॉलनिक, एस. और मिलर, डब्ल्यू.आर. (1995), *व्हाट् इज़ मोटिवेशनल इंटरव्यूइंग? बिहैवियरल एंड कॉगनिटिव सॉयकोथैरेपी,* 23(04), 325-334।

14. शूमन, जे.एच., क्रोवेल, एस. ई., जोंस, एन.ई., ली, एन. और शूअर्ट, एस. ए. (2014), *द न्यूरोबॉयलोजी ऑफ़ लर्निंग : परस्पेक्टिव फ्राम सेकेंड लैंग्वेज एक्विजिशन*, न्यूयॉर्क : रुटलेज।

15. ट्रेम्बले, पी.एफ. और गार्डनर, आर.सी. (1995), *इक्सपैंडिंग द मोटिवेशन कंस्ट्रक्ट इन लैंग्वेज लर्निंग, द मार्डन लैंग्वेज जर्नल*, 79(4), 505-518।

16. ऊशिओडा, ई. (1996), *लर्नर ऑटोनामी 5 : द रोल ऑफ़ मोटिवेशन*, डबलिन : ऑथेंटिक।

17. विलियम्स, एम. और रोबर्ट, एल. (1999), बर्डेन (1997) *सॉइकोलॉजी फ़ॉर लैंग्वेज टीचर्स, फॉरेन लैंग्वेज टीचिंग एंड रीसर्च प्रेस*, 5, 7-29।

लेखक के बारे में	:	डॉ. ए. अरुण कुमार, डिपार्टमेंट ऑफ़ साइकियाट्री, गवर्नमेंट स्टेनली हॉस्पिटल, चेन्नई में रिसर्च ऑफ़िसर और व्याख्याता हैं, मद्रास स्कूल ऑफ़ सोशल वर्क के संकाय सदस्य और एल.ए.एम.ई.डी. के चीफ़ इडियेटर हैं। (LAMED : www. lamedresearch.com)
e-mail	:	arun_koc2003@yahoo.co.in
अनुवादक	:	आदेश कुमार, विद्या भवन शिक्षा सन्दर्भ केन्द्र, उदयपुर (राजस्थान)
स्रोत	:	*लैंग्वेज एंड लैंग्वेज टीचिंग*, 5.1.9, 45-45, जनवरी, 2016।

सेवापूर्व कार्यक्रमों में पठन के स्तर के बारे में शिक्षक प्रशिक्षकों और प्रशिक्षु शिक्षकों के मतों की पड़ताल

पूजा बहुगुणा

परिचय

शिक्षकों द्वारा स्कूलों में दिये जाने वाले पठन निर्देशों की गुणवत्ता हमेशा से चिन्ता का विषय रही है। ऐसा इसलिए है, क्योंकि पढ़ने और लिखने की क्षमता केवल भाषा पाठ्यक्रम के लिए ही महत्त्व नहीं रखती है, बल्कि यह अन्य विषयों में भी विद्यार्थियों की उपलब्धि को प्रभावित करती है। कुमार (1992) कहते हैं कि अनुचित/कमज़ोर पठन-निर्देशों और सार्थक कक्षाकक्षीय बातचीत की कमी के कारण अधिकांश बच्चे स्कूल छोड़ देते हैं। कक्षा में पढ़ने-लिखने से सम्बन्धित निर्देशों को डिज़ाइन करने में शिक्षक की महत्त्वपूर्ण भूमिका होती है। शिक्षकों की मान्यताएँ, कक्षा की बातचीत, पठन-निर्देशों की प्रकृति और छात्रों की उपलब्धि आदि सभी को प्रभावित करती हैं। पढ़ने के बारे में शिक्षक का शिक्षणशास्त्र बच्चों की पठन कुशलता को प्रभावित करता है। परन्तु यह समझना महत्त्वपूर्ण है कि कक्षा में प्रभावी चर्चाओं की अगुवाई करने में शिक्षकों की धारणाएँ और क्षमताएँ उनके प्रशिक्षण और शिक्षा से प्रभावित होती है (सिन्हा, 2010) दरअसल, शिक्षक स्वयं शिक्षक-शिक्षा कार्यक्रमों का एक उत्पाद है। शिक्षक प्रशिक्षण कार्यक्रमों में पढ़ने-लिखने पर जिस तरह से चर्चा की जाती है, वह इस बात को प्रभावित करती है कि शिक्षक अपनी कक्षाओं में इस पर कैसे काम करते हैं। इससे इस बात के प्रति उत्सुकता पैदा होती है कि अपने प्रशिक्षण कार्यक्रमों में पढ़ने और पढ़ने से जुड़े निर्देशों के बारे में शिक्षक क्या सोचते हैं। इस पर्चे का उद्देश्य शिक्षक प्रशिक्षकों और प्रशिक्षु शिक्षकों के पढ़ने के बारे में मतों को समझना है। पढ़ने के घटक और इस पर प्रशिक्षणों में कैसे काम किया जाता है।

इस पर उनकी राय की पड़ताल के जरिये समझना है कि वे इस बारे में वे क्या सोचते हैं। इसके लिए दिल्ली के तीन प्रकार के शिक्षक-शिक्षा कार्यक्रमों से शिक्षक प्रशिक्षकों और प्रशिक्षु शिक्षकों को चुना गया था।

बैचलर ऑफ़ एजुकेशन (बी.एड.), बैचलर ऑफ़ एलीमेंट्री एजुकेशन (बी.एल.एड.—सीनियर सेकेंडरी स्कूल लेवल के बाद चार साल का इंटीग्रेटेड प्रोफेशनल डिग्री प्रोग्राम) और एलिमेंटरी टीचर एजुकेशन (ई.टी.ई.—दो साल का डिप्लोमा कोर्स)। सबसे पहले, मैं इस बात से चर्चा शुरू करूँगी कि भारतीय कक्षाओं में पढ़ने की प्रक्रिया में क्या शामिल है। फिर, मैं शिक्षक प्रशिक्षकों की उनके कार्यक्रमों में पढ़ने की स्थिति पर राय प्रस्तुत करूँगी। अन्त में मैं यह देखने का प्रयास करूँगी कि इन कार्यक्रमों में अर्जित ज्ञान को कक्षाओं में क्रियान्वित करने में प्रशिक्षु शिक्षक किस तरह की समस्याओं का सामना करते हैं।

भारतीय कक्षाओं में पठन-पाठन

भारतीय कक्षाओं में पढ़ना ज़्यादातर डिकोडिंग के रूप में किया जाता है। ख़ासतौर पर, शुरुआती कक्षाओं में पढ़ने-लिखने से जुड़े निर्देश मुख्यतः अर्थ के बजाय ध्वनियों पर, पूरे के बजाय टुकड़ों पर केन्द्रित होते हैं। प्राथमिक कक्षाओं के साथ मेरा खुद का शिक्षण अनुभव ज़्यादा अलग नहीं रहा है। प्रारम्भिक कक्षाओं में, भाषा पाठ्यक्रम केवल वर्णमाला और शब्दों के अक्षरों की डिकोडिंग करने जैसे कौशलों को मज़बूत करने पर केन्द्रित होते हैं। शिक्षक मानते हैं कि शुरुआती कक्षाओं में, पढ़ने की समझ पर ध्यान केन्द्रित नहीं किया जा सकता है क्योंकि बच्चे वर्णमाला के सभी अक्षर और मात्राएँ नहीं जानते हैं। असल में, शिक्षक ये मानते हैं कि शुरुआती पठन कार्यक्रमों का सबसे महत्त्वपूर्ण लक्ष्य अक्षरों का क्रमवार ज्ञान और अक्षरों को जोड़ कर शब्द बनाने की महारत विकसित करना है। ज़ोर से बोलकर पढ़ना, जिसका अर्थ के लिए पढ़ने से कोई जुड़ाव नहीं है, कक्षाओं की सबसे आम प्रथाओं में से एक है। ऐसी कक्षाकक्षीय गतिविधियाँ जो कौशलों को अर्थपूर्ण पठन से अलग-थलग कर देती हैं, पढ़ना सीखने को मुश्किल बनाती हैं। बच्चों को बतौर पाठक आन्तरिक नियन्त्रण और युक्तिपूर्ण कार्य करना नहीं सिखाया जाता है। यहाँ तक कि उच्च कक्षाओं में भी शिक्षक केवल पाठ या कठिन शब्दों की व्याख्या कर देते हैं और विद्यार्थियों को अपनी भावनाओं को व्यक्त करके पाठ के साथ जुड़ने का मौक़ा नहीं मिलता है।

इसलिए विद्यार्थी स्वतन्त्र पाठक बनने के बजाय, पाठों को पढ़ने और अर्थ निर्माण के लिए शिक्षकों पर निर्भर हो जाते हैं।

शिक्षक-प्रशिक्षण कार्यक्रमों में पढ़ना

पहले उल्लेख किया गया है, शिक्षक कक्षाओं में प्रमुख भूमिका में होते हैं। उनकी मान्यताओं, मतों और धारणाओं का बच्चों के सीखने और उपलब्धि पर ख़ासा प्रभाव पड़ता है। हालाँकि कक्षाओं में ख़राब पठन निर्देशों और बच्चों में पढ़ने के लिए अभिप्रेरणा की कमी के लिए अकेले शिक्षकों को दोषी नहीं ठहराया जा सकता है। शिक्षक प्रशिक्षण कार्यक्रमों के उत्पाद के रूप में शिक्षक पठन के क्षेत्र में ज्ञान और विशेषज्ञता के साथ आते हैं। इसलिए, पढ़ने के बारे में शिक्षकों के ज्ञान के स्रोत को समझने के लिए शिक्षक प्रशिक्षण कार्यक्रमों में पढ़ने की स्थिति पर शिक्षक प्रशिक्षकों के विचारों की पड़ताल आवश्यक है। इस पर्चे में मैंने यह समझने की कोशिश की है कि शिक्षक प्रशिक्षक पढ़ने के सन्दर्भ में भाषा पाठ्यक्रम की प्रभावशीलता के बारे में क्या सोचते हैं, पढ़ने के सिद्धान्तों और शिक्षणशास्त्र दोनों मायनों में। शिक्षक प्रशिक्षक अपने कार्यक्रमों के सर्वश्रेष्ठ निर्णायक होते हैं, क्योंकि प्रशिक्षु शिक्षकों की रोज़मर्रा की समस्याओं से उन्हें ही निपटना होता है।

मेरा अध्ययन मुख्यतः इस बात पर केन्द्रित था कि भाषा शिक्षा के पाठ्यक्रम में पढ़ने की स्थिति के बारे में शिक्षक प्रशिक्षक क्या महसूस करते हैं; वर्तमान पाठ्यक्रम प्रशिक्षु शिक्षकों में पढ़ने के सम्बन्ध में आवश्यक कौशल और दृष्टिकोण विकसित करने में किस हद तक सक्षम है कि वे इसे अपने विद्यार्थियों में आगे विकसित करने में सक्षम हो सकें; भाषा शिक्षा पाठ्यक्रम में इस घटक को शामिल करने का उद्देश्य और भाषा शिक्षा में पढ़ने के लिए निर्धारित पाठ्यक्रम से यह उद्देश्य किस हद तक पूरा हुआ है और अन्त में वे किस हद तक पढ़ने के सिद्धान्तों से अवगत थे। शिक्षकों और प्रशिक्षु शिक्षकों के विचार साक्षात्कार के माध्यम से प्राप्त किये गये। पहले विभिन्न मुद्दों जैसे पढ़ने की स्थिति के बारे में विचार, भाषा पाठ्यक्रम में पढ़ने का उद्देश्य, पढ़ने के बारे में अलग-अलग सिद्धान्त आदि की पहचान के साथ विश्लेषण की शुरुआत हुई और फिर उनके तहत शिक्षक प्रशिक्षकों की प्रतिक्रियाओं को वर्गीकृत किया गया। डेटा से दो प्रकार की प्रतिक्रियाएँ प्राप्त हुईं—एक तरह की प्रतिक्रियाएँ वे थीं, जिनमें शिक्षक प्रशिक्षक ने सन्तुष्टि जतायी और दूसरी तरह की प्रतिक्रियाओं में पढ़ने को

लेकर महत्त्वपूर्ण टिप्पणियों के साथ इनमें सुधार का आग्रह भी किया गया था। प्रतिक्रियाओं के आधार पर, शिक्षकों को दो समूहों में बाँटा गया—एक समूह में वे लोग थे, जिन्होंने अपने कार्यक्रम में पढ़ने की वर्तमान स्थिति के बारे में सन्तोष व्यक्त किया था और दूसरे समूह में वे लोग थे, जिन्हें लगता था कि उनके कार्यक्रमों में पढ़ने की उपेक्षा की गयी थी। दोनों प्रकार के मतों में अन्तर पर नीचे चर्चा की गयी है।

कार्यक्रमों के प्रति सन्तुष्टि व्यक्त करने वाले शिक्षक प्रशिक्षकों के विचार

यह उल्लेखनीय है कि सभी शिक्षक प्रशिक्षकों ने बच्चों की पढ़ने सम्बन्धी कमज़ोरियों के बारे में चिन्ता व्यक्त की और उनका मानना था कि सीखने सिखाने का अनुत्प्रेरित सन्दर्भ इसके लिए ज़िम्मेदार कारकों में से एक है। हालाँकि, उन्होंने शिक्षकों के ज्ञान के आधार को विकसित करने में प्रशिक्षण की भूमिका में मतभेदों पर भी चर्चा की।

शिक्षक प्रशिक्षकों के पहले समूह ने अपने सम्बन्धित कार्यक्रमों में पढ़ने की स्थिति पर सकारात्मक टिप्पणियाँ साझा कीं। एक विस्तृत चर्चा सामने आयी, जिसमें शिक्षकों ने पढ़ने की प्रकृति के बारे में उनकी समझ और इसे विकसित करने में उनकी भूमिका के बारे में बात की। हैरानी की बात यह है कि इन शिक्षक प्रशिक्षकों में पढ़ने की सैद्धान्तिक समझ नहीं थी। वे केवल पढ़ने के यान्त्रिक पहलुओं के बारे में ही चिन्तित थे और उनका मानना था कि पाठ्यक्रम का फ़ोकस प्रशिक्षु शिक्षकों में सही उच्चारण और उचित आवाज़ मॉड्यूलेशन के साथ धारा प्रवाह और ज़ोर से बोलकर पढ़ने की क्षमता के विकास पर होना चाहिए। नतीजतन, प्रशिक्षु शिक्षकों ने चर्चा की, पढ़ने का शिक्षणशास्त्र भी ज़ोर से पढ़ने, कठिन शब्दों के अर्थ की व्याख्या करने (ज़्यादातर शिक्षकों द्वारा चुना गया) और अन्त में, सवाल-जवाब लिखने पर ही केन्द्रित था। यह पढ़ने का एक विशिष्ट पारम्परिक तरीक़ा था जिसकी अक्सर आलोचना की जाती है क्योंकि इसमें शब्दों की डिकोडिंग या उच्चारण से परे पढ़ने के कोई मायने नहीं हैं और यह पूरी तरह से पढ़ने की जटिल और समग्र प्रकृति की उपेक्षा करता है। शिक्षकों के इस समूह के अनुसार, ज़ोर से बोलकर पढ़ना ही एकमात्र ऐसा शैक्षणिक साधन था जिसके जरिये शिक्षक बच्चों द्वारा पढ़ने में की जाने वाली ग़लतियों को सुधार सकते हैं। इसलिए, उनके अनुसार शिक्षकों को एक आदर्श तरीक़े से पढ़ना चाहिए और विद्यार्थियों को उनकी नक़ल करनी चाहिए। निस्सन्देह, इस

प्रकार शिक्षकों से पठन-पाठन की इस रीति का कक्षाओं में निष्ठापूर्वक अनुसरण किया जाता है और बच्चे धीरे-धीरे यह विश्वास करने लगते हैं कि पढ़ने का अर्थ से कोई लेना-देना नहीं है। विशेष रूप से ई.टी.ई. शिक्षक प्रशिक्षकों में पढ़ने की कोई सैद्धान्तिक समझ नहीं थी। उनके लिए पढ़ना केवल एक ग्रहणशील (रिसेप्टिव) कौशल था।

जब इन शिक्षकों से उनके कार्यक्रमों में मौजूद पठन घटक के उद्देश्यों के बारे में पूछा गया, तब उन्होंने सामान्य बातें कहीं जैसे कि "पढ़ने से शिक्षक के समग्र व्यक्तित्व का विकास होना चाहिए।" शिक्षक प्रशिक्षकों को इस बात की जानकारी नहीं थी कि पढ़ने का क्या विशिष्ट उद्देश्य होना चाहिए या शायद उन्होंने इसके बारे में कभी सोचा ही नहीं था। इसी तरह, पठन के शिक्षणशास्त्र का मूल्यांकन भी इस बात से प्रभावित था कि शिक्षक प्रशिक्षक पढ़ने को किस तरह समझते हैं। शिक्षक प्रशिक्षकों ने प्रशिक्षु शिक्षकों की पढ़ने की समझ में प्रगति के मूल्यांकन के लिए किन्हीं स्पष्ट विशिष्ट मानदण्डों का उल्लेख नहीं किया है। बल्कि उन्होंने प्रशिक्षु शिक्षकों के पठन का आकलन इस आधार पर किया कि वे सही उच्चारण के साथ ज़ोर से बोलकर पढ़ सकें तथा पाठ और कठिन शब्दों की व्याख्या कर सकें। उनके विचारों से यह पता चलता है कि प्रशिक्षु शिक्षक बच्चों को पाठ के साथ जुड़ने के अवसर प्रदान करते हैं या नहीं इसके बारे में शिक्षक प्रशिक्षकों का कोई ख़ास सरोकार नहीं है।

अपने कार्यक्रमों में पठन-पाठन को उपेक्षित मानने वाले शिक्षक प्रशिक्षकों के विचार

शिक्षक प्रशिक्षकों का दूसरा समूह पढ़ने की प्रक्रिया और शिक्षाशास्त्र के वर्तमान सिद्धान्तों के बारे में अपेक्षाकृत बेहतर अवगत था। उन्होंने दो प्रकार की चिन्ताएँ जाहिर की : पहली, सम्बन्धित शिक्षक प्रशिक्षण कार्यक्रमों में आने वाले शिक्षकों में पढ़ने के लिए ज़रूरी सैद्धान्तिक आधार की कमी; दूसरी, कक्षा के सन्दर्भ में इन सिद्धान्तों को लागू करने में उनकी अक्षमता। इन दोनों मुद्दों पर उनके विचार यहाँ विस्तार से साझा किये गये हैं।

इस समूह के सभी शिक्षक प्रशिक्षकों ने महसूस किया कि पढ़ना उपेक्षित क्षेत्रों में से एक है, विशेष रूप से आरम्भिक शिक्षक प्रशिक्षण कार्यक्रमों में। इसके अलावा पढ़ने के सिद्धान्त या तो पाठ्यक्रम का हिस्सा नहीं थे या वे/गौण थे, परिधि पर थे। उनके अनुसार, सिद्धान्तों के नाम पर केवल कुछ पद्धतियों और

पढ़ने के प्रकारों को ही सूचीबद्ध किया गया और चर्चा की गयी। ये शिक्षक प्रशिक्षक पढ़ने के समकालीन सिद्धान्तों से अवगत थे और उन्होंने विचार व्यक्त किया कि इन सिद्धान्तों को भाषा पाठ्यक्रम का हिस्सा बनाया जाना चाहिए। वर्तमान में, इन सिद्धान्तों को समावेशित नहीं करने के लिए समय की कमी को ज़िम्मेदार ठहराया गया था।

शिक्षकों ने कक्षा में सिद्धान्तों के अनुप्रयोग के बारे में भी चिन्ता व्यक्त की। उन्होंने महसूस किया कि ज़्यादातर मामलों में, पढ़ने के सिद्धान्तों की शिक्षा एक रिवाज बन कर रह गयी थी। नतीजतन, पुरानी प्रथाओं और नये विकास के बीच की खाई ने प्रशिक्षु शिक्षकों को पारम्परिक तरीक़ों के अनुसार चलने के लिए मजबूर किया। शिक्षक प्रशिक्षकों को सिद्धान्त और व्यवहार के बीच खाई का पता था और उन्होंने स्वीकार किया कि शिक्षक प्रशिक्षकों और प्रशिक्षु शिक्षकों के बीच बहुत विचार-विमर्श की आवश्यकता है। अपर्याप्त समय के कारण बड़ी संख्या में प्रशिक्षु शिक्षकों के लिए यह समस्या और बढ़ गयी थी। यहाँ तक कि चार साल की अवधि के अभिनव बी.एल.एड. कार्यक्रम में भी इस खाई को पर्याप्त रूप से सम्बोधित नहीं किया गया था। इस कार्यक्रम में, प्राथमिक विद्यालय के अनुभवों में पढ़ने पर पर्याप्त ज़ोर दिया गया है, लेकिन माध्यमिक स्तरीय विद्यालयों में सीखने/सिखाने के दौरान इसे सन्तोषजनक रूप से सम्बोधित नहीं किया गया। हालाँकि, बी.एल.एड. कार्यक्रम में शिक्षक प्रशिक्षकों और विद्यार्थियों द्वारा कई नवीन विचारों जैसे कि चिन्तनशील पत्रिकाओं (रिफ्लेक्टिव जर्नल) और प्रतिक्रिया पत्रिकाओं (रेसपोंस जर्नल) को बनाये रखने की कोशिश भी की गयी थी लेकिन उनके बीच आमने-सामने की चर्चा की आवश्यकता थी। जैसा कि सिन्हा (2010) कहती हैं, यह पता लगाना महत्त्वपूर्ण है कि कक्षा के सन्दर्भ में सिद्धान्तों का क्या मतलब है लेकिन प्रशिक्षु शिक्षकों के सामने आ रही चुनौतियों और उनके अनुभवों को महत्त्व दिया जाना चाहिए और चर्चाओं के दौरान इन पर ध्यान केन्द्रित किया जाना चाहिए।

इस समूह के शिक्षक प्रशिक्षकों ने यह भी विचार व्यक्त किया कि पठन को एक अनिवार्य पेपर बनाया जाना चाहिए जिसका प्राथमिक फ़ोकस पठन के बारे में सैद्धान्तिक समझ बने इस पर होना चाहिए। तभी कार्यक्रम में सीखे गये सिद्धान्तों के शिक्षण शास्त्रीय क्रियान्वयन पर ज़्यादा ध्यान देते हुए सिद्धान्त और व्यवहार के बीच की खाई को यथा योग्य सम्बोधित किया जायेगा। असल में,

शिक्षक प्रशिक्षकों में से एक ने ज़ोर दिया कि पढ़ने को सभी स्नातक कार्यक्रमों में एक अनिवार्य आधार पत्र बनाया जाना चाहिए।

प्रशिक्षु शिक्षकों के विचार

यह खण्ड, अपने स्कूल अनुभव कार्यक्रम के दौरान प्रशिक्षु शिक्षकों द्वारा सामना की जाने वाली चुनौतियों का समाधान करने में शिक्षक प्रशिक्षण कार्यक्रमों में पठन घटक की प्रभावशीलता की पड़ताल करता है। प्रशिक्षु शिक्षकों के दृष्टिकोण को समझने का प्रयास किया गया था; पठन पाठ्यक्रम यानी जो वे पढ़ रहे थे। उसके बारे में वे कैसा महसूस कर रहे थे; क्या उनके पाठ्यक्रम में शामिल पठन घटक से उन्हें अपने प्रैक्टिकम में और बाद में अपने कॅरियर में पढ़ने से जुड़े मसलों से निपटने के लिए आवश्यक समझ और कौशल प्राप्त हुआ था। अन्त में प्रशिक्षु शिक्षकों से पूछा गया कि वे पठन कार्यक्रम से सन्तुष्ट थे या नहीं।

अधिकांश प्रशिक्षु शिक्षक इस बात से सहमत थे कि प्रशिक्षण कार्यक्रम के पठन घटक से उन्हें वे विशेषज्ञता नहीं प्राप्त हुई जो कक्षाओं में काम करने के लिए ज़रूरी होती है। उन्होंने कक्षा के सन्दर्भ में आने वाली कई तरह की चिन्ताओं और चुनौतियों का जिक्र किया।

सबसे पहले तो पढ़ने और इसके शिक्षणशास्त्रीय तरीक़ों को उन्होंने जिस तरह से परिभाषित किया था, उससे यह झलक मिली कि उनके पास पढ़ने की एक संकीर्ण समझ थी। वे मानते थे कि शब्दों को बोलने से ज़्यादा पढ़ने के कोई मायने नहीं हैं। वे पढ़ने को अध्ययन के एक ऐसे क्षेत्र के रूप में कल्पना ही नहीं कर पा रहे थे, जो सिद्धान्तों और शोध पर टिका है। बतौर प्रशिक्षु शिक्षक उन्होंने अपने विद्यार्थियों में पढ़ने के प्रति रुचि पैदा करने में, अपनी अक्षमता से जुड़ी चिन्ताओं को भी साझा किया। इसके अलावा, उन्हें इस बात का कोई अन्दाज़ा नहीं था कि इस समस्या को कैसे सुलझाया जाये। उनमें से कुछ ने शिक्षक प्रशिक्षण कार्यक्रमों की संरचना की ख़ामियों पर टिप्पणी की, जिनमें पठन के बारे में किसी भी सैद्धान्तिक समझ से अवगत कराये बिना प्रशिक्षु शिक्षकों को कक्षा में भेज दिया जाता है। उन्होंने ढाँचे में व्यापक रूप से ज्ञात परेशानी-शिक्षण सिद्धान्त से पहले शिक्षण अभ्यास की ओर इशारा करते हुए अपनी शिकायत को स्पष्ट किया। इस अभ्यास ने प्रशिक्षु शिक्षकों को पढ़ने के कार्यक्रम में सीखने के बजाय स्कूल में सीखी गयी बातों पर ध्यान देने के लिए प्रोत्साहित किया।

कुछ प्रशिक्षु शिक्षक थे, जिन्होंने महसूस किया कि शिक्षक प्रशिक्षण कार्यक्रम उनके लिए अभिनव था, क्योंकि इससे उनमें पढ़ने के सन्दर्भ में एक अच्छा ज्ञान आधार बना। उन्होंने साझा किया कि कैसे समय-समय पर पढ़ना और लिखना अर्थ केन्द्रित था और उन्हें पढ़ने की पारम्परिक समझ से आगे बढ़ने में मदद मिली। उनमें से कुछ इस क्षेत्र में शोध करना चाहते थे और चाहते थे कि कार्यक्रम उनकी कुछ चिन्ताओं को सम्बोधित करे। इनमें से एक चिन्ता कक्षा में सैद्धान्तिक ज्ञान को लागू करते समय आने वाली चुनौतियों से सम्बन्धित थी। उनका मानना था कि सिद्धान्तों को सीखते समय इस तरह की चुनौतियाँ कभी भी चर्चा का हिस्सा नहीं बनी थी और ये वास्तव में स्कूल के अनुभव कार्यक्रम के दौरान ही रेखांकित हुई। उन्होंने सुझाव दिया कि इस तरह की चुनौतियों को हर चर्चा के मूल में होना चाहिए और इनके समाधान सामूहिक रूप से तलाशे जाने चाहिए। उन्होंने आगे सिफ़ारिश की कि एक ऐसा मंच बनाया जाये जहाँ शिक्षकों को अपने अनुभवों को साझा करने के लिए आमन्त्रित किया जा सके कि वे रोज़मर्रा के शिक्षण के सन्दर्भ में चुनौतियों का सामना कैसे करते हैं।

ये सुझाव वास्तव में कक्षा की स्थिति में प्रशिक्षु शिक्षकों द्वारा सामना की जाने वाली मुश्किलों को प्रतिबिम्बित करते हैं। शिक्षक प्रशिक्षण कार्यक्रमों के उद्देश्यों पर विचार करते समय उनके सुझावों पर विचार किया जाना चाहिए।

निष्कर्ष

शिक्षक प्रशिक्षकों के विचारों से यह स्पष्ट है कि सेवापूर्व शिक्षक प्रशिक्षण कार्यक्रमों में बहुत बहस, विचार-विमर्श और परिवर्तन की आवश्यकता है। इसके अलावा, चूँकि प्रशिक्षु शिक्षक वास्तविक कक्षाकक्ष स्थितियों में अपनाये जाने वाले सेवापूर्व शिक्षक प्रशिक्षण कार्यक्रमों के उनके अनुभवों से प्रभावित होता है, इसलिए सेवापूर्व कार्यक्रमों की पूरी जाँच परख की आवश्यकता है। यदि यह जाँच-परख नहीं की जाती है, तो वे पढ़ने की पारम्परिक समझ के अनुसार कक्षा में बच्चों को अर्थहीन यान्त्रिक प्रक्रिया के रूप में पढ़ाना जारी रखेंगे।

सन्दर्भ

1. कुमार, के. (1992), *व्हॉट इज वर्थ रीडिंग?* नयी दिल्ली : ओरिएंट लोंगमैन।
2. सिन्हा, एस. (2010), *लिटरेसी इंस्ट्रक्शंस इन इंडियन स्कूल्स, इन ए. निकोलेपाउलोउ, टी. अब्राहम और एफ. मीरबाघेरी (ईडीएस), एजुकेशन फॉर सस्टेनेबल डेवलपमेंट :*

चैलेंजेस, स्ट्रेटेजीज एंड प्रैक्टिसेस इन अ ग्लोबलीजिंग वर्ल्ड। (पृ. .117-128)। नयी दिल्ली : सेज पब्लिकेशंस।

लेखक के बारे में : पूजा बहुगुणा, दिल्ली विश्वविद्यालय के शिक्षा विभाग में से पीएच.डी. कर रही हैं। उनकी शोध रुचियों में एमर्जेंट लिटरेसी और कॉम्प्रिहेंशन शामिल हैं।

ई-मेल : pooja.bahuguna@yahoo.com

अनुवादक : जया राठौड़, विद्या भवन शिक्षा सन्दर्भ केन्द्र, उदयपुर (राजस्थान)

स्रोत : *लैंग्वेज एंड लैंग्वेज टीचिंग*, 5.1.9, 32-36, जनवरी, 2016।

साक्षात्कार

राजेश कुमार (राकु) की बातचीत रुक्मिणी भाया नायर (रुभाना) के साथ

रुक्मिणी भाया नायर का परिचय 'इंडियन इंग्लिश की प्रथम महत्त्वपूर्ण उत्तर-आधुनिक कवयित्री' के तौर पर कराया जाता है। 1910 से 2010 की विश्व-सदी का वृत्तान्त देने वाली ऑक्सफ़ोर्ड कम्पैनियन टु मॉडर्न पोएट्री, जिसमें टी.एस. एलियट तथा पाब्लो नेरुदा जैसे महान साहित्यकारों को शामिल किया गया है, रुक्मिणी भाया नायर के काम के बारे में कहती हैं कि "उसे अन्य कवियों तथा आलोचकों द्वारा काव्यात्मक अर्थ और महिला की पहचान के प्रति उस के उत्तर-आधुनिक नज़रिये के लिए व्यापक स्तर पर सराहा गया है।" प्रो. नायर स्वयं कहती हैं कि वे शोध भी उसी कारण से करती हैं जिस कारण से वे कविता लिखती हैं यानी भाषा की सम्भावनाओं और सीमाओं को खोजने के लिए। वे भारतीय प्रौद्योगिकी संस्थान, दिल्ली में भाषा-विज्ञान एवं अंग्रेज़ी की प्रोफ़ेसर हैं और उन्होंने अपनी पीएच.डी. कैम्ब्रिज विश्वविद्यालय से की है। उसके बाद से उन्होंने कई विश्वविद्यालयों में पढ़ाया है, जिनमें सिंगापुर तथा स्टैनफ़र्ड शामिल हैं तथा आर्हस से हिंजियांग तक दुनिया भर में सभाओं को सम्बोधित किया है। भाषा-विज्ञान प्रैग्मेटिक्स[1] में उन के योगदान के लिए ऐंट्वर्प विश्वविद्यालय ने उन्हें दूसरी मानक डॉक्टरेट उपाधि प्रदान की। उनके लगभग सौ शोधपत्र, लेख और पुस्तकें प्रकाशित हुए हैं। उनकी पुस्तकों में से उनका सब से बेहतर प्रतिनिधित्व करने वाली पुस्तक शायद नैरेटिव ग्रैविटी : कनवर्सेशन, कॉग्निशन, कल्चर है। उन के अनुसन्धान के रुचि-क्षेत्र कॉग्निटिव लिंग्विस्टिक्स, प्रैग्मेटिक्स, इंग्लिश स्टडीज़, भाषा का दर्शनशास्त्र, टेक्नो-संस्कृतियाँ, साहित्यिक, वृत्तान्तात्मक तथा उत्तर-आधुनिक सिद्धान्त, जेंडर तथा रचनात्मक लेखन हैं।

1. भाषा-शास्त्र की एक शाखा जिस के तहत, लोगों द्वारा प्रयुक्त शब्दों के पीछे के कारणों का अध्ययन किया जाता है।

राकु : हालाँकि मैं आपके काम के बारे में कुछ विस्तार से जानता हूँ फिर भी मैं चाहूँगा कि आप हमें अपने अकादमिक सफ़र के कुछ मुख्य मील के पत्थरों के बारे में बतायें। भाषा-विज्ञान और आप की दिलचस्पी के अन्य मुख्य क्षेत्रों के बारे में भी।

रुभाना : यह अवसर देने के लिए शुक्रिया, राजेश। मैं शुरुआत इस बात से करना चाहूँगी कि मैं अक्सर जीवन की तुलना यूनानी ट्रेजेडी से नहीं करती जिसमें आप को अन्त के बारे में पहले से मालूम होता है बल्कि किसी टेलीविज़न सीरियल से तुलना करती हूँ जिसमें आप हमेशा जीवन की घटनाओं के बीच होते हैं। इसलिए मैं अपनी पूरी कोशिश करूँगी कि मैं अपनी यात्रा जो कि अभी भी अधूरी है, उसकी कुछ मुख्य घटनाओं के बारे में बताऊँ। शुरुआत की बात करूँ तो मैंने भारत के विभिन्न हिस्सों में शिक्षा हासिल की। मैं बहुभाषीय वातावरण में बड़ी हुई और आम तौर पर यही स्थिति हमारे देश के लोगों के बारे में सच पायी जाती है। कॉलेज में मैंने अंग्रेज़ी साहित्य पढ़ा और मेरे मन में हमेशा यह सवाल रहा कि भारत की अन्य भाषाओं के साथ अंग्रेज़ी का क्या सम्बन्ध है? जब मुझे कैम्ब्रिज विश्वविद्यालय में पढ़ने के लिए छात्रवृत्ति मिली, तो अपना ध्यान मैंने अंग्रेज़ी साहित्य से भाषा-विज्ञान की तरफ़ मोड़ा, हालाँकि अंग्रेज़ी साहित्य मुझे बहुत पसन्द था और भाषा-विज्ञान के बारे में मुझे कुछ भी जानकारी नहीं थी। इस वक़्त मैंने ख़ुद से—और पढ़े गये पाठों के बारे में भी—एक बुनियादी सवाल पूछा : भाषा का अर्थ क्या है, भाषा का अर्थ कैसे निकलता है? यह मुझे हमेशा प्रेरित करने वाला एक केन्द्रीय सवाल रहा है। मैंने भाषाओं के एक-दूसरे के साथ रिश्ते का अध्ययन किया है, भाषा और प्रत्यक्ष बोध का अध्ययन किया है और इस विचार पर ध्यान दिया है कि सामाजिक जगह भाषाओं की एक सोपानक्रमिक व्यवस्था है न कि आवश्यक तौर पर भाषाओं का लोकतन्त्र। 'भाषागत कुलीनता' के इस स्वाभाविक रुझान को ठीक करने का क्या तरीक़ा हो, जिस के तहत कुछ विशेष सामाजिक सन्दर्भों में हम मौखिक के मुक़ाबले लिखित को, हिन्दी के मुक़ाबले अंग्रेज़ी को तरजीह देते हैं और इसी तरह की अन्य बातें भी हैं। इस प्रकार एक महत्त्वपूर्ण घटना तो कैम्ब्रिज जाना और यह महसूस करना था कि मैं इन पहेलियों को समझने के लिए भाषा-विज्ञान और दर्शनशास्त्र तथा साहित्य पढ़ने की कोशिश कर सकती हूँ। मेरा ख़याल है कि इस के बाद की महत्त्वपूर्ण घटना भारत वापस आने और भाषा-विज्ञान पढ़ाने की कोशिश करने की थी।

भाषा-विज्ञान, जैसा कि वह तब था-और जैसा कि वह कमोबेश अब भी है! अक्सर एक संकुचित तरीक़े से परिभाषित विषय-क्षेत्र है। एक काम मैं यह करना चाहती थी कि अन्य विषय-क्षेत्रों के साथ भाषा-विज्ञान के सम्बन्ध को खोजा और जाना जाये। हम हमेशा स्वयं को एक समृद्ध बहुभाषीय, बहुलतावादी संस्कृति के रूप में पेश करते हैं और मैं अकादमिक दुनिया में अन्तर-विषयकता को समाज में बहुभाषीयता के चचेरे भाई की तरह देखती हूँ। यह एक महत्त्वपूर्ण बात मैंने सीखी। आई.आई.टी. में गणितीय प्रवृत्ति वाले विद्यार्थियों को भाषा-विज्ञान पढ़ाना एक और रहस्य के खुलने जैसा था और तसल्ली देने वाली बात भी।

राकु : क्या आपको लगता है कि भाषा-शिक्षकों को भाषा की प्रकृति और संरचना के बारे में मालूम होना चाहिए? फिर वह चाहे बिल्कुल प्राथमिक स्तर की बात ही क्यों न हो।

रुभाना : बिल्कुल, यह तो होना ही चाहिए। उसी तरह, जैसे मैं कहूँगी कि गणित और भौतिक-विज्ञान तथा सम्भवतः बुनियादी तर्कशास्त्र भी इस आधारभूत मान्यता के साथ सिखाए जायें कि पाठ्यचर्या के सभी विषयों को समेकित करने की ज़रूरत है। क्या भाषा-शिक्षकों को भाषाशास्त्र की बारीकियों की जानकारी होना ज़रूरी है? हाँ, बिल्कुल हौसर, चोम्स्की और फिच ने भाषा की संकीर्ण ढंग से परिभाषित क्षमता (एफ़.एल.एन.), जिस के तहत मस्तिष्क में भाषा के बारम्बार, दोहरावपूर्ण प्रयोग और भाषा की स्वचालित प्रोसेसिंग शामिल है तथा व्यापक तौर पर परिभाषित भाषा की क्षमता (एफ़.एल.बी.) जिस में अवधारणात्मक, जानी-बूझी व्यवस्था शामिल है, के बीच अन्तर किया। एक अर्थ में, एफ़.एल.बी. में सब प्रकार के ज्ञान के सम्बन्ध आ जाते हैं, क्योंकि विचार का मूल साधन भाषा है और वह इंसानों में सोच की प्रक्रिया को नियन्त्रित करती है। इसलिए मेरे विचार से, भाषा की व्यापक तौर पर परिभाषित इस क्षमता के बारे में हर किसी को जानना ज़रूरी है फिर चाहे उस की संकुचित, सीमित परिभाषा से उनका कोई सरोकार न हो जिस के तहत भाषा के बारम्बार, दोहराव भरे प्रयोग को नियन्त्रित करने वाले वाक्य-विन्यास सम्बन्धी मनमाने नियमों का अध्ययन होता है। सब शिक्षकों को यह समझने की आवश्यकता है कि भाषा, ज्ञान के बाक़ी सब रूपों की रीढ़ की हड्डी है।

राकु : भाषा-शिक्षकों के लिए भाषा-विज्ञान की कौन सी शाखा अधिक उपयोगी है?

रुभाना : यह कहने की तो आवश्यकता ही नहीं होनी चाहिए कि भाषा सदा ही कक्षा में एक निर्णायक (critical) तत्त्व की तरह है। चाहे कोई भी विषय पढ़ायें, शिक्षकों को विद्यार्थियों के साथ बातचीत के लिए, उन से सम्प्रेषण के लिए भाषा का इस्तेमाल करना होता है। लेकिन विशेष तौर से भाषा-शिक्षक को भाषा-विज्ञान की जानकारी होगी तो उन्हें फ़ायदा होगा। भाषा-विज्ञान से हमें भाषा के बारे में रोमांचक बातें जानने को मिलती हैं कि उस का एक ढाँचा है कि वह शब्दों को दुनिया से जोड़ती है। वह आपको अपने बारे में इस रूप में सोचने के क़ाबिल बनाती है कि आप एक सामाजिक ढाँचे में रहते हुए अपने लिए रास्ता बनाते हुए चल सकते हैं। भाषा के बारे में इस तरह की अन्तर्दृष्टियों का होना महत्त्वपूर्ण है। आप पूछ सकते हैं कि कौन सी विशेष शाखा सब से महत्त्वपूर्ण है? मेरी राय में, हालाँकि, हम हमेशा कहते रहे हैं कि व्याकरण से शुरुआत करें, लेकिन अब यह आवश्यक तौर पर स्वीकृत नज़रिया नहीं रह गया है। मेरे ख़याल से हमें प्रयोग के तौर पर इन पुराने नियमों को उलटना शुरू करना चाहिए तथा प्रैग्मेटिक्स (भाषा-विज्ञान की शाखा जिस के तहत लोगों द्वारा प्रयुक्त शब्दों के पीछे के कारणों का अध्ययन किया जाता है) तथा सामाजिक भाषा-विज्ञान जैसे विषय-क्षेत्रों से शुरुआत करनी चाहिए। हमें भाषा का प्रयोग करने वालों के ज्ञान को कक्षा में लाना चाहिए और इससे भी महत्त्वपूर्ण, हमें बच्चे के ज्ञान को कक्षा में लाना चाहिए। लेकिन यह कैसे किया जाये?

अच्छा तो! 'भाषा' के बारे में कुछ बातें याद रखने का मेरा मन्त्र यह है। जब एक बच्ची भाषा सीखना शुरू करती है तो उसे पहले से या उस समय भाषा को उपयोग करने वाले किसी व्यक्ति की ओर से 'सजीव' योगदान की ज़रूरत रहती है। निवेश के रूप में यह सीधा योगदान नहीं होगा तो भाषा की मशीन काम नहीं करेगी। संक्षेप में कहें तो हमें शुरुआत में एक क़िस्म के 'शब्दकोश' की ज़रूरत है। इसके बाद बच्चे को जल्द ही यह समझना होता है कि भाषा में एक मनमानापन होता है यानी यह कि एक भाषा के शब्दों और दुनिया की अवधारणाओं में एक मनमाना सा रिश्ता होता है। एक द्विभाषी बच्चे को शायद जल्दी ही यह समझ में आ जायेगा कि हिन्दी में 'चीज़' (वस्तु) का अर्थ अलग है और अंग्रेज़ी में अलग ('चीज़' यानी पनीर)। यही 'मनमानापन' है। याद रखने की तीसरी बात यह है कि भाषा हमेशा नयी होती है। सर्वेक्षण-अध्ययनों से पता चलता है कि बड़ी उम्र के शिक्षितों के दिमाग़ में 40,000 के आसपास शब्द होते हैं। हम यह जानते हैं कि हम, कम से कम सैद्धान्तिक तौर पर, इन सब शब्दों को

एक बहुत लम्बे वाक्य में एक साथ ला सकते हैं और यह भी कि जब-जब किसी के द्वारा कोई वाक्य बोला जाता है, वही वाक्य दुनिया के इतिहास में दोबारा नहीं बोला जायेगा! यही उस के नयेपन की कमाल की विशेषता है। मेरे ख़याल से अब तक भाषा के इन 'साहित्यिक' पहलुओं पर यानी नयापन और रचनात्मकता पर, आवश्यक बल नहीं दिया गया है। तो मैं लैंग्वेज (language) को इस तरह परिभाषित करती हूँ। 'एल' 'लेक्सिकन' (यानी शब्दकोश) और 'लेक्सिकल सीमेंटिक्स' (यानी शब्दों के अर्थ) का प्रतीक है; 'ए' 'आरबिट्रेरीनेस', 'एम्बिगुइटी' तथा 'एब्स्ट्रैक्शन' (यानी मनमानापन, अनेकार्थकता तथा अमूर्तता) का प्रतीक है; 'एन' 'नॉवल्टी' यानी नयापन के लिए है और 'जी' 'ग्रामर' यानी व्याकरण तथा वाक्य-विन्यास का प्रतीक है, जो असल में भाषा के केन्द्र में हैं। 'यू' 'यूसेज' यानी उपयोग के लिए है, जब कि 'ए' भाषा की 'अनॉमलीज़' यानी अनियमितताओं या असंगतियों का प्रतिनिधित्व करता है जब कि ये शिक्षणशास्त्र के नज़रिये से भाषा का एक और ऐसा पहलू है जिस पर ध्यान नहीं दिया गया है। उदाहरण के लिए, एक बच्चे को हकलाने की समस्या हो सकती है या वह ऑटिज़्म[2] या डिस्लेक्सिया[3] जैसी दिक़्क़तों का शिकार हो सकता है जिनकी वजह से भाषा के लिखने या बोलने में कठिनाई होती है। ऐसे मामलों में हमें भाषा से सम्बद्ध असंगतियों का अध्ययन करना होगा। ख़ास तौर से भाषा-शिक्षण में एक और अध्ययन करने लायक पहलू भाषा की विकासात्मक प्रक्रियाओं का है। भाषा से सम्बद्ध याद रखने वाली बात में 'लैंग्वेज' का दूसरा 'जी' मेरे लिए भाषा ग्रहण करने या उस की 'ग्रोथ' यानी प्रगति की ज़रूरत से जुड़ा है। अन्त में 'इवोल्यूशन' तथा 'इमोशन' (यानी विकास क्रम तथा भावना) के लिए है, जो इस तथ्य का द्योतक है कि भाषा का सीखना कुल मिला कर भावनात्मक प्रगति के साथ चलता है और उसे बढ़ावा देता है। आप अगर 'लैंग्वेज़' की इन में से प्रत्येक विशेषता को देखते हैं, तो मेरा विश्वास है कि आप उन्हें 'एफ.एल.बी.' या भाषा के 'मोटे तौर पर परिभाषित' पहलुओं के साथ सम्बद्ध कर पायेंगे, जिन के साथ प्रत्येक भाषा-शिक्षक को जूझना पड़ता है।

राकु : हमारी कक्षाओं में विद्यार्थियों की विविधता को ध्यान में रखें तो आपके विचार से एक शिक्षक को किस प्रकार उस का सामना करना चाहिए?

2. बचपन में होने वाला एक मानसिक विकार जिस की वजह से पढ़ने-लिखने में कठिनाई, लोगों और दुनिया को जानने-पहचानने में अक्षमता, भाषण-अक्षमता आदि कमज़ोरियाँ उत्पन्न हो जाती हैं।

3. पाठन-क्षमता में विकार।

रुभाना : अगर हम अमेरिका में कक्षा की विविधता की तुलना भारत की कक्षा की स्थिति से करते हैं, तो हमें एक दिलचस्प अन्तर देखने को मिलता है। अमेरिका में स्पैनिश, चाइनीज़, हिन्दी, गुजराती और अन्य 'प्रवासी' भाषाओं को कक्षा में सुरक्षित रखा जाता है, लेकिन वास्तव में, गली और बाज़ार की भाषा, लगभग हमेशा ही अंग्रेज़ी होती है। हमारे यहाँ स्थिति उलट जाती है। हमारे आसपास सब जगह विविधता है, लेकिन कक्षा में हम इस विविधता को क़ाबू करने की कोशिश करते हैं। हम कहते हैं : यह अंग्रेज़ी की कक्षा है, इसलिए इस में अंग्रेज़ी ही सीखो; यह गणित की कक्षा है, इसलिए इस में गणित ही पढ़ाया जायेगा; यह हिन्दी की कक्षा है, तो अभी बस हिन्दी सीखो। आदर्श तौर पर तो एक भारतीय कक्षा को हमारी गलियों की विविधता को, इतनी भाषाओं और उनकी शैलियों, स्तरों या स्वर-विस्तार के विभिन्न रूपों को प्रतिबिम्बित करना चाहिए। आप द्वारा पूछा गया सवाल तो असल में यह है : हम इस विविधता के साथ कैसे पेश आयें और किस तरह हम इसे अपनी कक्षाओं में लायें। इस के प्रति कई नज़रिये हैं और यहीं पर 'बाल-केन्द्रित' अधिगम महत्त्वपूर्ण हो जाता है।

कक्षा का कमरा वह स्थान है, जहाँ हम भाषाओं के परस्पर सम्बन्ध के लिए खुले तौर पर कुछ निश्चित इन्तज़ाम करते हैं। मेरे ख़याल से अब हमें 'भाषा' के बारे में बच्चे की समझ को भी कक्षा में लाना चाहिए। उदाहरण के लिए, एक ऐसी कक्षा जिसमें सिर्फ़ एक तमिल बच्ची है, जब कि वहाँ हिन्दी का ज़्यादा इस्तेमाल होता है, ऐसी कक्षा में तमिल भाषी बच्ची अत्यन्त मूल्यवान हो जाती है, क्योंकि वह हिन्दी-भाषी बच्चों के स्वचिन्तन में इज़ाफा कर सकती है। इस अकेली बच्ची द्वारा बोली गयी भाषा से प्रदर्शित हो सकता है कि तमिल भाषा के संरचनात्मक ढाँचे किस तरह हिन्दी से भिन्न हैं और हमें सम्प्रेषण के विभिन्न रंगों के बारे में जानकारी मिल सकती है। इसलिए इस सन्दर्भ में मेरे ख़याल से शिक्षक के लिए सच में महत्त्वपूर्ण/निर्णायक है कि वह प्रत्येक बच्चे के भाषा प्रयोग को अलग से देखे-चुने और सम्पूर्ण कक्षा को एक रंगत में न रंगे। हम अपनी विविधता से सीखें और अलग दिखाई देने वाले बच्चों को कभी उपेक्षित न करें; जो या तो अलग तरह की सामर्थ्य रखते हैं या अलग भाषा बोलते हैं या फिर वह बच्ची भी, जो एक कोने में बैठी हो और किसी से बिल्कुल बात न करे! इन सब अन्तरों को केन्द्र में लाने की ज़रूरत है न कि भुला दिये जाने की। उन्हें कक्षा की मुख्य धारा में लाया जाना चाहिए क्योंकि ये भाषायी प्रथाएँ पर्याप्त

एवं दिलचस्प ढंग से अलग हो सकती हैं और हम उन से सीख सकते हैं और उनसे सिद्धान्त बना सकते हैं। ऐसे में एक बच्ची कक्षा में ज्ञान का एक महत्त्वपूर्ण स्रोत बन जायेगी जिस से विविधता बढ़ेगी न कि दबेगी। 'बच्चों से सीखने' का यह तरीक़ा एक भारतीय कक्षा के लिए प्रासंगिक है क्योंकि गली की विविधता स्वाभाविक तौर पर भारतीय कक्षा में भी देखने को मिलती है। शिक्षक नवाचारी शिक्षण विधियाँ विकसित कर सकते हैं जिन के तहत भाषाओं की एक दूसरे से तुलना की जा सकती है और उनके बीच अन्तर किया जा सकता है और यह कक्षा में पहले से मौजूद ज्ञान के दम पर हो सकता है।

राकु : मुझे पक्का यक़ीन है कि आप एन.सी.ई.आर.टी. के दस्तावेज़ एन.सी.एफ. 2005 से परिचित होंगी। इस में सुझाया गया है कि बच्चों की भाषाओं को एक संसाधन के रूप में इस्तेमाल किया जा सकता है। भाषा-शिक्षकों के दिन-प्रतिदिन के शिक्षण के लिए इसके शिक्षाशास्त्रीय निहितार्थ क्या हैं?

रुभाना : हाँ, यह बात सही है। लेकिन हम सभी जानते हैं कि हमारे शिक्षकों पर कक्षा में बहुत दबाव रहता है। उन्हें 'पाठ्यक्रम पूरा करने' की और अलग-अलग तरह की समयबद्ध गतिविधियाँ पूरा करने की चिन्ता रहती है। इसलिए हम शिक्षकों से यह आशा नहीं कर सकते कि वे लगातार नवाचारी बने रहें और नये-नये तरीक़े इस्तेमाल में लाने की कोशिश करते रहें। लेकिन मेरा यह मानना ज़रूर है कि कक्षा में एकत्र किये गये संसाधनों के संग्रह को दिलचस्प तरीक़ों से अनुसन्धान के लिए इस्तेमाल किया जा सकता है। मिसाल के तौर पर एक अध्ययन में हमने एकभाषीय, हिन्दी और तमिल बोलने वाले बच्चों से तीन साल के लम्बे समय के दौरान नमूने बानगी के तौर पर एकत्र किये। हम यह काम तो कर ही सकते हैं कि कहानियों, बच्चों की भाषा आदि के इसी तरह के संग्रह बनायें, जिन्हें फिर कक्षा में शिक्षण सामग्रियाँ तैयार करने और अनुसन्धान की बुनियाद के तौर पर इस्तेमाल किया जा सके। हम भारत के विभिन्न क्षेत्रों से, सामान्य बातचीत के संग्रह बनाने से शुरुआत कर सकते हैं, जिसमें ज़रूरी नहीं है कि सिर्फ़ बच्चे की भाषा ही हो—क्योंकि इस तरह की सामग्रियाँ इस बात को देखने के लिए अच्छी हैं कि एक विकसित होते बहुभाषीय सन्दर्भों में भाषा की परस्पर अन्तःक्रिया किस तरह काम में करती है। असल में तो यह हमें वापस 'प्रैग्मेटिक्स' के बारे में कही मेरी बात पर ले जाता है कि हमें शायद भाषा के साथ व्याकरण के कड़े सम्बन्ध के बजाय शब्दों के प्रयोग और दुनिया

के साथ शब्दों के सम्बन्ध से शुरुआत करनी चाहिए। अगर हम भाषा सीखने के 'बाल-केन्द्रित' बहु-भाषीय और बहुआयामी नज़रिये के विचार को विकसित करना चाहते हैं तो मेरे ख़याल से हमें भारत की क्षेत्रीय विविधता के हवाले से और अधिक काम करते हुए कक्षा में प्रयोग करने लायक सामग्रियों को एकत्र करना चाहिए।

राकु : भाषा-शिक्षण के तरीक़ों की बात करते समय भाषा पर शोध करने वाले कुछ लोग आधुनिक समयकाल को उत्तर-आधुनिक समयकाल कहते हैं। भाषा-शिक्षक के लिए इस के क्या निहितार्थ हैं?

रुभाना : यह एक दिलचस्प सवाल है। असल में 'प्रणाली' का एक महत्त्वपूर्ण पहलू यह है कि किसी एक पद्धति के साथ आप कक्षा के अन्दर क्या कुछ कर पाते हैं। पाठ्यपुस्तक में दी गयी पद्धति एक बात है लेकिन जब आप उसे कक्षा के अन्दर लाते हैं तो वह प्रभावी तौर पर 'पद्धति-पश्चात' बात हो जाती है। मिसाल के तौर पर, वृत्तान्तों, कहानियों का कक्षा में शिक्षणशास्त्र की तरकीबों के रूप में इस्तेमाल एक जानी-पहचानी पद्धति है। लेकिन पहली बात तो यह उठती है कि कहानियाँ महत्त्वपूर्ण हैं क्यों? यह शोध का सवाल होने के साथ-साथ शिक्षण पद्धतीय सवाल भी है। मेरे शोध में मेरी अपनी दलील 'पुनरावर्तन' पर केन्द्रित रही है, जिसे, जैसा कि पहले ही चर्चा में आया है, चोम्स्की के विचार के मुताबिक इंसानों में भाषा की सामर्थ्य को परिभाषित करने वाली केन्द्रीय विशेषता माना जाता है। आप डैन एवरेट्ट और चोम्स्की के बीच हाल में चले विवाद के बारे में जानते होंगे। डैन एवरेट्ट का मानना था कि एमेज़ोनियन पिरहा की भाषा में पुनरावर्तन नहीं है और यह बात भाषा-विज्ञान सम्बन्धी चोम्स्की के केन्द्रीय सिद्धान्त के एकदम विरुद्ध जाती है। एवरेट्ट का कहना था कि पिरहा लोग सिर्फ़ सामान्य-साधारण वाक्य बोलते हैं न कि जड़बद्ध वाक्य या व्याकरण के सन्दर्भ में कहें तो वाक्य के बीच जोड़े हुए एक और वाक्य की पद्धति के तहत, जिसमें पुनरावर्तन की गुंज़ाइश रहती है। तो यह एक ऐसी भाषा थी जिसमें पुनरावृत्ति नहीं थी! लेकिन एक मज़ेदार बात जो इस चर्चा के दौरान सामने नहीं आयी, वह यह थी कि आख़िरकार एवरेट्ट को पिरहा भाषा में पुनरावर्तन प्रयोग मिला ज़रूर, लेकिन वह वृत्तान्तात्मक संरचना के रूप में मौजूद था न कि वाक्य-विन्यास संरचना के रूप में यानी वाक्य-विन्यास तो सामान्य-साधारण वाक्यों का सा था, मगर अवधारणाओं के एक-दूसरे के साथ

सम्बन्ध अन्तःस्थापित, पुनरावृत्ति वृत्तान्त के रूप में थे। यह तो हम जानते ही हैं कि वृत्तान्त/सब संस्कृतियों में पाया जाने वाला एक सार्वभौमिक डिस्कोर्स है और यह कारण-कार्य सम्बन्ध तथा तर्क सिखाये जाने के लिए भी अच्छा है। इसलिए कक्षा में वृत्तान्त के माध्यम से पढ़ाना दिलचस्प विषयवस्तु को लायेगा, बल्कि इस के चलते यह भी मुमकिन होगा कि भाषा की निहायत ही महत्त्वपूर्ण पुनरावर्तन की विशेषताओं की प्रकृति और विस्तार पर ध्यान केन्द्रित किया जा सके, जिन्हें हम संकीर्ण और व्यापक, दोनों तरह से परिभाषित कर सकते हैं।

राकु : क्या शिक्षण का कोई आदर्श तरीक़ा है या अलग-अलग शैलियों का इस्तेमाल सब से बेहतर है?

रुभाना : विभिन्न तरीक़ों की बात करें तो शुरुआत माँओं के सिखाने के तरीक़ों से करें! माँओं की सफलता की दर क़रीब-क़रीब 100 प्रतिशत है। लगभग सब बच्चे माँ तथा देखभाल करने वाले अन्य लोगों से भाषा सीख ही जाते हैं। कहा गया है कि 'सराबोर या लीन होने वाला तरीक़ा 'प्रथम भाषा में ज़्यादा बेहतर रहता है और माँएँ स्वाभाविक तौर पर यह तरीक़ा इस्तेमाल करती हैं। वे बच्चों को अपनी जानकारी की भाषा में लीन रखती हैं। बच्चे भी भाषा के इस टब में स्वाभाविक तौर पर तैरना सीखते हैं। हम माँ और बच्चे के इस जोड़े को देखते हैं तो पाते हैं कि माँ बहुत ही सरल तरीक़े से अपने बच्चे को जटिल अवधारणाएँ भी सिखा पाती है। मिसाल के तौर पर वह एक पक्षी की तरफ़ इशारा करती है और कहती है, "देखो, चिड़िया।" वह किसी एक दिशा की तरफ़ अँगुली करती है लेकिन बच्ची को यह पता नहीं चलता कि वह अँगुली सही-सही, सटीक तौर पर किधर की तरफ़ की जा रही है। न ही बच्ची को यह पता है कि 'चिड़िया' नाम की कोई श्रेणी भी इस दुनिया में है। धीरे-धीरे बच्ची को चिड़िया की क़िस्मों की जानकारी होती है—एक समय पर माँ कौए की तरफ़ इशारा करती है, किसी और समय गौरैया की तरफ़, लेकिन हर बार वह संकेत के साथ बोलती यही है—"देखो, चिड़िया!" बच्ची भी धीरे-धीरे समझने लगती है कि चिड़िया कोई सामान्य श्रेणी नहीं है क्योंकि कौए, गौरैया, मैना आदि सब 'चिड़िया' की श्रेणी में ही आते हैं। माँ-बच्चे की बातचीत के रोज़मर्रा के उदाहरणों से प्रदर्शित होता हैं कि कोई एक आदर्श तरीक़ा है जिस में 'लीन होना' इस रूप में शामिल हो सकता है कि बच्चे द्वारा भाषा सीख ली जाये। लेकिन यह अकेला तरीक़ा नहीं है।

दूसरी या तीसरी भाषा के मामले में शिक्षण के लिए हम प्रथम भाषा पर भी निर्भर करते हैं। यह दूसरा आदर्श तरीक़ा होगा। तीसरा तरीक़ा, जो मेरे ख़याल से बहुत महत्त्वपूर्ण है और जिसे अक्सर भाषाविदों द्वारा भुला दिया जाता है, 'किताब' है। पढ़ना सीखना एक अमूर्त क्षमता है। लेकिन किताब बच्चे को खुद में खींच लेती है। कहानी उसे आकर्षित करती है। हम बहुत कम ही किताब के बारे में सीखने के एक तरीक़े के तौर पर बात करते हैं लेकिन यह सीखने का एक महत्त्वपूर्ण अमूर्त तरीक़ा है। मुझे मालूम है कि भारत में तथा और जगह भी मुझ समेत बहुत से लोगों ने बोल-चाल के माध्यम से नहीं बल्कि मुख्य तौर पर किताबों के ज़रिये अंग्रेज़ी सीखी है। इस सन्दर्भ में मैं कहूँगी कि हमें यह नहीं भूलना चाहिए कि भारत में कई साहित्यिक 'पुस्तक' परम्पराएँ हैं। इस तरह तरीक़ों की या तरीक़ों के स्वरूपों की एक श्रेणीबद्ध व्यवस्था है, जिसमें केन्द्रीय स्थान किसी भाषा के माहौल में लीन/सराबोर होने का तरीक़ा हो सकता है। इसके अलावा हम साहित्य (कहानियाँ, कविताएँ आदि) का इस्तेमाल कर सकते हैं, करना ही चाहिए और अहम् बात है कि सीखने के लिए कल्पनाशील तरीक़ों से रोज़मर्रा की द्विभाषीयता का भी इस्तेमाल होना चाहिए।

राकु : मूलरूप से, हमें चुनाव करना होगा?

रुभाना : हम चुनाव तो करते ही हैं। हम चुनाव करते हैं और मेल भी करते हैं। यह इंसान की फ़ितरत है—इस बरताव में हमारे पास कोई चारा नहीं है! मिसाल के तौर पर, रवीन्द्रनाथ टैगोर कभी स्कूल नहीं गये। उन्होंने कोई औपचारिक शिक्षा हासिल नहीं की। लेकिन उनके कई शिक्षक थे, उनके पास सीखने का एक समृद्ध वातावरण था। इसलिए मैं कहूँगी कि सीखने के लिए हमें यह 'समृद्ध वातावरण' चाहिए, जिसमें एक से अधिक 'तरीक़े' स्वाभाविक तौर पर शामिल हों। हमें यह भी समझना चाहिए कि ऐसे माहौल में दोनों तरह के तत्त्व शामिल रहते हैं—'इन्द्रियों का शरीर के चालक-तन्त्र के साथ मिलन और सम्बन्ध' तथा 'अवधारणात्मक इरादतन मिलन और सम्बन्ध'। सीखने के लिए यह समृद्ध माहौल बहुत महत्त्वपूर्ण है क्योंकि भाषा की क्षमता अकेले नहीं चलती। वह हमेशा इन्द्रियों के साथ, भावनाओं के साथ सम्पूर्ण संसार से मिलने वाले योगदान के साथ मिलकर आगे बढ़ती है—अगर हमें 'सराबोर या लीन होने' के तरीक़े को उस के पूरे अर्थ में समझना है तो हमें इस बात को स्वीकारना होगा। समृद्धता में अन्य सभी प्रकार का 'सीखना' भी शामिल रहता है। इसलिए मैं

तो कहूँगी : भाषा सीखने के एक तरीक़े को किसी अन्य तरीक़े पर तरजीह देकर चुनने के बजाय आदर्श बात तो यह है कि सीखने का एक समृद्ध माहौल तैयार करें।

राकु : हालाँकि, चोम्स्की ने भाषा-शिक्षण के लिए सामान्य तौर पर कोई मुख्य सिफ़ारिश नहीं की है, क्या आप के विचार में इस के लिए उनके सिद्धान्त की कोई प्रासंगिकता है?

रुभाना : हम चोम्स्की के सिद्धान्त की सब से बुनियादी क़िस्म को लेते हैं, जिस के मुताबिक़ एक प्रजाति के तौर पर मस्तिष्क के काम करने की प्रक्रिया में हमारे पास पहले से तैयार मानसिक प्रतिरूप और बोध सम्बन्धी समानताएँ होती हैं। सवाल यह है कि 'जन्मजात भाषा-क्षमता' के हम सब में साझा होने के इस विचार को क्या हम शिक्षकों और विद्यालयों को शिक्षित करने के लिए इस्तेमाल कर सकते हैं? ज़ाहिर है कि हम यह कर सकते हैं। चोम्स्की कह रहे हैं कि हमारे पास कुछ साझा रूप में है और मेरे ख़याल से यह साझापन हर तरह के सीखने की बुनियाद है। असल में तो इस दलील को और व्यापक रूप देते हुए कला संकाय, सामाजिक विज्ञान, गणित, यहाँ तक कि हर विषय में शिक्षण के लिए भाषा को केन्द्रीय स्थान दिया जा सकता है।

भाषा की जिस क्षमता की बात चोम्स्की करते हैं, वह असल में सीखने के सब रूपों के लिए महत्त्वपूर्ण है हालाँकि वे शायद इस नज़रिये से सहमत न हों! मिसाल के तौर पर, यह शिष्टाचार और समाज में व्याप्त सांस्कृतिक भिन्नताओं से जुड़े विचारों के लिए महत्त्वपूर्ण है। भाषा विभिन्न प्रकार की सूचना-प्रणालियों से बोधात्मक बोझ लेती है और मस्तिष्क स्वयं भी एक जटिल सूचना-प्रणाली है। चोम्स्की का नज़रिया है कि भाषा की क्षमता बेजोड़ है क्योंकि वह हमें इन सब सूचनाओं को व्यवस्थित करने और इन्हें सोच-विचार के जटिल स्वरूपों के 'संगम' के तौर पर रूप देने में मददगार होती है। 'सोच-विचार सम्बद्ध सूचना का संगम' कर पाने की यह विशेषता मेरे विचार से 'पुनरावृत्ति' का निचोड़ है। इसलिए हम चोम्स्की से बहुत महत्त्वपूर्ण बात सीखते हैं। मुझे नहीं मालूम कि हम वाक्य-विन्यास के बारे में चोम्स्की की बातों को सीधे लागू कर सकते हैं या नहीं, मगर यह तो पक्का है कि भाषाशास्त्र का जो 'प्रोग्राम' वे अब प्रस्तुत कर रहे हैं, उसमें, जैसा कि वे खुद ज़ोर देकर कहते हैं, शरीरविज्ञानियों, मनोविज्ञानियों, मानव-मस्तिष्क द्वारा भाषा-क्रिया के चालन के अध्ययनकर्ताओं

यानी 'न्यूरोलिंग्विस्ट्स' के साथ मेल-जोल की ज़रूरत पड़ेगी। लम्बे दौर में कक्षा में शिक्षण के लिए इस से पक्के तौर पर दिलचस्प अन्तर्दृष्टि मिलेगी।

राकु : क्या आप इस हक़ में हैं कि कक्षा की भाषा में किसी भी भाषा के सबसे स्वीकृत और मानक रूप के इस्तेमाल की ही इज़ाज़त दी जाये? दिन-प्रतिदिन के जीवन में इस्तेमाल होने वाली भाषा की क़िस्मों के लिए आप क्या स्थान देखती हैं?

रुभाना : यह एक मुश्किल सवाल है। फ़र्गुसन के बाद से भाषा के 'मानकीकरण' पर बहुत काम हुआ है। लेकिन ध्यान दें कि एक कक्षा में बच्चों के एक साथ होने की प्रक्रिया में ज़बरदस्ती की बात तो क्या करें, मानकीकरण अपने आप, स्वाभाविक रूप से ही शामिल रहता है। गिनीज बुक के मुताबिक भारत में दुनिया की 1/6 आबादी है, दुनिया की 1/6 भाषाएँ भी यहाँ हैं यानी क़रीब-क़रीब 800 भाषाएँ। हाँ, गिनीज बुक की बात को ब्रह्मवाक्य मानने या न मानने का सवाल अलग है! फिर भी, 'आठ सौ भाषाएँ' होने का अर्थ क्या है? इस का अर्थ है कि हमारे पास भाषाओं की एक जबरदस्त, सदा से चली आ रही निरन्तरता का सिलसिला है और जब भी हमारे पास यह निरन्तरता होती है, और हम कोई एक मानक-भाषा सिखाना चाहते हैं जिसका इस्तेमाल सब के बीच साझा तौर पर होगा, तो हम भाषा के इनमें से कुछ रूपों को, ख़ास तौर से मौखिक रूपों को, चोट पहुँचा रहे होते हैं। इस तरह शिक्षा की प्रक्रिया में मानकीकरण के साथ ही एक ख़ास तरह की 'हिंसा' भी शामिल रहती है। यह सभी भाषाओं के साथ होता है। भारत में, और ख़ास तौर से आधुनिक समय में, सवाल यह है कि हम मानकीकरण सब से बेहतर तरीक़े से कैसे करें, क्योंकि चीन के बरअक्स हमारे यहाँ बहुत बड़ी संख्या में भाषाएँ ही नहीं, लिपियाँ भी हैं। हम बोले गये शब्द की, क्षेत्रीय क़िस्म की, समृद्धता को कैसे बचा कर रखें? मेरे विचार से भारत के भाषाविदों को ख़ास तौर से इस क्षेत्र में अनुसन्धान करने की ज़रूरत है, मौखिकता और लिखित कथन के दो ध्रुवों को एक साथ लाने की ज़रूरत है। जैसा कि मैंने अभी ज़िक्र किया, हमारे पास भारत में पूरी दुनिया की प्रणालियों के बराबर संख्या में लिखित प्रणालियाँ हैं! हमारे पास कम से कम बारह-तेरह ऐसी लिखित प्रणालियाँ हैं, जिन्हें लाखों लोग अक्सर इस्तेमाल में लाते हैं। आपको इस बात का सहज ही अहसास हो जाता है, जब आप हिन्दी-भाषी होने के नाते किसी बंगाली को बोलते हुए सुनते हैं और शायद उसकी कही बात का

चालीस से पचास प्रतिशत समझ लेते हैं। लेकिन अगर आप हिन्दी बोलने वाले व्यक्ति हैं और बाँग्ला लिपि सीख रहे होते हैं तो आप को यह जानी-पहचानी तो लगती है मगर उसे पढ़ना आप को बहुत ही मुश्किल लगता है। बोले गये शब्द के मुक़ाबले में लिपि कम छलनीदार, कम छिद्रिल होती है। 'मानकीकरण' के लिए इसके निहितार्थ ये हैं कि जब हम कुछ लिखते हैं, तो अन्य मौखिक प्रणालियों के साथ उसकी समानता को आंशिक तौर पर हटा या मिटा देते हैं। इसलिए लिखित प्रणालियों की आपस में तुलना करते समय हम ज़्यादा आसानी से कहते हैं कि यह बंगाली है, यह हिन्दी, यह तमिल आदि-आदि, हालाँकि उन सब का मूल एक है यानी ब्राह्मी लिपि। लेकिन इन सबका कक्षा में मौखिक और साक्षरता से जुड़े व्यावहारिक तौर-तरीक़ों पर क्या असर पड़ता है? इस बाबत मैं वापस उस बात पर जाती हूँ कि हम कक्षा में शिक्षण के कुछ हिस्सों के लिए मौखिक तरीक़े अपनाते हैं, जहाँ आज़ाद सोच और बहस-मुबाहिसे के दोहराव होते हैं—और फिर हम आम लिखित पैमाने भी इस्तेमाल में लाते हैं। मौखिक और लिखित तरीक़े एक-दूसरे के पूरक हैं। मानकीकरण लोगों को एक 'साझा भाषा' में बोलते और लिखते हुए एक-दूसरे के क़रीब आने के लिए मजबूर करता है और यह मानकीकरण आज़ाद भारत के जन्म से ही 1950 के दशक में भौगोलिक नज़र से बनाये गये 'भाषायी राज्यों' के अस्तित्त्व में आने से ही, हमारे मुल्क में काफ़ी हद तक हो चुका है।

राकु : क्या आप स्थानीय भाषाओं को 'विशेषाधिकार-सम्पन्न' भाषाओं की निरंकुशता से सुरक्षित रखने के लिए कुछ क़दम सुझा सकती हैं?

रुभाना : मेरे ख़याल से 'सार्वभौमिक साक्षरता' को एक साझा उद्देश्य होना ही होगा। लेकिन मेरे विचार से यह भी अफ़सोस की बात होगी कि इसे इतना ताक़तवर उद्देश्य बना दिया जाये कि मौखिकता के लिए दरवाज़े बन्द हो जायें। इसलिए मैं तो असल में कहूँगी कि जैसे-जैसे हमारी तकनीकें, हमारी प्रौद्योगिकियाँ प्रगति करती हैं, हमें उन्हें इस तरह इस्तेमाल करना चाहिए कि मानकीकरण की प्रक्रिया हमारी स्थानीय, मौखिक परम्पराओं के प्रति पहले से अधिक संवेदनशील हो। भाषा-विज्ञान हमें यही सिखाता है। आधुनिक भाषा-विज्ञान एक ऐसा विषय-क्षेत्र है जो जानते-समझते हुए साहित्यिक पाठ से दूर हो कर रोज़ की बोल-चाल के शब्दों की तरफ़ बढ़ा। लेकिन अभी भी आधुनिक भाषा-विज्ञान व्याकरण की अपनी ज़्यादातर मिसालों में भाषा के मानक रूपों का ही इस्तेमाल करता है यानी यह तो लगभग तय है कि मानकीकृत भाषा के इस्तेमाल की प्रक्रिया से बचा

नहीं जा सकता लेकिन हमें इस प्रक्रिया के भीतर ही एक संवेदन-तन्त्र बनाने की ज़रूरत है, जबकि मानकीकृत भाषा की ज़रूरत तो हमें शिक्षण में काफ़ी हद तक है ही, क्योंकि इसके बिना अपने विशाल देश में परीक्षाएँ करना मुमकिन नहीं होगा। लेकिन मौखिक, स्थानीय और असम्बद्ध, इधर-उधर के तत्त्वों को कक्षा में शिक्षण का केन्द्रीय हिस्सा और विश्वविद्यालयों में अनुसन्धान का भी हिस्सा बनना होगा। और एक बार फिर, मैं इस बात पर ज़ोर दूँगी कि भारत दुनिया की बेहतरीन जगहों में से है, जहाँ यह किया जाना चाहिए क्योंकि भारत की मौखिक परम्पराओं में बहुत गहराई है, वे बहुत समृद्ध हैं। मुझे लगता है कि यह कहना तो बेतुका है कि कक्षा में पढ़ाने के लिहाज़ से कोई मानकीकरण नहीं होना चाहिए। दूसरी ओर, यह कहना भी बेतुका ही होगा कि भारत जैसे देश में हम अपनी मौखिक परम्पराओं के प्रति असंवेदनशील होने का जोखिम उठा सकते हैं।

राकु : इसी से जुड़ा एक सवाल-कुछ ही देर पहले आप कह रही थीं कि जब हम 'पक्षी' कहते हैं, तब असल में पक्षी जैसी कोई हस्ती होती नहीं है।

रुभाना : जी, यह एक क़िस्म है, अमूर्त है, जिस के हमारे पास संसार में बस 'प्रतीकात्मक' उदाहरण हैं, जैसे कि गौरैया, कौए या पेंग्विन?

राकु : हमारे पास पक्षियों की सिर्फ़ क़िस्में हैं या 'प्रतीक'। ऐसी ही बात भाषा पर भी लागू होती है। जब हम हिन्दी या बंगला कहते हैं, तो ये सिर्फ़ ऊपरी शब्द हैं और फिर इन से जोड़ने वाली कई बातें हैं, जिनका असल में अस्तित्त्व है?

रुभाना : बिल्कुल। यह एक अच्छा समानान्तर उदाहरण है।

राकु : और फिर इन चीज़ों की कई अन्य क़िस्में हैं, कई अन्य भाषाएँ हैं जिनके सामने आज बहुत ख़तरे हैं?

रुभाना : ख़तरे में पड़ चुकी भाषाएँ।

राकु : सिर्फ़ आधिकारिक तौर पर दर्ज ख़तरे में पड़ी भाषाएँ ही नहीं। मैं भाषाओं का ज़िक्र इस रूप में कर रहा हूँ कि लोग कई बार दलील देते हैं कि भारतीय भाषाएँ अंग्रेज़ी की मौजूदगी की वजह से ख़तरे में हैं। इसी तरह कई स्थानीय भाषाएँ हिन्दी, बंगाली, मराठी और पंजाबी की तरह की हावी भाषाओं की मौजूदगी से ख़तरे में हैं। आप इन स्थानीय भाषाओं और क़िस्मों को हावी भाषाओं की निरंकुशता से बचाये रखने के लिए क्या सुझायेंगी?

रुभाना : हम विश्वास करना चाहते हैं कि हम एक लोकतन्त्र में रहते हैं जहाँ सब बराबर हैं। लेकिन जब हम अपने सामाजिक ढाँचे पर नज़र डालते हैं तो साफ़ जाहिर होता है कि सब बराबर नहीं हैं। जाति व्यवस्था है, रंगभेद है आदि आदि।

हज़ारों तत्त्व हैं जिन के चलते हमारा समाज एक श्रेणीगत व्यवस्था बना है। इसीलिए हमें संकीर्णता से वाक्य-विन्यास पर ही केन्द्रित नहीं रहना चाहिए। मुझे लगता है कि चोम्स्की भाषा के औपचारिक और सामाजिक पहलुओं के बीच के इस रिश्ते को गहराई से पहचानते हैं। उन के दो हाथ हैं या यूँ कहें कि दो ज़ुबानें हैं। एक ओर तो अपने कुछ काम में वे वाक्य-विन्यास और दोहराव वाली एक प्रणाली के तौर पर भाषा की ताक़त के बारे में बात करते हैं, और दूसरी ओर वे समाज और उस की बुराइयों के बारे में और इस बारे में बात करते हैं कि किस तरह संसार को बदला जा सकता है। इस तरह चोम्स्की ने पहले के मुक़ाबले ज़्यादा आज़ाद समाज के बारे में सोचने में योगदान दिया है, एक ऐसे समाज के बारे में, जहाँ श्रेणीबद्ध व्यवस्था की पकड़ ज़्यादा न हो। इस हिसाब से उन के यहाँ यह गुंज़ाइश है कि भाषा और समाज हाथ में हाथ लिए चलते हैं। मैं अक्सर कहती हूँ कि जब आप भारत में या और कहीं भी भाषा की स्थिति को देखते हैं, तो अन्य भाषाओं के साथ अंग्रेज़ी और हिन्दी जैसी कुलीन भाषाओं के रिश्ते की वजह से आप को एक बहुत ही ग़ैर-लोकतान्त्रिक व्यवस्था देखने को मिलेगी। भाषाएँ आप को सिखाती हैं कि लोकतन्त्र एक विचारधारा है जिसे सम्प्रेषित किया जाना है—हम उसे पहले से सम्प्रेषित मान कर नहीं चल सकते।

भाषा-विज्ञान में कहा जाता है कि सभी भाषाएँ विचार को बराबर तौर पर संचालित कर सकती हैं। ऐसा नहीं है कि कुछ पुरातन भाषाएँ हैं और कुछ ग़ैर-पुरातन और कुछ पिछड़ी भाषाएँ हैं और कुछ आगे बढ़ी हुई। ऐसी कोई श्रेणीबद्ध व्यवस्था नहीं है और यह हम सब का विश्वास है। लेकिन जब हम भाषाओं को व्यवहार में देखते हैं, तब सामाजिक तौर पर लोकतन्त्र की भारी कमी दिखाई देती है। आप पूछ रहे हैं कि हम इससे कैसे निपटते हैं? राजनीतिक नज़रिये से सही जवाब देने के बरअक्स ईमानदार जवाब देना हो तो वह मुश्किल भरा है। मिसाल के तौर पर, मैंने अपने विद्यालयों में कई अनौपचारिक सर्वेक्षण किये हैं। मैंने उन से कहा है : मैं तुम्हें विकल्प दे रही हूँ, कौन सी भाषा है, जिसे सीखने की तुम्हारी सब से अधिक इच्छा है? लगभग हमेशा ही उन का जवाब होता है—अंग्रेज़ी! फिर मैं दो शास्त्रीय भाषाओं के विकल्प देती हूँ—तमिल और मान लीजिए कि फ्रांसीसी। किसे चुनोगे, मैं पूछती हूँ। वे कहते हैं, फ्रांसीसी! फिर मैं उन्हें ब्रहू जैसी 'ख़तरे में पड़ी' भाषा और तमिल के बीच चुनाव का मौक़ा देती हूँ। किसे चुनेंगे वे? वे एकस्वर में कहते हैं—हम तमिल को चुनेंगे! इस छोटे से

प्रयोग से पता चलता है कि भाषा की श्रेणीबद्ध व्यवस्थाएँ कितने प्रबल लेकिन सूक्ष्म रूप से कक्षा में भाषाओं के चुनाव को प्रेरित करती हैं। लोगों के मन में भाषाओं की अलग-अलग क़िस्मों के लिए देख-रेख और लगाव का जज़्बा होना चाहिए। जीवों की विशेष प्रजाति होने के नाते भाषा के विचार से हमारी भावना जुड़ी है, उसके साथ हमारा जज़्बाती सरोकार है। बेशक हमें उसका ध्यान है लेकिन मुझे लगता है कि हमने अपने युवा-वर्ग को स्थानीय के साथ जज़्बाती जुड़ाव के लिए शिक्षित नहीं किया है। यह उपनिवेशीकरण के बाद की बात है, जाति और श्रेणीबद्ध-व्यवस्था पर आधारित हमारे समाज के ढाँचे का हिस्सा है। उन चीज़ों के बारे में ध्यान रखना हमें अभी भी सीखना है जिनकी कोई अहमियत हमें दिखाई नहीं देती, जैसे कि कई क़िस्मों की भाषाएँ जो हमारे यहाँ हैं, जब कि असल में एक व्यापक मानव-समुदाय के हिस्से के तौर पर स्वयं के बारे में हमारे अहसास के लिए उनका बहुत बड़ा योगदान है।

राकु : त्रिभाषा फार्मुला भारत की एकता और बहुभाषायी विविधता को सम्बोधित करने के लिए विकसित किया गया था। लेकिन उसकी सच्ची भावना के अनुरूप उसका अनुकरण नहीं किया गया। इस सन्दर्भ में भाषा से सम्बद्ध योजना-निर्माताओं के लिए आपकी क्या सलाह होगी?

रुभाना : मेरे ख़याल से यह तो स्पष्ट ही है कि समाज स्थिर नहीं होता। हो सकता है कि आज आप मैथिली के मुक़ाबले अंग्रेज़ी का ज़्यादा इस्तेमाल कर रहे हों। आप इस संसाधन का इस्तेमाल तो नहीं कर रहे मगर बहरहाल यह आपके पास है तो। एक समाज या देश इसी तरह विकसित होता है। हमारे पास भाषा के ये सब अनगिनत संसाधन हैं। त्रिभाषा फार्मुला ने मोटे तौर पर इस अन्तर्दृष्टि को पकड़ने की कोशिश की और एक समय में वह अच्छा भी था। यह ध्यान में रखते हुए कि अब हमारी आबादी का बहुत बड़ा हिस्सा युवाओं का है और अन्तर-क्षेत्रीय जुड़ावों को देखते हुए भी, अब उस पर एक बार फिर नज़र डालने की ज़रूरत हो सकती है। हमें उस फॉर्मुले पर पुनर्विचार तो करना ही चाहिए। लेकिन मातृभाषाओं की भूमिका महत्त्वपूर्ण और निर्णायक है। आई.आई.टी.डी. (इंडियन इंस्टिट्यूट ऑफ़ टेक्नोलॉजी, दिल्ली) में हाल में जो बड़े अध्ययन हमने माँओं के साथ किये हैं, यहाँ प्रासंगिक हैं क्योंकि हम ने जान-बूझकर माँओं और 'माँओं की बच्चों के साथ बोल-चाल' को अपने शोध के केन्द्र में रखा है। मातृ-भाषा और माँ-बच्चे के सम्बन्ध को या माँ द्वारा बच्चे के साथ व्यतीत किये

गये समय और उस की गुणवत्ता को, हमारे समाज में बहुत कम आँका जाता है। देखभाल करने वालों की भूमिकाओं को, गृहस्थ भूमिकाओं को, आम तौर पर ज़्यादा ही कम आँका जाता है।

हमारा भाषायी शोध खुले और साफ़ तौर पर कहता है कि अगर आप मातृभाषा में शिक्षा को सच में मूल्यवान समझते हैं, तो माँओं को अहमियत दीजिए! यह हमें वापस जेंडर और जाति पर आधारित भेदभाव पर ले आता है। कई भाषाविद् मातृभाषा के महत्त्व की बात करते हैं। लेकिन क्या वे माँ की बात करते हैं? 'मातृभाषा' को समझने में माँ की भूमिका असल में बहुत महत्त्वपूर्ण और निर्णायक है। 'माँ' शब्द का इस्तेमाल करते हुए मेरा अर्थ बच्चे के शुरुआती सालों में मूलरूप से उसकी देखभाल करने वाले से है। मिसाल के तौर पर, भारत के सब बच्चों के पास अब 6 से 14 साल तक महत्त्वपूर्ण 'शिक्षा का अधिकार' है। लेकिन हम शिक्षा के इस अधिकार को 0-6 वर्ष-समूह के बच्चों के विकास के साथ पर्याप्त रूप से नहीं जोड़ते और इस के लिए दलील यह दी जाती है कि यह क्षेत्र माँ और बच्चे के विकास से सम्बद्ध मन्त्रालय के अन्तर्गत आता है। इसलिए हम शिक्षाविद् इस पर नज़र नहीं डालेंगे। मेरे ख़याल से यह तंगनज़री है। हमें इन सब प्रगति-आधारित शृंखलाओं को एक साथ लाना होगा। आई.आई.टी.डी. में भावना और भाषा के परस्पर विकास के हमारे अध्ययनों से पता चलता है कि भाषा के विकास में सब से ज़्यादा अहमियत वाले मील के पत्थर जन्म से पाँच साल के दौरान आते हैं—यह बात हमारे ही अध्ययनों में नहीं बल्कि दुनिया भर के अध्ययनों में निकल कर आयी है। जन्म से पाँच साल का समय भाषा-विकास और कुल मिला कर बोधात्मक विकास, दोनों के लिए महत्त्वपूर्ण हैं। कक्षा में पढ़ने-पढ़ाने की पद्धतियों को विकसित करते वक़्त हमें इस बात को कभी नहीं भूलना चाहिए—किसी भी सूरत में नहीं।

राकु : हाल में सी.बी.एस.ई. ने सी.सी.ई. के नाम से आकलन का एक नया रूप लाया है। क्या आपको लगता है कि सी.सी.ई. के आने से सच में सीखने-सिखाने की स्थिति में बेहतरी आयी है?

रुभाना : सी.सी.ई. को अभी तक बहुत ही बेतरतीब तरीक़े से व्यवहार में लाया गया है। प्रत्येक स्कूल ने इसकी माँगों को अपने ही ढंग से समझा और व्याख्यायित किया है। निरन्तर-आकलन को व्यवहार में लाना, उसे सँभालना, असल में बहुत ही मुश्किल है और अब तक तो वैसे भी बच्चे के अन्तिम

मूल्यांकन पर सी.सी.ई. का कोई प्रभाव नहीं रहता। वह होना तो चाहिए, लेकिन हमारे पास उसके लिए कुछ ठोस क़दम होने चाहिए। आई.आई.टी.डी. में किये गये हमारे शोध के तहत हम तस्वीरों पर आधारित एक बोधात्मक सामर्थ्य पैमाने (कॉग्निटिव कैपेबिलिटी स्केल—सी.सी.एस.) का विकास एक सम्भव, आंशिक सूचक के रूप में इसी मक़सद के लिए कर रहे हैं। हमारे स्केल से आप द्वारा ज़िक्र किये गये निरन्तर आकलन के तरीक़े को तर्कसंगत बनाने की कोशिश की जायेगी। सामान्य तौर पर, इंसानों के तौर पर, हम लगातार, हर लम्हा, 'प्रतिक्रिया-चक्रों' के माध्यम से स्वयं का 'ऑनलाइन' आकलन करने के लिए बने हुए हैं!

राकु : क्या सी.सी.ई. से शिक्षण बेहतर हुआ है?

रुभाना : हमारे पास इस तरह का मूल्यांकन पहले नहीं रहा है, इसलिए हमारे पास कोई ख़ास 'फीडबैक' नहीं है। लेकिन हम इस नतीजे पर पहुँच सकते हैं कि क्योंकि सबको लगता है कि यह अच्छी चीज़ है, इसलिए हमारे स्कूलों में सी.सी.ई. होना चाहिए। मगर इसे लागू किये जाने के बारे में हमें शोध के आधार पर गम्भीरता से सोचने की ज़रूरत है।

राकु : एस.सी.ई.आर.टी. तथा एन.सी.ई.आर.टी. जैसी सरकारी संस्थाओं को कहा जा रहा है कि जीवन-कौशल, सड़क-सुरक्षा, जेंडर, जाति, रंग, यौन-उत्पीड़न आदि मुद्दों को कक्षा-दो या तीन से स्कूलों की पाठ्यपुस्तकों में शामिल किया जाये और इन सब का बोझ भाषा की पुस्तकों पर ही आता है। इस तरह के सुझावों पर आपकी क्या प्रतिक्रिया है?

रुभाना : पहली नज़र में सरलीकृत मूल्य-आधारित शिक्षण कारगर नहीं होता। हमारे मुल्क में प्राइमरी और सेकेंडरी स्कूलों में ज़्यादा नहीं तो क़रीब-क़रीब छः से दस लाख शिक्षकों की कमी है। इसके अलावा निरन्तर ग़ैर-हाज़िरी की बीमारी भी है। ये बुनियादी मुश्किलें हैं यानी शिक्षक हैं नहीं और हम नैतिक और राजनीतिक तौर पर इस तरह के, सही लीक पर चलने वाले शिक्षण की बात करते हैं! निहायत ज़रूरी है कि हम विषय-क्षेत्रों में प्रतिबद्ध शिक्षकों को फ़ौरी तौर पर प्रशिक्षित करें। नीतिशास्त्र इस कोशिश का हिस्सा है और पहले से ही ज़रूरत से ज़्यादा बोझिल पाठ्यक्रम में 'अच्छे विषयों' को जोड़ना सदाचार में शामिल नहीं है। अगले एक या दो दशक में इस प्रक्रिया में काफ़ी हद तक निवेश की ज़रूरत है। पहली बात तो यह कि जैसा कि मैंने पहले ही ज़ोर दिया है,

हमें छह साल की उम्र तक घर में होने वाले शिक्षण के महत्त्व और मूल्य को पहचानना होगा, इन घरों को समृद्ध करना होगा और माताओं और घर पर बच्चों की देखभाल करने वालों को सहायता देना होगी। दूसरी बात यह कि हम कॉलेजों के, जैसे कि आई.आई.टी. आदि के विद्यार्थियों को उन के सामाजिक प्रशिक्षण के हिस्से के तौर पर शिक्षण के लिए प्रयोग में ला सकते हैं। शायद हम उन्हें प्रेरित करने के लिए हरे रिबन वाले सर्टिफिकेट भी दे सकते हैं, जो उनके लिए उनकी इच्छा की कॉरपोरेट नौकरियों पर लगने में फ़ायदेमन्द भी हो सकते हैं! शिक्षकों की मौजूदा कमी को ध्यान में रखते हुए, हम कॉलेज के विद्यार्थियों को हमारे स्कूलों में बुनियादी गणित, बुनियादी पी.सी.एम. (भौतिकी, रसायनशास्त्र, गणित), बुनियादी भाषा और बुनियादी तकनीकी कौशल सिखाने के लिए 'स्रोत व्यक्ति' के तौर पर काम करने के लिए प्रोत्साहित कर सकते हैं। इस तरह के क़दम से इन कॉलेज विद्यार्थियों का संवेदीकरण भी होगा और उनमें इस समाज का हिस्सा होने का अहसास भी बैठाया जा सकेगा।

राकु : उन्हें स्कूल में शिक्षण के संसाधन के तौर पर हमें कब प्रयोग करना चाहिए?

रुभाना : कम से कम तब तक, जब तक कि हम अपने राज्यों में शिक्षकों की मौजूदा कमी को पूरा न कर सकें! हमें इस तरह की सेवा को ऐसा बनाना होगा जिस का मूल्य भी समझा जाये और जो विद्यार्थी पर एक बोझ की तरह न देखी जाये। हमारे जैसे समाज में ऐसे नये तरीक़ों की ज़रूरत है जब कि हमारे पास बहुतायत में मानव संसाधन हैं और उसी के साथ प्रतिबद्धताओं और पूर्वाग्रहों का एक जटिल जाल भी है। मिसाल के तौर पर हो सकता है कि एक माँ अपने लड़के और लड़की में कोई फर्क़ न माने लेकिन समाज उसे इस तरह के 'अन्यायपूर्ण' विकल्प चुनने के लिए बाध्य करता है। अगर हम माँ द्वारा अपने बच्चों को 'शिक्षित करने' के व्यवहार को देखें, तो हम कह सकते हैं कि माँओं से हम लोकतन्त्र के बारे में कुछ न कुछ महत्त्वपूर्ण सीखते हैं। एक माँ अपने बेटे और बेटी, दोनों के साथ जज़्बाती लगाव रखती है और दोनों के साथ बराबर का बर्ताव करने का रुझान रखती है लेकिन ज़रूरी नहीं है कि समाज भी ऐसा ही हो। सार की बात यह कि हमें शिक्षा में बहुत से लोकतान्त्रीकरण की ज़रूरत है और कुछ बातें माँओं और पारिवारिक वातावरण में रिश्ते-सम्बन्धों के ताने-बाने से सीखी जा सकती हैं; लोकतान्त्रिक शिक्षा के अन्य रूप स्वयंसेवी

भाव से स्कूली बच्चों को पढ़ाने वाले कॉलेज-विद्यार्थियों से आ सकते हैं और वरिष्ठ नागरिकों से भी।

राकु : प्रैग्मेटिक्स में आपकी गहरी दिलचस्पी रही है। क्या भाषा-शिक्षण के लिए इसके कोई महत्त्वपूर्ण निहितार्थ हैं?

रुभाना : प्रैग्मेटिक्स को आम तौर पर 'इस्तेमाल का सिद्धान्त' के रूप में परिभाषित किया जाता है। इसमें 'अवधारणात्मक इरादतन' व्यवस्था उस रूप में शामिल है, जिसमें वह भाषा में ज़ाहिर होती है। इसके अलावा प्रैग्मेटिक्स इस्तेमाल का ऐसा सिद्धान्त है जो अपनी बुनियादी व्याख्या में इस तथ्य पर आधारित है कि हम इस रूप में बने हैं, विकास क्रम में हमारे शरीर इस तरह निर्मित हुए हैं कि हमारे इरादों का दूसरे लोगों पर स्पष्ट किया जाना होगा। दूसरे शब्दों में हमारे सीनों पर कोई पारदर्शी स्क्रीन नहीं लगी है! इसलिए हम अपने इरादे 'बोलने की क्रियाओं' के माध्यम से स्पष्ट करते हैं। लेकिन भाषा भी एक नाकाफ़ी औज़ार है। इस लिए भाषा के साथ-साथ ग़ैर-मौखिक साधन, जैसे कि चेहरे के हाव-भाव (जो प्रभावी तौर पर 'संवेदी-शारीरिक' प्रणालियाँ हैं) को भी अपनी 'कही गयी बात का अर्थ' स्पष्ट करने के लिए प्रयोग में लाया जाता है। इस तरह प्रैग्मेटिक्स में इरादतन और अवधारणात्मक, वैचारिक सम्प्रेषण से सम्बद्ध क्षेत्र और अब पहले से भी अधिक, कम्प्यूटर के ज़रिये सम्प्रेषण समेत संवेदी-शरीर तन्त्र चालक क्षमताओं के साथ सम्बन्ध-सम्पर्क शामिल किये जाते हैं।

इस तरह के सिद्धान्त में इरादों का बहुत महत्त्व होता है और इंसान को, अधिकतर, भाषा-इस्तेमाल का 'इरादा रखने वाले' और किसी मक़सद से भाषा का प्रयोग करने वाले के रूप में देखा जाता है। यह वह बिन्दु है जहाँ प्रैग्मेटिक्स मस्तिष्क से सम्बद्ध सिद्धान्तों के भी परस्पर सम्पर्क में आता है, क्योंकि कई बातें हम हमेशा किसी उद्देश्य से ही नहीं करते। कई बातें हम अक्सर यह जाने बिना करते हैं कि हम ऐसा क्यों कर रहे हैं या फिर ग़लती से भी करते हैं। यह भी प्रैग्मेटिक्स का एक बड़ा क्षेत्र है यानी भाषा में ग़लतफ़हमियाँ। एक ही भाषा का प्रयोग करने वाले दो अलग-अलग संस्कृतियों के लोग एक-दूसरे की बात को बहुत ग़लत भी समझ सकते हैं। प्रैग्मेटिक्स अध्ययन का एक ऐसा क्षेत्र है, जिसमें आप शिष्टाचार और सामाजिक आदान-प्रदान के छोटे, महीन क्षेत्रों को देख सकते हैं। इस अर्थ में यह कई तरीक़ों से सामाजिक-भाषाविज्ञान (सोश्यो-लिंग्विस्टिक्स) के क़रीब है और भाषा के दर्शनशास्त्र और जीव-विज्ञान के भी।

राकु : प्रोफ़ेसर रुक्मिणी भाया नायर, आप से बात करना आनन्द की बात रही। *लैंग्वेज एंड लैंग्वेज टीचिंग* के पाठकों के साथ सूक्ष्म-दृष्टि से बात करने के लिए शुक्रिया।

रुभाना : शुक्रिया राजेश!

साक्षात्कारकर्ता	:	राजेश कुमार, भारतीय प्रौद्योगिकी संस्थान, मद्रास, चेन्नई के मानविकी एवं सामाजिक विज्ञान विभाग में पढ़ाते हैं।
email_ID	:	thisisrajkumar@gmail-com
अनुवादक	:	रमणीक मोहन
स्रोत	:	*लैंग्वेज एंड लैंग्वेज टीचिंग*, 4.2.8, 43-53, जुलाई, 2015।

महेन्द्र कुमार मिश्रा (मकुमि) की प्रोफ़ेसर देबी प्रसन्ना पटनायक (देप्रप) से बातचीत

देबी प्रसन्ना पटनायक, केन्द्रीय भारतीय भाषा संस्थान (सी.आई.आई.एल.), मैसूर के संस्थापक निदेशक (अब सेवानिवृत्त) ने भाषा अध्ययन के अन्तर्राष्ट्रीय नक़्शे पर भारत की जगह बनाने में महत्त्वपूर्ण भूमिका निभाई है। वे एक अति सम्माननीय समाजभाषी और भाषा वैज्ञानिक हैं और मातृभाषा में शिक्षा के मुद्दे पर अपनी आवाज़ उठाते रहे हैं। 1985 में अपने एक आलेख में वे कहते हैं, "हवा और पानी की तरह ही भाषा भी मानव समाज के लिए अपरिहार्य है।" जब प्राकृतिक जल इस तरह से बँट गया है कि समाज का एक हिस्सा पीने के पानी से भी वंचित हो गया है और प्राकृतिक हवा प्रदूषित हो रही है..., तब यह एक ग़ैर-बराबर समाज के लक्षण हैं। इसी तरह जब समाज द्वारा प्राकृतिक तौर पर इस्तेमाल की जाने वाली भाषा में पूर्ण अभिव्यक्ति को नकारा जाता है और इसकी ज़रूरतों को एक विनियमित और थोपी हुई भाषा के माध्यम से प्राप्त करने की कोशिश की जाती है, तब ग़ैर-बराबरी अपने पैर पसारती है।

पटनायक जी को 1987 में बोडो भाषा को औपचारिक रूप देने और भारतीय संविधान की आठवीं अनुसूची में इसे शामिल कराने में किये गये प्रयासों के लिए पद्मश्री से सम्मानित किया गया। इन्होंने उड़िया भाषा पर हुए शोध के दस्तावेज़ीकरण में भी अपना सहयोग दिया, जिसके चलते उड़िया भाषा को 'शास्त्रीय भाषा' होने का दर्ज़ा प्राप्त हुआ। पटनायक जी एक सफल लेखक भी हैं और उनके व्यापक रूप से पढ़े जाने वाले आलेखों में भारतीय समाजभाषाविज्ञान पर पर्चे (1978), भारत में बहुभाषावाद (1990) और बहुभाषावाद और मातृभाषा में शिक्षा (1981) शामिल हैं।

मकुमि : अपने पेशे के लिए भाषाविज्ञान को एक विषय की तरह चुनने के लिए आपको दिशा कैसे मिली? कौन-कौन आपके मार्गदर्शक रहे? क्या आप अपने समय के प्रमुख भाषाविदों के बारे में बता सकते हैं?

देप्रप : मेरे बचपन के दौरान हम बहुत सी जगहों पर रहे, मेरे पिता को गाँधी जी के साथ काम करने की वजह से टिगिरिया रियासत (अब उड़ीसा का हिस्सा) से निर्वासित कर दिया गया था। अलग-अलग जगह जाने की वजह से मेरा परिचय बहुत-सी बोलियों से हुआ और हाशिये पर रहते लोगों को देखकर मैं विचलित भी हुआ। मैं यह महसूस करने लगा कि न्यायिक प्रक्रियाओं, शिक्षा और शासन तक लोगों की पहुँच के रास्ते में भाषा एक प्रमुख बाधा है। मैं इस भाषा और इसके लोगों की संस्कृति को भी क़रीब से समझना चाहता था, इसलिए मैंने परास्नातक उड़िया भाषा में करने का निर्णय लिया। मैंने चार ग्रीष्मशीतकालीन सत्रों में भाग लिया और डेक्कन महाविद्यालय, पूना (अब पुणे) से भाषाविज्ञान में डिप्लोमा प्राप्त किया। उस समय भाषाविज्ञान में कोई स्नातकोत्तर कोर्स नहीं होता था। यू.जी.सी. ने यह निर्णय लिया कि भाषाविज्ञान में दो-वर्षीय-डिप्लोमा को भाषाविज्ञान में स्नातकोत्तर के बराबर माना जायेगा। इसके बाद भाषाविज्ञान में एक वर्षीय कोर्स के लिए रॉकफेलर छात्रवृत्ति के लिए मेरा चयन हो गया। तत्पश्चात् मैंने फ्रेंच भाषा में तीन-वर्षीय डिप्लोमा, भाषाविज्ञान में दो-वर्षीय-डिप्लोमा (एम.ए.) और कॉर्नेल विश्वविद्यालय से भाषाविज्ञान में पीएच.डी. प्राप्त की। प्रबोध बागची, भारतविद, जिन्होंने मुझे शान्तिनिकेतन आने का न्योता दिया था, वे मेरे पहले परामर्शदाता थे। अन्य प्रमुख परामर्शदाता थे एस.के. चटर्जी, डेक्कन महाविद्यालय के निदेशक एस.एम. कात्रे और गॉर्डन एच. फेयरबैंक्स। फेयरबैंक्स कॉर्नेल महाविद्यालय में मेरे शोध मार्गदर्शक थे और उन्होंने ही शान्तिनिकेतन से अमेरिकन इंस्टीट्यूट ऑफ़ इंडियन स्टडीज आने में मेरी सहायता की। एस.एम. कात्रे, एस.के. चटर्जी, टी.पी.एम. पिल्लै, टी.एन. श्रीकान्तैया, जी.जे. सोमैया, बाबू राम सक्सेना और बिश्वनाथ प्रसाद उस समय के प्रख्यात भाषाविद् थे। ए.एम. घाटगे, सुकुमार सेन, अगस्तेयालिंगम, एच.एस. बिलिगिरि, बी.एच. कृष्णमूर्ति और ब्रजेश्वर वर्मा भारत में इनके सहयोगी थे। पूरी दुनिया में सी.एफ. हॉकेट इस विषय के दिग्गज थे और चोम्सकी का नाम सुनने में आने लगा था। जे.आर. फर्थ, माइकल हैलिडे और जॉन ल्योंस भी प्रतिष्ठा की सीढ़ियाँ चढ़ रहे थे।

मकुमि : अमेरिका से लौटने के बाद आपने किस तरह भाषाविज्ञान पर अपना काम जारी रखा?

देप्रप : अमरीका से लौटने के बाद मैं शान्तिनिकेतन में भाषाविज्ञान विभाग की स्थापना करने की उम्मीद के साथ मैं वहाँ वापस गया, जिसके लिए यू.जी.सी. द्वारा आधिकारिक मंजूरी मिल चुकी थी। लेकिन जब ऐसा नहीं हो पाया तो मैंने उसे छोड़ने का फ़ैसला किया। मुझे दो प्रस्ताव मिले या तो रीडर के तौर पर आई.आई.टी. (कानपुर) से जुड़ जाऊँ या प्रधान भाषाविद के तौर पर अमेरिकन इंस्टीट्यूट ऑफ़ इंडियन स्टडीज के साथ काम करूँ। मैंने दूसरे प्रस्ताव को चुनने का फ़ैसला किया।

मकुमि : जब आपने निदेशक, केन्द्रीय भारतीय भाषा संस्थान (सी.आई.आई.एल.), मैसूर का पद ग्रहण किया, तब भाषाविज्ञान की एक विषय के तौर पर क्या महत्ता थी?

देप्रप : आधुनिक भाषाविज्ञान को रॉकफेलर फ़ाउंडेशन द्वारा संचालित प्रशिक्षण कार्यक्रमों की सहायता से स्थापित किया गया था। दिल्ली विश्वविद्यालय स्थित विभाग फोर्ड फ़ाउंडेशन की सहायता से स्थापित पहला केन्द्र था। इसके तुरन्त बाद ही उस्मानिया और अन्नामलाई विश्वविद्यालयों की स्थापना भी हो गयी थी। कलकत्ता, दिल्ली, गुवाहाटी और हिन्दी प्रदेशों में स्थापित भाषाविज्ञान विभाग फल-फूल रहे थे। भारतीय जनसंचार संस्थान (दिल्ली) और अखिल भारतीय वाणी एवं श्रवण संस्थान (ऑल इंडिया इंस्टीट्यूट फॉर स्पीच एंड हियरिंग) में भाषाविज्ञान विषय के तौर पर शामिल किया गया था। भाषाविज्ञान को केन्द्रीय हिन्दी संस्थान (के.एच.एस.), आगरा और केन्द्रीय अंग्रेज़ी एवं विदेशी भाषा संस्थान (सी.आई.ई.एफ.एल.) जिसे अब अंग्रेज़ी एवं विदेशी भाषा विश्वविद्यालय (हैदराबाद) कहा जाता है, मज़बूती प्रदान कर रहे थे। मैं इन सभी संस्थानों में उपयोगी और सकारात्मक भूमिका निभा रहा था।

मकुमि : भाषा और भाषाविज्ञान के प्रसार में सी.आई.आई.एल. (मैसूर) की भूमिका भारत में संचालित भाषाविज्ञान के अन्य विभागों से किस प्रकार अलग थी?

देप्रप : सी.आई.आई.एल. देश में सर्वोच्च संस्था थी। एक समन्वित भाषा नीति बनाना इसका कार्य था। ऐसा करने के लिए सी.आई.आई.एल. के निदेशक केन्द्रीय हिन्दी संस्थान (आगरा) और केन्द्रीय अंग्रेज़ी एवं विदेशी

भाषा संस्थान (सी.आई.ई.एफ.एल.) की प्रशासनिक समिति के सदस्य होते थे। सी.आई.आई.एल. ने देश के विभिन्न राज्यों में अपनी शाखाएँ स्थापित की। इसने राज्यों में भाषा विकास नीति सम्बंधित गतिविधियों का समन्वयन किया और सहायता प्रदान की। सी.आई.आई.एल. ने यू.जी.सी. एवं अन्य विश्वविद्यालयों में भाषाविज्ञान सम्बन्धी शोध का समन्वय किया व आधार भी दिया। इसने कई एनजीओ (ग़ैर सरकारी संस्था) को सुझाव दिये और उनकी गतिविधियों को देश की भाषा नीति के अनुरूप रखने हेतु निर्देशन भी दिया।

सी.आई.आई.एल. की अन्य मुख्य भूमिका राष्ट्रीय अखण्डता को भाषा के माध्यम से पोषित करना भी थी। इस लक्ष्य को प्राप्त करने के लिए सी.आई.आई.एल. ने त्रि-भाषा-सूत्र को लागू करवाने के लिए सकारात्मक क़दम उठाये। इन प्रयासों का परिणाम यह रहा कि भारत सरकार ने भाषा योजना बनाने में काफ़ी सक्रिय भूमिका निभायी और साथ ही लुप्तप्राय जनजातीय भाषाओं के अध्ययन के लिए एक नयी पहल की शुरुआत भी की। सरकार ने जनजातीय समूहों की भाषा पढ़ पाने वाले पाठकों को तैयार करने के लिए उपक्रम किये। 'नयी भाषा नीति की ओर' (Towards a new language policy) प्रकाशन को संयुक्त राष्ट्र द्वारा सराहा गया। सी.आई.आई.एल. की स्थापना के तीन वर्ष पश्चात नाइजीरिया सरकार की ओर से सी.आई.आई.एल. का अध्ययन करने के लिए उच्च स्तरीय प्रतिनिधिमण्डल भेजा गया ताकि वे अपने देश में भी ऐसे संस्थान की स्थापना कर पाये। सी.आई.आई.एल. से शुरू हुए भाषाविज्ञान ने भाषा और साहित्य को एक नया नज़रिया प्रदान किया। दुर्भाग्य से सी.आई.आई.एल. आज एक सीमित संस्था बन चुकी है और इसने खुद को ज़मीनी कार्य से अलग कर लिया है, फिर चाहे वह लुप्तप्रायः भाषाओं के अध्ययन का क्षेत्र हो या फिर शिक्षा, प्रशासन और जनसंचार में प्रयुक्त होने वाली भाषा के अध्ययन में भाषाविज्ञान के प्रयोग की बात हो।

मकुमि : भारत की भाषायी परिस्थिति बाक़ी दुनिया से किस प्रकार फरक है?

देप्रप : भारत एक बहुभाषीय और बहुसांस्कृतिक समाज है। मैं पहले भी कई जगह यह कह चुका हूँ कि विकसित देशों और तीसरी दुनिया के देशों में एक बुनियादी फ़र्क़ है। भारत में भाषायी विविधता किसी भी अन्य देश से ज़्यादा व्यापक और गहरी है। इसके समाजभाषायी सम्बन्ध ज़्यादा जटिल हैं। अपनी विभिन्न इकाइयों और कार्यक्षेत्रों की एक दूसरे के लिए पूरक प्रकृति होने के

चलते ही भारतीय सभ्यता बची रही है; अलग-अलग भाषाओं को आमतौर पर अलग-अलग गतिविधि कार्यक्षेत्रों से जोड़ा जाता है। जब भी इसे किसी पदानुक्रम से चुनौती मिली है, भाषायी संघर्ष हुए हैं। भारतीयों के लिए कई भाषाओं का प्रयोग करना आम है। भाषा चुनने की स्वतन्त्रता पर रोक-टोक परेशान करने वाली बात है और एक भाषा का विचार ग़ैर-किफ़ायती और बेतुका है। विकसित देशों के लिए एक भाषा होना आदर्श है, दो भाषाएँ होना परेशानी की बात है, तीन भाषाएँ होना ग़ैर-किफ़ायती है और चार भाषाएँ होना बेतुका है। जहाँ पश्चिमी समाज में जीवन अनुबन्ध-आधारित है, वहीं भारतीय समाज रिश्तों पर आधारित है। भारतीय समाज में भाषाएँ एक दूसरे की पूरक हैं जबकि एक-भाषी देशों में भाषाओं की प्रकृति सोपान क्रमिक (वर्ग/दर्जे) होती हैं।

मकुमि : सत्ताधारी लोगों द्वारा भाषा पर जो वर्गीकरण थोपा जाता है जिसके चलते सैकड़ों मातृभाषाएँ उपेक्षित हो जाती हैं, इस पर आपकी क्या प्रतिक्रिया है?

देप्रप : समय-समय पर वैचारिक कारणों के चलते भारतीय भाषाओं की सम्पूरक प्रकृति पर वर्गीकरण थोपा जाता रहा है। मेरा यह विश्वास है कि सत्ताधारी लोगों के बीच भारतीय भाषाओं की सम्पूरक प्रकृति पर पूर्ण स्वीकृति है, क्योंकि वे भी इसी पृष्ठभूमि से आते हैं और वे जानते हैं कि सत्ता हासिल करने में भाषा की एक महत्त्वपूर्ण भूमिका है। यह सच है कि प्रशासन और विधि ने अंग्रेज़ी का उपयोग करना जारी रखा है तब भी, जबकि यह आमजन की भाषा नहीं है। चूँकि हमारे देश या किसी भी राज्य में कोई भाषा नीति नहीं है, इस वजह से यह रिक्तता बनी रही है। एक योजना के तौर पर त्रि-भाषा-सूत्र एक प्रयास था भारतीय भाषाओं के क़रीब जाने का। यह कोई नीति नहीं थी, बल्कि एक कार्यक्रम था। यह स्कूल की पाठ्यचर्या में विदेशी, पड़ोसी या शास्त्रीय भाषा सीखने की जगह के बारे में कोई बात नहीं कहती।

मकुमि : राष्ट्रभाषा के तौर पर हिन्दी पर आपका क्या मत है? क्यों दक्षिण भारत के लोग राष्ट्र भाषा के तौर पर हिन्दी को स्वीकार नहीं करते?

देप्रप : मेरा मानना है कि भारत की सभी भाषाएँ, अंग्रेज़ी समेत, राष्ट्रभाषाएँ हैं। कोई भी राष्ट्र विरोधी नहीं है। हिन्दी राष्ट्रीय राजभाषा है। प्रमुख आधुनिक भारतीय भाषाएँ राज्यों की राजभाषा हैं। दक्षिण भारत के लोग हिन्दी के विरोध में नहीं हैं। जिस समय हिन्दी-विरोधी आन्दोलन अपने चरम पर था, दक्षिण भारत

हिन्दी प्रचार सभा के हिन्दी विषयों में पंजीयन कराने वालों में सबसे अधिक संख्या तमिलनाडु के लोगों की थी।

मकुमि : आपको ऐसा क्यों लगता है कि एक व्यापक सामाजिक दृष्टिकोण से और शिक्षा के क्षेत्र में मातृभाषा महत्त्वपूर्ण है?

देप्रप : मातृभाषा एक सापेक्ष अवधारणा है। मातृभाषा और अन्य भाषाएँ दो अलग-अलग बातें हैं। इन दोनों के बीच कोई दीवार या भेद नहीं है। यह तो एकभाषीय और एक संस्कृति वाले देशों ने भाषाओं के बीच भेद की अवधारणा खड़ी की है। भारत, अफ्रीका और एशिया जैसे बहुभाषीय सन्दर्भों में भाषा के बीच कोई दीवार नहीं है क्योंकि यहाँ हर कोई बहुभाषीय है। लेकिन एकभाषीय देशों में भाषीय दीवारें खड़ी की जाती हैं। बहुभाषीय स्थितियों में लोग एक भाषा से दूसरी भाषा में जा सकते हैं संज्ञान या संवाद के प्रवाह को तोड़े बिना।

एक व्यक्ति की मातृभाषा उसकी प्राथमिक पहचान की अभिव्यक्ति है। ये वह भाषा है जिसमें व्यक्ति अपने आसपास की दुनिया की समझ बनाता है और जिसमें अवधारणाओं के बनने की शुरुआत होती है। इसके अतिरिक्त मातृभाषा लोगों को राष्ट्र के पुनर्निर्माण में भागीदार बनने का समान अवसर देती है। यह उन सभी के लिए शिक्षा की अधिक पहुँच बनाती है जो अब तक इससे वंचित हैं। यह ज्ञान को चन्द सम्भ्रान्तों के चंगुल से आज़ाद कर यह सम्भव बनाती है कि अधिक से अधिक लोग एक-दूसरे से अन्तःक्रिया करें। मातृभाषा सूचना का विकेन्द्रीकरण भी करती है और नियन्त्रित मीडिया की बनिस्बत उसकी आज़ादी सुनिश्चित करती है। यह अधिकाधिक संख्या में विविध समूहों को राजनीतिक सहभागिता का बेहतर अवसर उपलब्ध कराती है और लोकतन्त्र की रक्षा करती है। मानकीकरण और वैश्वीकरण के नाम पर भी हम अपनी मातृभाषाओं को मारते जा रहे हैं। पर मातृभाषा पर आघात एक भाषायीहीनता को भी दर्शाता है, जहाँ सम्पन्न वर्ग की मानक भाषा का प्रभुत्व मातृभाषाओं को कलंकित करता है और अन्ततः लोगों के दर्जे के वर्गीकरण का कार्य करता है।

मातृभाषा में शिक्षा, एक अधिकार का मुद्दा है और साथ में हर बच्चे की ज़रूरत भी। यह समर्थ शैक्षिक सिद्धान्तों पर आधारित है। यह किसी भी संशय से परे सिद्ध किया जा चुका है कि जिस बच्चे को अपनी मातृभाषा का सही अनुभव मिला हो, वे अन्य भाषाओं में भी अच्छे होते हैं। वैश्वीकरण एक तरह का मोनो मॉडल है।

मकुमि : भारतीय सन्दर्भ में अंग्रेज़ी का क्या स्थान है?

देप्रप : वैश्वीकरण ने जैव-सांस्कृतिक और भाषायी विविधताओं को कम कर दिया है। इसका यह मतलब नहीं है कि हम अपनी पहचान खो चुके हैं। लोग कहते हैं कि एक भाषा सीखने के लिए हमें दूसरी भाषा को छोड़ देना चाहिए। लोगों का एक समूह यह भी कहता है कि भारत से अंग्रेज़ी को निर्वासित कर देना चाहिए। यहीं हम ग़लत हो जाते हैं। बजाय इसके हमें यह कहना चाहिए कि अंग्रेज़ी को अपनाना चाहिए क्योंकि यह आधुनिक कही जाने वाली भाषा और ऐतिहासिक या साहित्यिक रूप से प्रासंगिक भाषा के सन्दर्भ में देश की भाषायी वास्तविकता से सम्बंधित है। यह बहुत दुर्भाग्यपूर्ण है कि अंग्रेज़ी को अमीरों के हाथ में ग़रीबों के शोषण के उपकरण के तौर पर देखा जाता है या समाज में अमीर और ग़रीब के बीच एक दीर्घकालीन विभाजन की कल्पना की जाती है। अंग्रेज़ी का लोगों को जोड़ने वाले उपकरण के रूप में इस्तेमाल होना चाहिए न कि लोगों को तोड़ने के। मैं नहीं मानता कि अंग्रेज़ी प्रान्तीय भाषाओं का स्थान ले लेगी। हालाँकि, अंग्रेज़ी किस स्तर तक भारतीय भाषाओं के सम्पूरक और अनुपूरक की भूमिका निभायेगी, यह कई ग़ैर-भाषायी कारकों पर निर्भर करता है।

मकुमि : जनजातीय शिक्षा और भाषा पर आपका क्या मत है?

देप्रप : जनजातीय लोगों को पृथक रखा गया है और उन्हें मुख्यधारा की गतिविधियों में शामिल नहीं होने दिया गया है। अगर शिक्षा और विकास स्वयं के विकास का माध्यम हैं तो यही जनजातीय-शिक्षा का भी मक़सद या उद्देश्य है। हमें सुनिश्चित करना होगा कि जनजातीय लोग भी भागीदार बनें न कि विकास की प्रक्रिया में केवल साझेदार रहें।

मकुमि : आप प्राथमिक शिक्षा में बहुभाषीय शिक्षा को कैसे देखते हैं? किस प्रकार से उड़ीसा में बहुभाषीय शिक्षा बच्चों के सीखने में सहायक होगी? इसकी ताक़त और खामियाँ क्या हैं?

देप्रप : यह दुर्भाग्यपूर्ण है कि बहुभाषीय शिक्षा को जनजातीय शिक्षा की तरह देखा जा रहा है। यह आशा की जाती है कि सीमित बहुभाषीय शिक्षा जनजातीय संस्कृति को सुरक्षित रखेगी और उनमें हीन भावना को ख़त्म कर देगी। आशा यह भी है कि यह उन्हें बहुभाषीय भारत का हिस्सा भी बनायेगा। बहुभाषीय शिक्षा जनजातीय शिक्षा नहीं है। देश की सारी शिक्षा व्यवस्था बहुभाषीय शिक्षा के अन्तर्गत आनी चाहिए, बल्कि हमने जिस प्रकार राष्ट्रीय स्तर पर त्रि-भाषा-सूत्र को अपनाया है, हमें बहुभाषीय शिक्षा को राष्ट्रीय शिक्षा प्रणाली का स्वभाव मान

लेना चाहिए था। मातृभाषा को जोड़ लेने पर यह चार-भाषा-सूत्र हो जाता है। शास्त्रीय और विदेशी भाषाओं को जोड़ने पर एक भाषा और बढ़ जाती है। हमारा शिक्षा तन्त्र वैसे ही बहुभाषीय है।

मकुमि : विद्यालय में द्वितीय भाषा अधिग्रहण पर आपका क्या मत है?

देप्रप : द्वितीय भाषा अधिग्रहण के बारे में बहुत सी भ्रान्तियाँ हैं। कोई भी भाषा अपने आप में द्वितीय या विदेशी भाषा नहीं होती। भाषाओं का प्रथम या द्वितीय होना उनके विद्यालय में पढ़ाये जाने के आधार पर तय होता है। अगर केन्द्रीय या निजी विद्यालयों में पहले अंग्रेज़ी से परिचय कराया जाता है तो वह प्रथम भाषा बन जाती है। सरकारी विद्यालयों में यह द्वितीय, तृतीय या चतुर्थ भाषा भी हो सकती है। जब हम द्वितीय शब्द का प्रयोग करते हैं तो यह शिक्षण-शास्त्र के बारे में है। मेरे विचार में जो भाषा कक्षा में पढ़ाई जाती है और जिसमें बाह्य संसाधनों की ज़रूरत होती है, वह द्वितीय भाषा है। एक भाषा जो केवल कक्षा तक सीमित है, वह एक विदेशी भाषा है। कोई भाषा द्वितीय है या विदेशी, यह उसे पढ़ाये जाने के वातावरण पर निर्भर करता है। इसका मतलब यह कि एक स्थिति में बाह्य संसाधन उपलब्ध हैं और दूसरी स्थिति में भाषा केवल कक्षा तक सीमित है। यह फ़र्क़ है द्वितीय और विदेशी भाषा में।

मकुमि : क्या आप यह कहना चाहते हैं कि किसी विशेष क्षेत्र में उपयोग किया जा रहा शिक्षण शास्त्र वहाँ की सीखने-सिखाने की स्थितियों की भाषायी वास्तविकता पर आधारित होना चाहिए?

देप्रप : बिल्कुल, जैसे देखिए, उड़ीसा के आदिवासी घर पर जनजातीय भाषा बोलते हैं और बाहर राजकीय भाषा, उड़िया का प्रयोग करते हैं और हो सकता है कि एक तीसरी भाषा भी हो—'बाज़ार' की भाषा—जिसे वे संवाद के लिए प्रयोग करते हों। तो ऐसे परिवेशों में भाषा शिक्षण वहाँ की भाषायी वास्तविकताओं पर आधारित हो सकता है।

मकुमि : क्या आपको ऐसा लगता है कि यूरोप-केन्द्रित भाषाविज्ञान अध्ययन से भारतीय भाषाविज्ञान अध्ययन को फ़ायदा मिला है जबकि आपको यह ज्ञात है कि भारतीय भाषाविज्ञान के पास पाणिनि के समय से स्थापित हज़ारों सालों की वैज्ञानिक भाषाविज्ञान परम्परा है?

देप्रप : यूरोप-केन्द्रित अध्ययन एक सैद्धान्तिक और प्रणाली सम्बन्धी विकल्प के तौर पर आवश्यक है। क्योंकि हमारा सारा शोध टेक्स्ट आधारित है, समस्त मौखिक भाषाओं पर ज़ोर हमें हमारे यशस्वी मौखिक इतिहास की याद दिलाता है।

मकुमि : आपका पीपल्स लिंग्विस्टिक सर्वे ऑफ़ इंडिया (पी.एल.एस.आई.) को समर्थन देने का उद्देश्य क्या था जबकि भाषा सिद्धान्तकारों का कहना है कि इसका संकलन भाषाविज्ञान विषय के अनुरूप नहीं है?

देप्रप : पी.एल.एस.आई. उन भाषाओं का अध्ययन है जिन्हें लोगों ने बताया और जिन्हें वे समझते हैं। यह ऐसे भाषायी सर्वेक्षण से अलग है जहाँ भाषाओं के नाम भाषा पण्डितों द्वारा बताये जाते हैं और भाषाविदों द्वारा अध्ययन किया जाता है।

मकुमि : आज के आर्थिक उदारीकरण के दौर में आप भाषाविज्ञान को मानव विकास और तकनीक के बीच किस तरह सन्तुलन रखते हुए देखते हैं?

देप्रप : जब हम युवा थे, मार्क्स देववाणी था, मार्क्सिज़्म से बाहर आकर एक वैकल्पिक समाजवाद के बारे में सोचने में जैसे कि यूरोपीय-साम्यवाद की लगभग पीढ़ियाँ गुज़र गयीं। अभी आर्थिक उदारीकरण और तकनीक, सामाजिक बराबरी की राह में सबसे बड़ी चुनौतियाँ हैं। मुझे लगता है, भाषा लोगों में जागरूकता लाने का सबसे बेहतर माध्यम है। भारतीय समाज रिश्तों पर आधारित समाज है। पश्चिमी समाज अनुबन्धों पर आधारित समाज है। रिश्तों पर आधारित समाज को तोड़ने के लिए कई आर्थिक रणनीतियों का प्रयोग होता है, जिसमें से एक है खुदरा व्यापार में विदेशी धन। भारत विश्व में सबसे बड़ा खुदरा व्यापार आधारित समाज है, जहाँ हर आठ में से एक व्यक्ति खुदरा व्यापारी है। विदेशी धन के निवेश से मॉल खड़े करने से समाज को तोड़ा जा सकता है। एक अध्ययन यह दर्शाता है कि गुजराती महिलाएँ दुकानदार से अपनी भाषा में बात करने के अवसर के चलते मॉल की तुलना में किराने की दुकान को पसन्द करती हैं। जिस तरह अंग्रेज़ी भारतीय भाषाओं की जगह ले रही है, उसी तरह मॉल छोटी दुकानों को हटा रहे हैं। यह उन सभी को समझाये जाने की ज़रूरत है, जो विकास के लिए काम कर रहे हैं। इसे केवल सामाजिक न्याय की भाषा के जरिये समझा जा सकता है।

मकुमि : भारत में भाषाविज्ञान के विकास के सम्बन्ध आपका सपना क्या था? क्या वह पूरा हो पाया है? वे कौन से पहलू हैं, जिनकी उपेक्षा हुई है?

देप्रप : भाषाविज्ञान को हमारे देश में विकास के लिए प्रासंगिक होना होगा। ऐसा करने के लिए इसे कक्षा की सीमाओं से बाहर आना होगा। भारत एक

बहुभाषीय और बहु-सांस्कृतिक देश है। ऐसे देश का विकास तभी हो सकता है जब यह मान लिया जाये कि हर एक इकाई दूसरे की सम्पूरक है। वे लोग जो पश्चिम में हावी एकभाषी और एक संस्कृतीय समाज में विश्वास रखते हैं, वे इसकी सम्पूरक प्रकृति को बिगाड़ना चाहते हैं। इसकी वजह से भाषायी संघर्ष होते हैं। एशिया, अफ्रीका और लातीनी अमेरिका बहुभाषीय और बहु-सांस्कृतिक हैं। मैंने विकास को सतत रखने और पश्चिम के एक-रूपी सिद्धान्त को रोकने का प्रयास किया है। मुझे लगता है यह निरन्तर चलने वाली प्रक्रिया है। सपना, इसलिए, अभी पूरा होना बाक़ी है।

सन्दर्भ

1. पटनायक, डी.पी. (1978), *पेपर्स इन इंडियन सोश्योलिंग्विस्टिक्स*, मैसूर, सी.आई.आई.एल.।
2. पटनायक, डी.पी. (1981), *मल्टीलिंगुअलिज़्म एंड मदर टंग एजुकेशन*, दिल्ली, ऑक्सफोर्ड यूनिवर्सिटी प्रेस।
3. पटनायक, डी.पी. (1985), *डायवर्सिटी इन कम्युनिकेशन एंड लैंग्वेज : प्रीडिकामेंट ऑफ़ अ मल्टीलिंगुअल नेशनल स्टेट, एन. वूल्फसन एंड जे. मेंस (एडी.) लैंग्वेज ऑफ़ इनक्विलिटी* (पीपी. 399-408), एम्सर्डम : मूटॉन।
4. पटनायक, डी.पी. (1986), *स्टडी ऑफ़ लैंग्वेज : ए रिपोर्ट*, नयी दिल्ली, एन.सीई.आर.टी.।
5. पटनायक, डी.पी. (1990), *मल्टीलिंगुअलिज़्म इन इंडिया, मल्टीलिंगुअल मैटर्स*, 61 क्लेवडन, कैम्ब्रिज यूनिवर्सिटी प्रेस।

साक्षात्कारकर्ता : महेन्द्र कुमार मिश्रा एक लोककथाकार और बहुभाषीय शिक्षा के राष्ट्रीय सलाहकार हैं। वे शोध एवं कार्यक्रम समूह, शिक्षा, ICICI फ़ाउंडेशन फॉर इनक्लूसिव ग्रोथ, छत्तीसगढ़ में राज्य प्रमुख के तौर पर कार्य कर रहे हैं।

email : mkmfolk@gmail.com

अनुवादक : अंकित मौर्य, विद्या भवन सोसायटी, उदयपुर।

स्रोत : *लैंग्वेज एंड लैंग्वेज टीचिंग*, 5.1.9, 46-51, जनवरी, 2016।

मील का पत्थर

सीखने वाले की भाषायी दक्षता का आकलन एवं जाँच

गीता दुरइराजन

एक जीवन्त सामाजिक जीव होने के नाते, हम जीवन का एक बड़ा हिस्सा अन्य इंसानों से बातचीत में अथवा किसी और का लिखा हुआ कुछ पढ़ने में या किसी के लिए किसी चीज़ के बारे में कुछ लिखने में बिताते हैं। जब कभी भी हम कुछ सुनते हैं या जो लिखा है उसे पढ़ते हैं तो अवचेतन रूप से उस कथन का मूल्यांकन करते हैं। कथन के इस स्वाभाविक मूल्यांकन में उस व्यक्ति की भाषा क्षमता एवं दक्षता का मूल्यांकन भी शामिल है, जिससे हम बातचीत कर रहे होते हैं। हम मन ही मन सोचते हैं, 'अच्छी लेखिका है', 'बोलती अच्छा है' यानी जिससे भी हम बातचीत करते हैं : उसका हम मूल्यांकन अवश्य कर रहे होते हैं, परन्तु यह स्वाभाविक तथा अवचेतन रूप से होता है। इसके बिना दो व्यक्तियों के बीच संवाद अथवा पत्राचार सम्भव ही नहीं होगा। किसी व्यक्ति की भाषा क्षमता का मूल्यांकन अनिवार्य नहीं है पर बातचीत के मुद्दे का मूल्यांकन आवश्यक है।

माता-पिता तथा पालक होने के नाते भी हम अपने बच्चों की भाषा दक्षता का मूल्यांकन करते हैं। इस आधार पर कोई राय बनाने के लिए नहीं पर भाषा सीखने में उनकी मदद करने के लिए। इसी को भाषा अर्जन सहायता प्रणाली (language acquisition support system) का नाम दिया गया है (लास, ब्रूनर, 1978)। माता-पिता, पालकों एवं अपने से अधिक सक्षम साथियों से बातचीत से ही भाषा अधिगम सम्भव है। किन्तु औपचारिक शिक्षा के सन्दर्भ में यह अनौपचारिक मूल्यांकन के तरीक़े काफ़ी नहीं और विद्यार्थियों और सीखने वालों की भाषा दक्षता की जाँच और आकलन की ज़रूरत होती है।

इस संक्षिप्त पर्चे में, मैं केवल दूसरी भाषा के रूप में अंग्रेज़ी भाषा की जाँच और आकलन पर अपना ध्यान केन्द्रित करूँगी। पहले मैं मूल्यांकन, जाँच और आकलन में अन्तर पर बात करूँगी, फिर भाषा जाँच के इतिहास का संक्षिप्त

विवरण देकर वर्तमान रुझानों पर चर्चा करते हुए इस पर्चे को समाप्त करूँगी। इसमें बहुभाषी परिप्रेक्ष्य में भाषा की जाँच और आकलन शामिल है। किन्तु पर्चे में इस क्षेत्र में हो रहे नवीनतम शोध प्रचलनों अथवा परिणामों का व्यापक विवरण नहीं मिलेगा। इसके बजाय, इस पर्चे में प्रमुख रूप से हाल-फिलहाल में हुए काम पर दृष्टि डाली जायेगी अथवा ऐसे उभरते हुए मुद्दे उठाये जायेंगे जो कक्षा में काम कर रहे शिक्षक-शिक्षिकाओं को दिलचस्प लगें।

सीखने वाले की भाषा का मूल्यांकन, आकलन और जाँच

प्रत्येक व्यक्ति मूल्यांकन कर सकता है और करता भी है। शिक्षा के क्षेत्र में यह अनौपचारिक रूप से लगभग हर समय ही हो रहा होता है और शासन की माँग पर औपचारिक रूप से भी किया जाता है। विद्यार्थियों से बातचीत के दौरान, उनके सवालों से या उनके द्वारा हमारे सवालों के जवाब देते समय भी हम उनका मूल्यांकन करते हैं। जब वे कुछ लिखते हैं और उसे गृहकार्य अथवा उत्तर पुस्तिका के रूप में हमें देते हैं तब हम मूल्यांकन से आगे बढ़ उनके जवाब का आकलन करते हैं। जब ज़रूरत होती है तब हम परीक्षाएँ लेते हैं या उनकी भाषा दक्षता की जाँच या आकलन करने के लिए कार्य देते हैं।

जाँच एक "ऐसी प्रक्रिया है जो किसी ख़ास प्रकार के व्यवहार को उभारने के लिए बनायी गयी है जिसके आधार पर हम व्यक्ति के कुछ ख़ास गुणों के बारे में निष्कर्ष निकाल पाते हैं।" (केरॉल, 1968, पृ. 46) भाषा का प्रश्न पत्र एक उपकरण है; बच्चे प्रश्न पत्र हल करते हैं और उनके जवाबों के आधार पर हम कुछ निष्कर्ष निकालते हैं। यदि वे कई सवालों के सही उत्तर देते हैं, तब हम इस निष्कर्ष पर पहुँचते हैं कि वे अधिक दक्ष या सक्षम हैं। पर हमें यह नहीं भूलना चाहिए कि हमारा निष्कर्ष केवल एक परीक्षा के या कहें तो प्रदर्शन के एक नमूने (सैंपल) के आधार पर आया है। इसलिए हमारी यह कोशिश रहे कि हमारी परीक्षा एक प्रतिनिधि सैंपल हो जिससे हमारे निष्कर्ष वैध हों।

हम सभी जानते हैं कि हमेशा इन नमूनों को किसी व्यक्ति की वास्तविक क्षमता के प्रतिरूप या प्रतिबिम्ब के तौर पर नहीं लिया जा सकता। हो सकता है कि हमारे विद्यार्थियों ने किसी एक परीक्षा में अच्छा प्रदर्शन नहीं किया हो और योग्यता होने के बावजूद, उन्हें कम ग्रेड अथवा अंक मिले हों। ऐसी स्थिति में आकलन बहुमूल्य साबित होता है। भाषा की योग्यता का आकलन टर्म पेपर, प्रोजेक्ट, तथा प्रदत्त कार्य (असाइनमेंट) से किया जा सकता है। आकलन में

विद्यार्थी सोच पाते हैं कि उन्हें क्या करना है और क्या लिखना है और उन्हें अपने उत्तरों का संशोधन करने का भी समय मिलता है। यह माना जाता है कि विद्यार्थी प्रदर्शन के आकलन में कुछ ग्रेडिंग शामिल होगी और इस तरह यह अनौपचारिक मूल्यांकन, जो अवलोकन तक सीमित किया जा सकता है, से भिन्न है। तथापि भाषा जाँच के इतिहास में हम केवल मूल्यांकन (जो अब भी जारी है) से अलग-अलग जाँचने के अभ्यास पर प्रयोग (और कुछ के साथ काम) की ओर बढ़े हैं और यहाँ से अब हम वैकल्पिक आकलन अभ्यासों को बढ़ावा देने की ओर बढ़ रहे हैं।

भाषा की जाँच का इतिहास

भाषा की जाँच और आकलन का जो रूप आज हमारे सामने है, उसका इतिहास सौ वर्षों से भी कम है। यह सही है कि कई सदियों पहले भी विश्वविद्यालय स्थापित किये जा चुके थे और उनमें मौखिक एवं लिखित परीक्षाएँ होती थीं। पर ये परीक्षाएँ भिन्न-भिन्न विषयों जैसे दर्शनशास्त्र, विज्ञान, इतिहास में होती थीं और उन क्षेत्रों में ही महारत का मूल्यांकन करती थीं। इन परीक्षाओं में, भाषा का एक कौशल के रूप में मूल्यांकन कभी नहीं किया गया। प्रथम विश्व युद्ध के आसपास के समय पर कौशल के रूप में भाषा की जाँच एवं आकलन के प्रारम्भिक शासकीय दस्तावेज़ मिलते हैं। इनमें भाषा की दक्षता का मूल्यांकन किया गया। कौशल के रूप में भाषा (इस उदाहरण में अंग्रेज़ी) की जाँच को तीन चरणों में बाँटा गया। स्पोल्स्की ने इन्हें पूर्व-वैज्ञानिक (pre-scientific), मानस-मीति संरचनावादी (psychometric structuralist), और मनोभाषाविज्ञान-समाजभाषाविज्ञान (psycholinguistic-sociolinguistic) का नाम दिया (मौरो में उद्धृत्, 1979, पृ. 144)। अपने मौलिक लेख, कम्युकेटिव लैंग्वेज; रिवोल्यूशन एंड इवोल्यूशन में मौरो ने इन तीन चरणों का पुनः नामकरण कर इन्हें सुख की वाटिका (Garden of Eden), दुख की घाटी (Vale of Tears) और प्रतिश्रुत स्थल (Promised Land) का नाम दिया।

ये तीन चरण दो अन्य अध्ययन-विषयों में सीखने की प्रकृति (मनोविज्ञान) और भाषा की प्रकृति (भाषा विज्ञान) में विकसित हो रही धारणाओं के घटनाक्रम के प्रतिबिम्ब और प्रतिध्वनि हैं। जब हम सीखने की प्रकृति के इतिहास को देखते हैं तो तीन प्रमुख पैराडाइम परिवर्तन साफ़ दिखाई देते हैं–व्यवहारवाद से संज्ञानवाद और फिर सामाजिक निर्माणवाद। पहले दिमाग़ (mind) को कोरी

स्लेट (tabula rasa) के रूप में देखा जाता था और माना जाता था कि सीखना व्यवस्थित आदानों (input) तथा सकारात्मक एवं नकारात्मक प्रबलन से ही सम्भव है। संज्ञानवाद के उभरने के पश्चात इस सोच में बदलाव आया और माना जाने लगा कि हमारा दिमाग़ पैटर्न पकड़ने में सक्षम है और जो सिखाया जाता है, उसका रूपान्तरण करता है। सीखने वाले से, उसको हस्तान्तरित किये गये ज्ञान के महज दोहराव अथवा 'शून्य' उत्पाद से अधिक महत्त्व, ज्ञान के समायोजन और सम्मिलन को दिया जाने लगा। परन्तु सामाजिक निर्माणवाद के दर्शन को स्वीकारने के उपरान्त हम ज्ञान के सम्मिलन दृष्टिकोण से भी बहुत आगे निकल गये हैं। ज्ञान कभी भी न तो महज हस्तान्तरित होता है, न ही महज सम्मिलित होता है। आज हर सीखने वाले को ज्ञान की रचना में भागीदार माना जाता है। इसलिए अब चर्चा का केन्द्र ज्ञान की समझ अथवा बोध से होकर उसकी व्याख्या पर आ गया है। ऐसे पैराडाइम शिफ्ट भाषा की प्रकृति की समझ में भी दिखाई दिये। एक समय पर माना जाता था कि भाषा केवल शब्दों और वाक्यों से बनी है। बाद में संज्ञानात्मक उपकरण के रूप में भाषा को देखा जाने लगा। और अब सोच के लिए प्राथमिक उपकरण के रूप में भाषा को मान्यता दी जाने लगी है। उपयोगकर्ताओं की भिन्न-भिन्न समझ, जो उनकी पृष्ठभूमि पर निर्भर है, के अनुसार भाषा उपयोग में अत्यधिक विविधता दिखती है।

इन्हीं बदलावों की छवि अंग्रेजी भाषा की जाँच के तीन चरणों-पूर्व-वैज्ञानिक मानस-मीति संरचनावादी और मनोभाषाविज्ञान-समाजभाषाविज्ञान (psycholinguistic-sociolinguistic) के विकास में भी दिखाई दी। यदि मौरो की शब्दावली का प्रयोग किया जाये तो संरचनावादी युग से पहले आया समय सुख की वाटिका था। इसमें अंग्रेजी पढ़ाने की पद्धति मुख्यतः व्याकरण अनुवाद पर केन्द्रित थी और इसमें यह माना जाता था कि यदि विद्यार्थी अच्छा निबन्ध लिख पाते हैं तो उनकी इस क्षमता को भाषा दक्षता के समकक्ष रखा जा सकता है।

निबन्ध लेखन में भाषा सीखने तथा इस्तेमाल करने वाले भाषा के साथ क्या कर पा रहे हैं और क्या नहीं कर पा रहे हैं, यह समस्या नहीं थी, समस्या उसके मूल्यांकन के तरीक़े से जुड़ी थी। लम्बे-लम्बे निबन्धों का मूल्यांकन व्यक्तिपरक होता था जिस कारण अंक देने के मापदण्ड तय होने के बावजूद भिन्न-भिन्न जाँचकर्ता उन्हें अपने हिसाब से समझते और इस्तेमाल करते थे। इस तरह की

अंक-योजना की अविश्वसनीयता से काफ़ी मुश्किलें हुईं। जब परीक्षा-पत्र बनाने वालों, मूल्यांकनकर्ताओं और पाठ्यचर्या एवं पाठ्यक्रम निर्माण से जुड़े व्यक्तियों को आभास हुआ कि निबन्ध-लेखन दक्षता का तो अच्छा उदाहरण था पर इसकी विश्वसनीयता (ख़ास तौर पर अंक निर्धारण) में कमी थी, तब जाँचने पर उनकी सोच में 180 डिग्री का बदलाव आ गया।

इस 180 डिग्री के बदलाव के साथ भाषा जाँच ने दुख की घाटी या मानस-मीति संरचनावादी क्षेत्र में क़दम रखा। अब सिखाने के तरीक़े सुनने-बोलने अथवा संरचना पर केन्द्रित थे और अधिकांश जाँच वस्तुपरक होती थी। आम-तौर पर व्याकरण, शब्दावली, ध्वनि-विभेदन और पढ़ने-सुनने के बोध को बहुविकल्पीय प्रश्नों द्वारा जाँचा जाता था। अब जाँच वैधता से हटकर विश्वसनीयता पर केन्द्रित थी।

तीसरा चरण वह है जिसे मौरो ने प्रतिश्रुत स्थल के नाम से पहचाना। यह सम्प्रेषण की भाषा की जाँच का युग था। दैनिक जीवन से जुड़ी भाषा को जाँचने का सार्थक प्रयास किया गया और ऐसे टॉस्कों का इस्तेमाल करने की कोशिश की गयी, जिनमें सभी कौशल समेकित थे। भाषा दक्षता बहुआयामी और बहुकौशलीय है। इस गहरी समझ के साथ अब जाँच के केन्द्र में थे। परीक्षा की वैधता (ऐसा प्रामाणिक टॉस्क जो भविष्य में प्रदर्शन की पूर्व-सूचना भी दे पाये) तथा विद्यार्थियों के समेकित प्रदर्शन का विश्वसनीय तरीक़े से मूल्यांकन का प्रयास अर्थात यदि परीक्षा पत्र बनाने वालों और जाँचने वालों को पर्चे के एक हिस्से में निबन्ध लेखन को जाँचना होता तो वे उसके किसी अन्य हिस्से में ऐसे वस्तुपरक प्रश्न रखते जो व्याकरण और शब्दावली के उन पहलुओं को जाँचते जो निबन्ध लेखन में आवश्यक हैं। वैधता और विश्वसनीयता दोनों सुनिश्चित करने के लिए भाषा दक्षता के विभिन्न पहलुओं को तरह-तरह से जाँचा जाता। सम्प्रेषणात्मक भाषा जाँच की तरफ़ हुए इस रुझान को उचित साबित करने में सकारात्मक प्रतिवाह (पॉजिटिव वाशबैक) का सहारा लिया गया।

प्रतिवाह अथवा विपरीत प्रवाह को सीखने और सिखाने पर परीक्षाओं के प्रभाव के सन्दर्भ में इस्तेमाल किया जाता है (एल्डरसन और वाल, 1993)। जाँच और परीक्षाओं का सीधा असर सीखने-सिखाने पर पड़ता है (बेचमैन और पामर, 1996)। उदाहरण के लिए यदि प्रश्न-पत्र और परीक्षा, ज्ञान के पुनरोत्पादन पर केन्द्रित हैं तो कक्षा में भी ऐसे ही ज्ञान को सीखने और पढ़ाने पर ज़ोर दिया

जायेगा। वस्तुपरक बहुविकल्पीय प्रश्नों से कार्य आधारित जाँच की ओर बढ़ना, इस आशा से किया गया था कि इससे भाषा के सीखने-सिखाने पर सकारात्मक प्रभाव होगा और दक्षता में वृद्धि होगी। सीखने-सिखाने को जाँचने के अभ्यास ने बेशक प्रभावित किया और सम्प्रेषणात्मक (सम्प्रेषण) भाषा शिक्षण बहुत लोकप्रिय हुआ। आज भी जहाँ तक दक्षता की मानकीकृत जाँच का सवाल है। इसके लिए समेकित कौशलों की जाँच को ही प्राथमिकता दी जाती है। अधिकतर कोचिंग संस्थानों में अब केवल शुद्धता पर काम नहीं होता, उन्हें ऐसे कार्य भी कराने पड़ते हैं जो भाषा प्रवाह में सक्षमता भी बढ़ायें।

परन्तु शैक्षणिक सन्दर्भों में यह भी समझ आने लगा कि शिक्षण और जाँचने में केवल प्रतिवाह के लाभदायक प्रभाव का होना काफ़ी नहीं था। प्रत्येक संकलित जाँच अथवा परीक्षा (उपलब्धि परीक्षा) में विद्यार्थियों से निबन्ध लेखन या सवालों के जवाब देने की अपेक्षा होती थी, पर यह लेखन कार्य उन्हें एक निश्चित समय सीमा में एक बार में करना होता था (वीगल, 2002)। असल ज़िंदगी में, लेखन प्रक्रिया में, जो लिखना है उसके बारे में सोचना, विचारों को काग़ज़ पर लिखना, उन्हें व्यवस्थित करना, योजना बनाना, ड्राफ्ट लिखना, उसका संशोधन करना और उसे अन्तिम रूप देना सब शामिल है परन्तु परीक्षा में बैठने वाले विद्यार्थियों के पास इतना समय नहीं होता कि वे निबन्ध लिखने में इन चरणों से गुज़रें। इस प्रकार के 'तत्क्षणिक' लेखन के आधार पर विद्यार्थी की लेखन क्षमता के सम्बन्ध में हम जिस भी निष्कर्ष पर पहुँचेंगे उसमें भविष्यसूचक वैधता नहीं होगी। सम्भव है कि ऐसी परीक्षाओं में विद्यार्थियों का प्रदर्शन बुरा हो परन्तु वास्तविक जीवन में वे अच्छे लेखक हों।

समय सीमा में बँधे लेखन से जुड़ी ऐसी समस्याएँ दक्षता के अन्य पहलुओं जैसे बोलने, पढ़ने और सुनने में भी आती हैं। क्रोनबाक (1970) के अनुसार परीक्षा की परिस्थिति में, जहाँ विद्यार्थी से वास्तविक नहीं उच्चतम प्रदर्शन की अपेक्षा रहती है, परीक्षार्थी तनाव एवं दबाव महसूस करेगा और अपनी क्षमता से कम ही प्रदर्शन कर पायेगा। हालाँकि प्रमाणीकरण तथा संकलित मूल्यांकन के लिए जाँच एवं परीक्षा आवश्यक है और कुछ फेर-बदल करने पर इनसे सकारात्मक प्रतिवाह प्रभाव भी दिखता है फिर भी सीखने और सिखाने में ये बहुत उपयोगी नहीं हैं। सीखने-सिखाने में परीक्षाएँ कुछ जोड़ सकती हैं पर यदि जाँच को संचालक शक्ति मान लिया गया तो ऐसे हालात में शिक्षण का संचालन भी जाँच से होने लगेगा।

भाषा जाँच में वर्तमान रुझान

21वीं शताब्दी में भाषा जाँच में यह ख़ास क़दम लिया गया कि बड़े पैमाने पर होने वाली भाषा में दक्षता की परीक्षाओं, जिन्हें प्रवेश अथवा एकल प्रमाणीकरण के लिए इस्तेमाल किया गया, को शैक्षणिक सन्दर्भ में होने वाली भाषा की जाँच से अलग देखा जाने लगा। आजकल रचनात्मक मूल्यांकन और उसके साथ वैकल्पिक आकलन को संकलित वार्षिक परीक्षा जितना या उससे भी अधिक महत्त्व दिया जाने लगा है। यह विचार सतत और व्यापक मूल्यांकन के विचार से मेल खाता है, जिसे वर्तमान शैक्षिक सन्दर्भ में काफ़ी ज़रूरी समझा गया है। जाँच और आकलन को शिक्षण शास्त्रीय उपकरण, सीखने और सिखाने के अभिन्न अंग की तरह देखा जाता हैं। अब हम व्यवस्था-उन्मुख परीक्षाओं से शिक्षक निर्धारित परीक्षाओं की ओर बढ़ रहे हैं (दुरइराजन, 2015)।

इसी के समान्तर सीखने-सिखाने के उपकरण के रूप में अब हम सीखने के आकलन (अर्थात क्या विद्यार्थियों ने अपने उद्देश्य सफलतापूर्वक हासिल कर लिये हैं) के बजाय सीखने के लिए आकलन की ओर बढ़े हैं। अब हमारे ध्यान का केन्द्र विद्यार्थियों के उत्तर और उन पर शिक्षक द्वारा दिया गया वास्तविक फीडबैक है। बड़े पैमाने पर करायी गयी परीक्षाओं की उत्तर पुस्तिकाओं की जाँच विश्वसनीय है या नहीं पर चिन्ता करने के बजाय अब यह कोशिश है कि क्या जाँच और परीक्षा को सचमुच विद्यार्थी-केन्द्रित बनाया जा सकता है या नहीं। विद्यार्थियों से अपेक्षा है कि वह 'कर सकते हैं' (can-do) विवरण पत्रक की सहायता से वे अपनी क्षमताओं पर चिन्तन-मनन करें इसलिए अब सीखने के आकलन और सीखने के लिए आकलन के साथ सीखने के रूप में आकलन जुड़ गया है।

21वीं शताब्दी में यह नयी सोच भी उभर के आयी है कि प्रमाणीकरण तथा संकलित मूल्यांकन के लिए केवल निर्देशात्मक समय-सीमा में बँधी परीक्षाओं का सहारा लेना ज़रूरी नहीं हैं। अधिकतर स्कूलों के मूल्यांकन अभ्यासों में पोर्टफ़ोलियो, प्रदत्त कार्य तथा प्रोजेक्ट जैसे वैकल्पिक आकलन के तरीक़ों को शामिल किया जा चुका है। इन प्रदत्त कार्यों को करने के दौरान विद्यार्थियों के पास सोचने, योजना बनाने, लिखने, सम्पादन करने, संशोधन करने और फिर कार्य को जमा करने के लिए पर्याप्त समय होता है। प्रस्तुतीकरण से पहले विद्यार्थियों के पास जो वे अभिव्यक्ति करना चाहते हैं, उसकी योजना बनाने और रचना करने का समय होता है।

भाषा दक्षता पर अभी तक की चर्चा एकभाषी दृष्टिकोण से की गयी थी। पर अंग्रेज़ी को बहुत से देशों में, दूसरी या विदेशी भाषा का दर्जा दिया गया है। इसलिए सीखने वाले की भाषा दक्षता के आकलन एवं जाँच में द्विभाषी/बहुभाषी क्षमताओं को नज़रअन्दाज़ नहीं किया जाना चाहिए।

आगे की राह : विभिन्न भाषाओं में दक्षता की जाँच

भारत जैसे देश में भाषा सम्बन्धी भिन्न-भिन्न कार्यों को सम्पन्न करने के लिए एक भाषा पर्याप्त नहीं है। अधिक महत्त्वपूर्ण यह है कि हमारे देश की अधिकतर आबादी सोचने, आयोजन अथवा योजना बनाने में कदाचित ही अंग्रेज़ी का प्रयोग करती है। भारत में अंग्रेज़ी का स्तर शून्य नहीं है; पर हमारे विद्यार्थियों में इसे ग्रहण करने अर्थात अंग्रेज़ी पढ़ने और समझने की क्षमता, उत्पाद (लिखने-बोलने) की क्षमता से अधिक है। ज़मीनी स्तर पर बहुभाषी परिवेश के विद्यार्थियों की भिन्न-भिन्न भाषाओं में क्षमता की जाँच और आकलन साथ-साथ करना चाहिए। यह सम्भव होना चाहिए कि विद्यार्थी जिस भाषा में अधिक सक्षम हो उसमें जटिल टेक्स्ट पढ़े और फिर अंग्रेज़ी में उस पर मौखिक प्रतिक्रिया दे अथवा वह अंग्रेज़ी में जटिल टेक्स्ट पढ़ कर उस पर उस भाषा में निबन्ध लिखे जिसमें वह अधिक सक्षम है।

भाषाएँ सम्प्रेषण और संज्ञान के उपकरण हैं; ऐसा नहीं है कि वे एक-दूसरे से सम्पर्क में आये बिना मस्तिष्क के अलग-अलग कोनों अथवा खण्डों में मौजूद रहती हैं। सम्भव है कि विद्यार्थी जिस भाषा में अधिक सक्षम है, उस भाषा में विश्लेषण, सिद्धान्त का अभ्यास के रूप में उपयोग, संश्लेषण और रचना जैसे उच्च स्तरीय कौशलों का बेहतर प्रदर्शन दे। हमारे जाँच और आकलन के अभ्यासों को यह सीखने की आवश्यकता है कि कैसे इन क्षमताओं तक पहुँचा जाये और भिन्न-भिन्न भाषाओं में इनका मूल्यांकन किस प्रकार किया जाये।

सन्दर्भ

1. एल्डरसन जे.सी. और वाल, डी. (1993), *इज़ वॉशबेक एक्जिस्ट? एप्लाइड लिंग्विस्टिक*, 14, 115-129।
2. बेचमैन, एल. और पामर, ए. (1996), *लैंग्वेज टेस्टिंग इन प्रेक्टिस : डिजाइनिंग एंड डेवलपिंग यूजफुल लैंग्वेज टेस्ट्स*। आक्सफोर्ड : ऑक्सफोर्ड यूनिवर्सिटी प्रेस।

3. ब्रूनर, जे. (1978), वायगोत्सकी, *अ हिस्टोरिकल एंड कंसेप्चुअल परस्पेक्टिव, जे. वरस्य (संफ) कल्चर, कम्यूनिकेशन एंड कॉग्निशन : वायगोत्सकियन परस्पेक्टिव्स* (पृ. 21-34). कैम्ब्रिज : कैम्ब्रिज यूनिवर्सिटी प्रेस।
4. केरोल, जे.बी. (1968), *द साइकोलोजी ऑफ़ लैंग्वेज टेस्टिंग, ए. डेवीज़ में (सम्पा), लैंग्वेज टेस्टिंग सिम्पोज़ियम : अ साइकोलिंग्विस्टिक अप्रोच* (पृ. 46-69), लंदन : ऑक्सफोर्ड यूनिवर्सिटी प्रेस।
5. क्रोनबच, एल. (1970), *एसेंशियल ऑफ़ साइकोलॉज़िकल टेस्टिंग* (3 रा संस्करण) न्यूयॉर्क : हार्पर एंड रॉ।
6. दुरइराजन, जी. (2015), *असेसिंग लर्नरस : अ पैडागॉजिक रिसार्स*, दिल्ली : कैम्ब्रिज यूनिवर्सिटी प्रेस।
7. मौरो, के (1979), *कम्युनिकेटिव लैंग्वेज टेस्टिंग : रिवॉल्यूशन और इवोल्यूशन, सी. जे. ब्रूमफिट और के. जॉनसन (सम्पा) द कम्युनिकेटिव अप्रोच टू लैंग्वेज टीचिंग* (पृ. 143-157) ऑक्सफोर्ड : ऑक्सफोर्ड यूनिवर्सिटी प्रेस।
8. स्पोल्स्की, बी. (1975), *लैंग्वेज टेस्टिंग : आर्ट ऑर साइंस? एड्रेस टू द फॉर्थ ए आइएलए कांग्रेस* : समराइज्ड इन वालेटी 1977।
9. वीगल, एस. (2002), *असेसिंग राइटिंग*, कैम्ब्रिज : कैम्ब्रिज यूनिवर्सिटी प्रेस।

लेखिका के बारे में : गीता दुरइराजन, अंग्रेज़ी और विदेशी भाषा विश्वविद्यालय, हैदराबाद में जाँच और मूल्यांकन विभाग की प्रमुख हैं। उनकी रुचि के प्रमुख क्षेत्र हैं दूसरी भाषा सीखना और ग़ैर-निर्देशात्मक भाषा मूल्यांकन।

email : gdurairagan@gmail.com

अनुवादक : प्रीति मिश्रा, विद्या भवन शिक्षा सन्दर्भ केन्द्र, उदयपुर (राजस्थान)

स्रोत : *लैंग्वेज एंड लैंग्वेज टीचिंग*, 5.1.9, 52-56, जनवरी, 2016।

पुस्तक समीक्षा

बच्चे बतौर लेखक, अध्यापक, सम्पादक या समीक्षक!

(आकार, अंक क्रमांक 37 : पुनर्वास बस्तियों में लिखी जा रही साहित्य की नयी इबारत 13.3, दिसम्बर, 2013-मार्च 2014, कानपुर)

समीक्षक : स्नेहलता गुप्ता

एक भाषा शिक्षक होने के नाते मेरे मन में अक्सर उन छात्रों के सम्बन्ध में मलाल रहा जो लिख नहीं पाते थे। ऐसे विद्यार्थी जो लिखना नहीं चाहते हैं, उनके साथ काम करने की बाध्यता के सम्बन्ध में मैंने अपने भाग्य को भी कोसा। मुझे ताज्जुब होता था कि क्या मेरे छात्रों में योग्यता की कमी थी या उत्साह की ग़ैर-मौजूदगी कि जब भी मुझे उनके लिखित कार्यों को ठीक करने का काम करना होता, मुझे बोझिल, नीरस और प्रेरणाहीन टेक्स्ट पढ़ने को मिलते।

मैंने ऐसा कभी नहीं सोचा कि स्कूल में लेखन सीखने-सिखाने के लिए काम में लिए जाने वाले तरीक़ों से इसका लेना देना है। लोगों के साथ हुए अनुभव इस बात का सबूत देते हैं कि मैं अकेली नहीं हूँ जिसे ऐसे अनुभव हुए हैं। यह सच है कि कुछ ऐसे टेक्स्ट हुए हैं, जिनकी आभा फैली भी लेकिन वे उल्का पिण्डों की तरह थे। अत्यन्त मूल्यवान लेकिन दुर्लभ। जिस प्रकाशन की यहाँ समीक्षा की जा रही है, हिन्दी साहित्यिक जर्नल *आकार* का विशेष अंक (क्रमांक 37) है। इस अंक में दिल्ली की पुनर्वास बस्तियों के 18 लेखकों के लेख हैं। लेखकों की उम्र 14-18 वर्ष है। ये कक्षा–9 से 12 के छात्र हैं और स्थानीय सरकारी स्कूल में पढ़ते हैं। ये सभी अंकुर सोसायटी द्वारा आयोजित सामूहिक लेखन कार्यशालाओं (राइटिंग वर्कशॉप) में भी शामिल रह चुके हैं। शिक्षा के वैकल्पिक तरीक़ों के लिए यह सोसायटी लगभग 5-7 सालों से इस तरह की कार्यशालाओं का आयोजन कर रही है। इस अंक के परिचय में *आकार* के सम्पादक प्रियंवद युवा लेखकों के साथ हुई उनकी बैठक के बारे में कुछ विचारों को साझा करते हैं। वे इस

बात का प्रमाण देते हैं कि अपनी कहानियों को लिखने के लिए युवा लेखकों को भाषा की अभिव्यक्ति, अपने मत और अनुभवों को रखने से सम्बन्धित कोई समस्या नहीं आती। युवा लेखकों ने उनके सामने जो सवाल रखे थे वो इस तरह के थे, "हम एक वृत्तान्त को आगे कैसे ले जायें?" "कहानी का अन्त कैसे करें?" "एक पात्र को पूरी कहानी में कैसे प्रस्तुत करें?" शब्दों का एक बुनकर एक कहानी को उपन्यास के रूप में विस्तारित करने की चुनौती से जूझ रहा था।

आकार के इस विशेष अंक में हर किशोर लेखक अपनी रचना से पहले एक आत्म कथात्मक बयान—'मन की डायरी से' साझा करता है। उसके बाद उसकी कहानी या कहानियाँ आती हैं। लेखकों का यह व्यक्तिगत बयान अपने पाठकों के साथ विविध विषयों पर एक अभिव्यक्तिपूर्ण संवाद है, जिसमें शामिल है कि वे लिखते क्यों हैं, उनका स्वयं का अपने लेखक होने को लेकर बोध, उन्होंने किसके बारे में लिखना पसन्द किया और उस चरित्र के चित्रण के बारे में भी संवाद जिसके इर्द-गिर्द कहानी बुनी गयी है।

व्यक्तिगत बातचीत के बाद आने वाली कहानियाँ दुनिया का एक चिर-परिचित पर फिर भी अनजाना-सा विवरण देती हैं। यह पुनर्वास बस्तियों में पाये जाने वाले चरित्रों और हालातों के साथ सरोकार रखती हैं। तथापि जिस तरह से विषय को माँजा गया है, वह इन कहानियों को विशिष्ट बनाता है। वे इस इलाक़े की इसके लोगों, दृश्यों, ध्वनियों के साथ जीवन्त प्रस्तुति करती हैं और रोज़ाना की आम ज़िन्दगी में अन्तर्निहित जो ड्रामा है उसे पुनर्सृजित करती हैं।

ये कहानियाँ समाज में व्याप्त वर्गीकरण को चुनौती देती हैं : एक डरावनी दादी जो मिट्टी के खिलौने बनाती है, "खिलौने बनाने वाली डॉन;" एक युवा लड़का जिसे विभिन्न समारोहों/महफ़िलों में उसकी गाने और मनोरंजन करने की योग्यता के लिए बुलाया जाता था, 'देशी सेलीब्रेटी;' एक घर जिसे तिरपाल की शीट से पड़ोस के बगीचे की दीवार से बाँध कर बनाया गया, 'मेरा बहरूपिया घर;' एक ट्रांसजेंडर का जीवन, 'किन्नर'। हालाँकि, ये बच्चों ने लिखी हैं, परन्तु ये रचनाएँ, बाल साहित्य के खाँचे में आसानी से फिट नहीं होतीं। कहानियाँ लेखकों के सन्दर्भों से बहुत गहराई से जुड़ी हुई हैं, लेकिन तब भी ये उन्हीं तक सीमित नहीं हैं। लेखन किसी परिपक्व पेशेवर के जैसा है और यही वजह है कि साहित्यिक जर्नल में इसका स्वागत किया गया।

मेरी भाषा की कक्षा के विद्यार्थी भी इस तरह का गुणवत्तापूर्ण लेखन करें, लेकिन यह करने में, मैं क्यों कभी सक्षम नहीं हो पायी? साहित्यिक प्रतिभा के

इस प्रवाह का भाषा शिक्षक के लिए क्या सबक़ है? जैसे ही मैंने इन युवा पेशेवरों की कहानियों को पढ़ने की शुरुआत की जो मेरी कक्षा के छात्रों के हमउम्र थे और समान पृष्ठभूमि से आते थे (मैं एक सरकारी स्कूल में पढ़ाती हूँ), ये सवाल मेरे दिमाग़ में तुरन्त आये।

शिक्षकों में आम तौर पर यह मान्यता है कि बच्चे जो हाशियाकृत पृष्ठभूमि से आते हैं, उनके पास कहने के लिए कोई कहानी नहीं होती और वास्तव में उनके पास कहने के लिए कोई एक कहानी हो ही नहीं सकती, क्योंकि वे आर्थिक रूप से ग़रीब पृष्ठभूमि से आते हैं, उनकी ज़िन्दगी में निश्चितरूप से अर्थपूर्ण विषयवस्तु और रंग की कमी होगी ही। एक शिक्षक के रूप में, मेरे छात्रों के सूत्रबद्ध, बेजान और नीरस लेखन के द्वारा मुझे बहुधा निराशा होती है। मुझे बताना चाहिए कि विभिन्न मौक़ों पर मैंने भी अपने आपसे ये सवाल किये कि मेरे विद्यार्थी जिस पृष्ठभूमि से आते हैं। उसके कारण—क्या वे कभी भी लिखना सीखेंगे या वे फ़र्क़ तरह से लिखना सीखेंगे।

आकार के इस अंक में प्रस्तुत युवा लेकिन परिपक्व लेखकों की रचनाएँ, न केवल मन में एक आशा जगाती हैं, बल्कि उस रास्ते को भी इंगित करती है जिस पर हमें चलने की आवश्यकता है। अन्ततः, हम अपने विद्यार्थियों को लिखना क्यों सिखाते हैं, उनकी लिखने की क्षमता के साथ हम उनसे किस तरह की योग्यता की माँग करते हैं, हम उनको क्या लिखते हुए देखना चाहेंगे? ये सब वे सवाल हैं, जो एक शिक्षक के रूप में हमें अपने आप से पूछने चाहिए। यदि एक शिक्षक के रूप में हम चाहते हैं कि हमारे विद्यार्थी व सीखने वाले विभिन्न क़िस्मों के ऐसे साहित्यिक अनुभवों का सृजन करने की इच्छा, योग्यता व कौशल को अर्जित करें जो पाठकों का मनोरंजन करें, उन्हें पढ़ने के लिए, सोचने के लिए, मनन के लिए प्रेरित करें तो मुझे लगता है कि हमने अपना काम कर दिया।

इन किशोरों के लेखन और स्कूल के सन्दर्भ में हमारे उन विद्यार्थियों के लेखन के बीच क्या अन्तर है? यहाँ किशोर लेखक पाँच से सात सालों के एक निर्धारित समय में लेखन के अभ्यास से सम्बद्ध रहे। ये सभी लेखक एक सप्ताह जिसमें पाँच दिन काम होता था, में प्रत्येक दिन एक घण्टे लेखन कार्य करते थे। सभी को हमउम्र समूह में अपने लेखन को पढ़ने-पढ़ाने के लिए प्रोत्साहित किया जाता था, यह समूह सुनता था, टीका-टिप्पणी करता था प्रश्नों को पूछना, सुरक्षित और उत्साहवर्धक वातावरण में आलोचनाएँ करना आदि तमाम तरह की

चीज़ें यहाँ होती थीं। ये लेखक अपने इर्द-गिर्द की ज़िन्दगी, लोगों और जगहों के बारे में वे जो देखते हैं, सुनते हैं, महसूस करते हैं, उसके बारे में बातचीत करने के लिए व उसको साझा करने के लिए, सम्प्रेषित करने के लिए लिखते थे। वे जो चाहते थे और जैसा चाहते थे उन्हें लिखने की आज़ादी थी।

स्कूल में, लिखना निर्देशात्मक (प्रिस्क्रिप्टिव) होता है और उसमें टेक्स्ट की विधा (Form) पर ज़ोर रहता है। लिखना कुल मिलाकर सिर्फ़ यह है कि किसका मूल्यांकन होना है और क्या परीक्षा में पूछा जा सकता है। शायद ही कभी, बच्चों को लिखने में प्रमाणिकता को या उन चीज़ों के बारे में जिसे उन्होंने अनुभव किया हो को लिखने को उत्साहित किया जाता है। लिखते समय बच्चों में हमेशा इस बात का डर बना रहता है कि उन्हें उनके लेखन को व्याकरण, वर्तनी, शब्दकोश या उच्चारण के आधार पर परखा जायेगा। वैसे शिक्षक चाहते हैं कि उन्हें अपने विद्यार्थियों से अधिक मज़ेदार और फ़र्क-फ़र्क़ तरह का लेखन पढ़ने को मिले लेकिन शिक्षण ठीक इसके विपरीत होता है।

कहीं न कहीं बच्चे के परीक्षा पास कर लेने का जो विचार हमारे मन में बैठा है, परीक्षा के लिए शिक्षण और पाठ्यक्रम को पूरा कर लेना, इस वजह से शिक्षक भी उन कारणों से दूर हो चुके हैं कि वास्तविक जगत में एक लेखक लिखता क्यों है और यह कि अकादमिक पाठ्यचर्या और पाठ्यक्रम कें संकीर्ण और घुटे दायरे के बाहर भी पठन व लेखन का जीवन व प्रयोजन है। परीक्षा पास करने जैसे सीमित उद्देश्यों के लिए लिखना सिखाना लेखक नहीं बनाता।

आकार के इस अंक की कहानियों की विषयवस्तु और शैली काफ़ी दिलचस्प और अपने आप में डुबा देने वाली है, यह इस बात को पुष्ट करती है कि बच्चे सक्षम हैं कि वे क्या लिख सकते हैं और कैसे लिख सकते हैं। विपन्न और हाशियाकृत पृष्ठभूमि से आने के बावजूद इन सभी युवा लेखकों के इस महत्त्वपूर्ण प्रकाशन ने साहित्यिक जर्नल में स्थान पाया। इस बात का इससे अच्छा प्रमाण क्या हो सकता है कि यदि आज़ादी और बराबर रूप से सहयोग दिया जाये तो पुनर्वास बस्तियों के बच्चे भी एक लेखक के रूप में एक नयी आवाज़ के साथ उभर सकते हैं। यदि बच्चे लेखक के रूप में उभर सकते हैं, तो क्या शिक्षक सम्पादक या समीक्षक की भूमिका नहीं ले सकते हैं? यदि स्थितियाँ इस तरह पलट जायें तो क्या-क्या अचरज भरी चीज़ें हो सकती हैं? इस जर्नल में प्रकाशित उत्कृष्ट टेक्स्ट को दिमाग़ में रखते हुए और बतौर भाषा शिक्षक मेरे लिखित

कार्य के मूल्यांकन के अनुभव और उनके विश्लेषण के आधार पर ऐसा लगता है, शायद हम आसमान को उल्काओं से भरे हुए देख सकते हैं।

समीक्षक के बारे में	:	स्नेहलता गुप्ता, राजकीय प्रतिभा विकास विद्यालय, सूरजमल विहार, दिल्ली में अंग्रेज़ी विषय की व्याख्याता हैं, यह विद्यालय डायरेक्ट्रोरेट ऑफ़ एजुकेशन, गवर्नमेंट ऑफ़ एन.सी.टी. दिल्ली के अधीन है। आप एस.सी.ई.आर.टी., दिल्ली और एन.सी.ई.आर.टी. में पाठ्यचर्या विकास व पाठ्यपुस्तक लेखन से भी जुड़ी रही हैं। साथ ही पियर्सन इंडिया के लिए अंग्रेज़ी शिक्षण के लिए पाठ्यपुस्तक का लेखन कार्य भी किया। आपकी रुचि शिक्षक प्रशिक्षण, आलोचनात्मक साक्षरता और पढ़ने के शिक्षण में शोध की रही है। साथ ही आपकी रुचि युवा पाठकों को आनन्द के लिए पठन और युवा वयस्क साहित्य में सहायता करने की रही है।
email	:	snehlatag@gmail.com
अनुवादक	:	आदेश कुमार, विद्या भवन शिक्षा सन्दर्भ केन्द्र, उदयपुर (राजस्थान)।
स्रोत	:	*लैंग्वेज एंड लैंग्वेज टीचिंग*, 4.1.7, 65-67, जनवरी, 2015।

टॉस्क बेस्ड लैंग्वेज लर्निंग एंड लर्निंग विद टेक्नोलॉजी

माइकल थॉमस एंड हयो रेडंर्ज (सम्पादक) 2010 लन्दन कंटीन्यूयम,
पृष्ठ 242 आई.एस.बी.एन : 978-1-4411-0153-2 (सज़िल्द)
978-1-4411-2401-2 (बग़ैर ज़िल्द)

समीक्षक : रुचि कौशिक

कक्षाओं में बच्चों के साथ काम करने के दौरान टास्क बेस्ड लैंग्वज़ टीचिंग (टी.बी.एल.टी.) की बढ़ती लोकप्रियता के सन्दर्भ में काफ़ी सैद्धान्तिक और अनुभव आधारित शोध किये जा चुके हैं। हालाँकि, कक्षाओं में तकनीकी के ज़रिये होने वाली अन्तःक्रियाओं के सन्दर्भ में टी.बी.एल.टी. के बारे में बहुत कम प्रकाशित हुआ है और यह समीक्षित पुस्तक, इसी खालीपन को भरने का एक प्रयास करती है।

पुस्तक के पहले अध्याय में सम्पादकों ने इस पुस्तक के उद्देश्यों पर रोशनी डाली है। इस अध्याय में उन्होंने अन्तर्राष्ट्रीय शोध आलेखों के संग्रह को प्रस्तुत किया है। इसमें ऐसे लेख शामिल हैं जो द्वितीय भाषा (L2) में हुए टास्क आधारित शोध और कम्प्यूटर की मदद से भाषा सीखने (कम्प्यूटर असिस्टेड लैंग्वेज लर्निंग, सी.ए.एल.एल.) इन दोनों के बीच इंटरफेस की पड़ताल यह छानबीन करने के लिए करते हैं कि कक्षा में हुए काम पर किये गये शोध, तकनीक के ज़रिये किये जाने वाले टास्क को समझने में कैसे मददगार हो सकते हैं? साथ ही तकनीक के माध्यम से किये जाने वाले इन टास्कों का उपयोग, टास्क सिद्धान्त (टास्क थ्योरी) और शोध को उन्नत करने में कैसे किया जा सकता है?

कक्षा में हुए काम पर किये गये शोध, तकनीक के ज़रिये किये जाने वाले टास्क को समझने में कैसे मददगार हो सकते हैं। साथ ही तकनीक के माध्यम से किये जाने वाले इन टास्कों का उपयोग, टास्क सिद्धान्त (टास्क थ्योरी) और शोध को उन्नत करने में कैसे किया जा सकता है। मोटे तौर पर यह पुस्तक दो भागों में हैं। भाग-1 (जिसमें पाँच अध्याय शामिल हैं) का शीर्षक है 'रिसर्च

ऑन टॉस्क्स इन सी.ए.एल.एल.' और यह L2 के टॉस्क आधारित शोध से जुड़े सैद्धान्तिक सरोकारों और कम्प्यूटर की मदद से कक्षा में होने वाली बातचीत कम्प्यूटर-मीडिएटेड कम्युनिकेशन पर पड़ने वाले इनके प्रभाव को सम्बोधित करता है। भाग-2 का शीर्षक है 'अप्लाइंग टेक्नोलॉजी-मीडिएटेड टास्क्स' और इसमें भिन्न विषयों और सन्दर्भों के ऐसे चार आनुभाविक शोध शामिल हैं जो टास्क-बेस्ड लर्निंग और टीचिंग से सम्बन्धित मुद्दों से जुड़े हैं।

भाग-1 के दूसरे अध्याय में, हर्टमान और डिटफर्थ टास्क-बेस्ड शिक्षण में कम्प्यूटर-आधारित अन्तःक्रिया के क्षेत्र में हुए शोध का विवरण प्रस्तुत करते हुए टेलीकलैबरेशन यानी कम्प्यूटर नेटवर्किंग के ज़रिये भाषा सीखने-सिखाने पर फ़ोकस करते हैं। लेखक अन्तःविषयात्मक परिप्रेक्ष्य से एक्टिविटी थ्योरी के सैद्धान्तिक मुद्दों पर प्रकाश डालते हैं और सुझाते हैं कि यह टी.बी.एल.टी. पर शोध के सामाजिक-सांस्कृतिक और शिक्षणशास्त्रीय पहलुओं के एकीकरण की इज़ाज़त देता है। तीसरे अध्याय में पीटर्सन कम्प्यूटर की मदद से कक्षा में होने वाली बातचीत में टास्क के वास्तविक उपयोग पर शोध की छानबीन करते हैं और द्वितीय भाषा सीखने में मनोभाषाविज्ञान के प्रभाव व सामाजिक-सांस्कृतिक अन्तःक्रियावादी अप्रोच पर ज़ोर देते हैं। आगे वे टी.बी.एल.टी. (टॉस्क बेस्ड लैंग्वेज टीचिंग) के वेन्यू/स्थान के रूप में समकालीन पाठ-आधारित कम्प्यूटर की मदद से कक्षा में होने वाली बातचीत की सीमाओं और लाभों की छानबीन करते हैं। अगला अध्याय इंटेलीजेंट कम्प्यूटर असिस्टेड लैंग्वेज लर्निंग (आई.सी.ए.एल.एल.) के मुख्य लक्ष्यों और अप्रोचों का परीक्षण करता है। सी.ए.एल.एल. का उपक्षेत्र है, जो टी.बी.एल.टी. में कृत्रिम बुद्धिमत्ता/आर्टिफिशियल इंटेलीजेंस की तकनीक का उपयोग करता है, शूल्ट्ज़ चर्चा करते हैं कि कैसे पिछले तीस सालों से ज़्यादा समय से आई.सी.ए.एल.एल. ने कार्य प्रक्रिया (task processing) के दौरान छात्रों के व्यवहार का विश्लेषण करने के लिए और उनकी मदद करने के लिए एक बुद्धिमान कम्प्यूटर की क्षमता का उपयोग एक उपकरण के तौर पर करते हुए, टी.बी.एल.टी. में अभिनव योगदान दिया है। पाँचवे अध्याय में, स्टाकवेल आनुभाविक डाटा द्वारा स्थापित सी.एम.सी.-आधारित सम्प्रेषण टॉस्क के बहु-विधि उपयोग पर अन्तर्दृष्टि देते हैं और तकनीकी-आधारित टॉस्क को कार्यान्वित व डिजाईनिंग करने में इन विधाओं के प्रभावों पर चर्चा करते हैं। आगे लेखक रोशनी डालते हैं कि कम्प्यूटर आधारित-सीखने के वातावरण में भी शिक्षक के लिए अनिवार्य है कि वे शिक्षण शास्त्रीय लक्ष्यों को ध्यान में रखकर सीखने-सिखाने के सही तरीक़े का चुनाव करें

क्योंकि तकनीकी अपने साथ सांकेतिक (semiotic) नफ़े-नुक़सान भी लाती है। कोलेंताइन, भाग-1 के समापन अध्याय में एक आनुभाविक शोध जिसमें एक ही समय पर एक साथ होने वाले (synchronous) सी.एम.सी. टॉस्क की बात की गयी है, उसे अपने तर्कों का आधार बनाते हुए सामग्री निर्माताओं (डिज़ाइनर्स) को सुझाव देते हैं कि वे टास्क के ऐसे प्रकारों को प्रोत्साहित करें जो सीखने वालों की भाषायी जटिलता को पोषित करने वाले हों।

भाग-2 की शुरुआत, दूरस्थ शिक्षा के सन्दर्भ में, हैंपेल के आभासी शिक्षण वातावरण (वर्चुअल लर्निंग एनवायरमेंट) में टॉस्क डिज़ायनिंग पर आधारित, आलेख के साथ होती है। यह खुला विश्वविद्यालय, यू.के. से मिश्रित भाषा पाठ्यक्रम में दो पाइलट अध्ययनों के निष्कर्षों की व्याख्या है। जो चिह्नांकित करते हैं कि कैसे स्कैफोल्डिंग और कम्प्यूटर के मार्फ़त सैद्धान्तिक अप्रोच, सीखने वालों की अन्तःक्रिया और उनको सहयोग करने पर फ़ोकस करके टॉस्क डिज़ाइन के नवाचारों में महत्त्वपूर्ण योगदान कर सकती हैं, जिसकी पारम्परिक L2 कक्षा-आधारित अधिगम के सन्दर्भ में अभी तक कोई पड़ताल नहीं हुई है। अध्याय-8 में रेथ और हेगलहायमर शिक्षक विकास, टी.बी.एल.टी. (टॉस्क बेस्ड लैंग्वेज टीचिंग) व तकनीक के बीच इंटरफेस की छानबीन करते हैं। वे जर्मनी में छात्राध्यापकों पर हुए शोध अध्ययन, जिसमें टास्क-आधारित शिक्षण दक्षताएँ पारस्परिक अतुल्यकालिक फीडबैक द्वारा परिष्कृत की गयीं, से प्राप्त निष्कर्षों के उद्धरणों द्वारा भाषा शिक्षक के विकास में सहयोग करते हैं, विशेषकर चिन्तनशील (रिफ्लेक्टिव) ई-पोर्टफ़ोलियो के उपयोग के सन्दर्भ में तकनीक की भूमिका को विस्तारित करते हैं। अध्याय-9 में रीडर, इनटेलिजेंट कम्प्यूटर असिस्टेड लैंग्वेज लर्निंग *इडुब्बा* नामक प्रोटोटाइप की केस स्टडी को प्रस्तुत करते हैं। उनका लेख *इडुब्बा* लैंग्वेज लर्निंग सॉफ्टवेयर के तीन मुख्य तत्त्वों को चिह्नित करता है– सीखने की स्वाभाविक प्रोसेसिंग, वास्तविक-जगत का एक डाटाबेस जिसे जानबूझकर आभासी विश्व (एक सिरे से दूसरे तक) के सभी चरित्रों में वितरित किया गया है, निर्देशों की ऐसी डिज़ाइन जो संज्ञानात्मक प्रक्रियाओं को भाषायी प्रक्रियाओं के साथ जोड़े। विभिन्न शोधों का आधार देते हुए लेखक व्याख्या करते हैं कि प्रामाणिक टॉस्क सृजित करने में सॉफ्टवेयर का प्रभावी उपयोग कैसे किया गया। इस पुस्तक का अन्तिम अध्याय हाउक ने लिखा है। यह अध्याय उन शोधों पर फ़ोकस करता है जो टास्क डिज़ाइनिंग एवं उसके क्रियान्वयन के कारकों से सम्बन्धित हैं। हाउक की अन्तर्दृष्टि ई-साक्षरता का कौशल हासिल

करने वालों पर किये गये एक अध्ययन पर आधारित है। यह सेवापूर्व व सेवारत शिक्षक प्रशिक्षुओं का एक चौतरफ़ा कलैबोरेटिव प्रोजेक्ट था। ये शिक्षक प्रशिक्षक यू.एस. और जर्मनी से थे और इनमें यू.एस. और पोलैंड के जर्मन और अंग्रेज़ी सीखने वाले शामिल थे। साथ ही अध्याय बहुमॉडल साक्षरता और ऑन लाइन कम्युनिकेशन के बीच अन्तःसम्बन्धों की पड़ताल करता है।

जहाँ पुस्तक का प्राक्कथन टास्क बेस्ड लैंग्वेज टीचिंग पर ऐसी किताबों की आवश्यकता को व्याख्यायित करता है—जो तकनीकी-मध्यस्थ वातावरण में टास्क-आधारित सम्प्रेषण की महत्ता की छानबीन करती हैं : वहीं बाद में वह रास्ते सुझाता है, जिसमें डिजिटल तकनीकी व टॉस्क-आधारित पहुँच को एक-दूसरे से सीखने की ज़रूरत है। इसके अलावा, यह इसको भी चिह्नांकित करता है कि टास्क पर अधिकाधिक कम्प्यूटर असिस्टेड लैंग्वेज लर्निंग शोध की आवश्यकता है, ताकि यह समझ बन सके कि L2 सीखने वाले विभिन्न प्रकार के डिजिटल सन्दर्भों में कैसे प्रतिक्रिया करते हैं।

यद्यपि व्यापकता व कवरेज में सम्पन्न यह पुस्तक शायद सामान्य पाठकों को आदि से अन्त तक पढ़ने से रोक सकती है, कारण कि इसमें जार्गन (सैद्धान्तिक शब्दावली) व तकनीकी-सम्बन्धित अवधारणाओं का बहुतायत से उपयोग हुआ है। बावजूद इसके टॉस्क आधारित सीखना व सिखाने में टेक्नोलॉजी की भूमिका पर समकालीन शोध आलेखों के अग्रणी अन्तर्राष्ट्रीय संग्रह को लाने का सम्पादकों का यह प्रयास महत्त्वपूर्ण है।

लेखिका का परिचय : रुचि कौशिक, यूनिवर्सिटी ऑफ़ दिल्ली के श्रीराम कॉलेज ऑफ़ कॉमर्स में अंग्रेज़ी की एसोसिएट प्रोफ़ेसर हैं। उनकी शोध अभिरुचियाँ सामग्री विकास और अनुकूलन के साथ, विशेष प्रयोजन के लिए अंग्रेज़ी और साहित्य के जरिये भाषा शिक्षण हैं। वर्तमान में वह सामग्री पर शोध कर रही हैं।

email : ruchikaushik01@gmail.com

अनुवादक : आदेश कुमार, विद्या भवन शिक्षा सन्दर्भ केन्द्र, उदयपुर (राजस्थान)।

स्रोत : *लैंग्वेज एंड लैंग्वेज टीचिंग*, 4.1.7, 67-68, जनवरी, 2015।

पठनीय पुस्तकें

रीडिंग डेवलपमेंट एंड डिफिकल्टीज़

केन, के. (2010) बीपीएस ब्लैकवेल (272 पेज)
आईएसबीएन : 978-1-4051-5155-9

केट केन लिखित किताब *रीडिंग डेवलपमेंट एंड डिफिकल्टीज़* एक उपयोगी पुस्तक है, इसमें पढ़ने की प्रक्रिया के विकास के बारे में प्रासंगिक जानकारी है। बहुत से बच्चे पढ़ने में कई कठिनाइयों का सामना करते हैं। अतः इस किताब में पढ़ना सिखाने की प्रक्रिया पर काफ़ी ध्यान दिया गया है। यह किताब मनोविज्ञान के शोधार्थियों और वे लोग जो अधिकतर व्यावहारिक (applied) सन्दर्भों जैसे शिक्षा, भाषा और स्पीच थेरेपी के क्षेत्र में काम करते हैं, उनके लिए उपयोगी होगी। यह उन पाठकों के लिए भी उपयुक्त है जिनके पास पढ़ने की प्रक्रिया के मनोविज्ञान के बारे में सीमित ज्ञान है पर वे शुरुआती पढ़ना कैसे अर्जित होता है यह समझने की चाह रखते हैं।

यह किताब 'पढ़ना' और 'समझने का विकास', जिन्हें प्रायः अलग-अलग माना जाता है, इन दोनों शब्दों पर किये गये शोधों को एक साथ प्रस्तुत करती है। पढ़ने के विकास और उसमें आने वाली कठिनाइयों के सम्बन्ध में एक बोधगम्य और विस्तृत परिचयात्मक इबारत इस किताब की मुख्य विशेषताओं में शामिल है।

यह पढ़ने के सम्बन्ध में किये गये शोधों में क्या-क्या मुद्दे हैं, उनका परिचय देती है और बताती है कि एक शुरुआती पाठक और कुशल पाठक दोनों के नज़रिये से देखें तो शब्द पढ़ने व टेक्स्ट को समझने में कौन-कौन-से कौशल शामिल होते हैं। यह बोलने वाली भाषा और लिखित भाषा के बीच समानताओं, विभिन्नताओं और इस क्षेत्र में अलग-अलग मेथेडोलाज़िकल अप्रोच अपनाने के क्या लाभ और हानियाँ हैं, इसकी रूपरेखा भी प्रस्तुत करती है। यह इस बात की भी छानबीन करती है कि समझकर पढ़ने का कौशल विकसित करने में असफलता किस तरह की कठिनाइयाँ व विकार पैदा कर सकती है। केन की यह किताब पढ़ना सिखाने और उसमें आने वाली कठिनाइयों के सन्दर्भ में हुए शोधों के निहितार्थों का भी ब्योरा देती है।

एक जटिल मुद्दे को केन बड़ी ही स्पष्टता, गुणवत्तापूर्ण वैज्ञानिक प्रमाणों और सटीक विश्लेषण के साथ प्रस्तुत करती हैं और सुनिश्चित करती हैं कि पाठकों को पढ़ने में आने वाली कठिनाइयों से जुड़े मुद्दों की गहरी समझ मिले। वह बताती हैं कि बच्चे पहले कैसे अकेले शब्दों को और फिर पूरे वाक्यों को पढ़ना सीख जाते हैं और अन्ततः कैसे वे एक ठीक-ठाक रूप से जटिल टेक्स्ट को समझने के लिए कुछ वाक्यों के अर्थों को जोड़कर देख पाते हैं। किताब बताती है कि एक बच्चे के कुशल पाठक बनने के लिए दो पहलू ख़ास हैं, वे हैं शब्दों को पढ़ने के कौशल का विकास और टेक्स्ट से सम्पूर्ण अर्थ को निकाल पाने की योग्यता। किताब के पहले अध्याय में लेखिका पठन के उस पहलू की छानबीन करती हैं जिस पर बच्चों के साथ काम करने वाले शिक्षकों व शिक्षाविदों द्वारा पर्याप्त ध्यान नहीं दिया जाता जिससे बच्चों को पढ़ने का कौशल अर्जित करने में मुश्किलें आती हैं। जैसे शब्द पढ़ना और शब्द पहचानना। एक अन्य क्षेत्र जिसकी विस्तृत छानबीन यह किताब करती है, वह है साइट और शब्द पढ़ना; अमूमन दोनों को ही अनदेखा किया जाता है, ख़ासकर के प्राथमिक शिक्षा में कार्यरत शिक्षकों द्वारा। लेखिका आगे याददाश्त के सन्दर्भ में पड़ताल करती हैं और स्थानीय और वैश्विक कोहेरेंस और टेक्स्ट निरूपण के विभिन्न मॉडल के बारे में एक गहरी और पैनी चर्चा प्रस्तुत करती हैं।

अध्याय-5 पढ़ने और सुनने की समझ के बीच जुड़ाव के बारे में बात करता है। अध्याय-6 डिस्लेक्सिया से सम्बन्धित सिद्धान्तों (थ्योरीज़) उसके प्रकार और अभिलक्षणों का ब्योरा देता है। पढ़ने में जो मुश्किलों का सामना करते हैं, उनके साथ काम की रणनीतियाँ और सलाह का जिक्र अध्याय-8 में है। पढ़ने में आने वाली मुश्किलों पर इस चर्चा को किताब आरम्भिक शिक्षा में काम करने वालों को सुझाव देते हुए समाप्त करती है जो पुनः पठन कौशल व योग्यता के महत्त्व को रेखांकित करता है।

समीक्षक के बारे में : राजेश कुमार, भारतीय प्रोद्यौगिकी संस्थान, मद्रास (चेन्नई) के मानिविकी और सामाजिक विज्ञान विभाग में भाषा विज्ञान पढ़ाते हैं।

email : thisisrajkumar@gmail.com

अनुवादक : रजनी द्विवेदी

स्रोत : *लैंग्वेज एंड लैंग्वज टीचिंग*, 4.2.8, 70, जुलाई 2015।

गेम्स फॉर लैंग्वेज लर्निंग

राइट ए., बेट्रीज डी. एंड बकवॉय एम. (2006) कैम्ब्रिज हैंडबुक फॉर लैग्वेंज टीचर्स, कैम्ब्रिज यूनिवर्सिटी प्रेस. (पृष्ठ 193) प्रथम संस्करण : 1979. आई.एस.बी.एन. 13978-0-521-15252-5

यह किताब *गेम्स फॉर लैंग्वेंज लर्निंग* 'कैम्ब्रिज हैंडबुक ऑफ़ लैंग्वेंज़ टीचर्स' शृंखला का एक खण्ड है। किताब भाषायी खेलों की एक बृहद् रेंज प्रस्तुत करती है। यह खेल मुख्यतः शुरुआती सीखने वालों से लेकर माध्यमिक स्तर के विद्यार्थियों के लिए हैं। हालाँकि, इन खेलों को कुछ संशोधनों के साथ उच्च स्तर के विद्यार्थियों तथा विभिन्न प्रशिक्षणों में शिक्षकों व शिक्षक प्रशिक्षकों के साथ भी उपयोग किया जा सकता है।

किताब कुल आठ भागों में विभाजित है और इन आठों में 200 से अधिक खेलों के बारे में बताया गया है। कुछ खेलों का उदाहरण लेते हुए यह भी बताया गया है कि इनमें कहाँ और क्या तबदीली करने से एक नया खेल बन जायेगा। हर भाग में दिये गये वर्गों से खेल शामिल हैं;

1. करके देखना : यहाँ-वहाँ जाना, माइम, चित्र बनाना, निर्देशों का पालन
2. पहचानना : विभेद करना, अन्दाज़ा लगाना, अटकल लगाना
3. विवरण
4. सम्बन्ध जोड़ना : तुलना, मेल करना, समूहीकरण।

विभिन्न भागों के शीर्षक उस हिस्से में सम्मिलित खेलों के बारे में एक संकेत देते हैं। उदाहरण के लिए अध्याय एक, जिसका शीर्षक है 'आइस ब्रेकर्स एंड वार्मर्स' में ऐसे खेल शामिल हैं, जो किसी भी समूह के साथ खेले जा सकते हैं। चाहे वह शुरुआती कक्षा हो अथवा किसी प्रशिक्षण का शुरुआती सत्र। इस अध्याय में शामिल खेल भागीदारों को एक-दूसरे से रू-ब-रू होने और पहचानने के अवसर निर्मित करते हैं। इसमें इस तरह के खेल भी शामिल हैं जो किसी अध्याय की शुरुआत में खेले जा सकते हैं।

अध्याय-2, 3, 4 व 5 ख़ासतौर पर भाषायी कौशलों यथा बोलना, सुनना, पढ़ना और लिखना के बारे में हैं। इन अध्यायों में शामिल खेल यह भी दर्शाते हैं कि ये चारों भाषायी कौशल एक-दूसरे से सम्बन्धित हैं, इनमें एक जुड़ाव है अतः कक्षा में इन पर काम करते हुए, इन्हें अलग-अलग नहीं रखना चाहिए। इसी प्रकार इनमें ऐसे भी खेल हैं जो प्राथमिक तौर पर एक भाषायी कौशल पर फ़ोकस करते हैं, लेकिन साथ ही कहानियों अथवा अन्य व्याकरण के तत्त्वों को समझने में भी मदद करते हैं। उदाहरण के लिए खेल 'स्टोरीज़ विद टेन पिक्चर्स' में सीखने वाले को क्रिया के भूतकाल का प्रयोग करते हुए कहानियाँ बनानी हैं (पृ. 37), जबकि दूसरे खेल 'क्वेश्चन स्टोरीज़' में उन्हें भूतकाल का प्रयोग करते हुए पहले कहानी सुनानी है और फिर उस पर प्रश्न भी बनाने हैं। (पृ. 39)

अध्याय 6 का शीर्षक है 'वोकेबुलेरी एंड स्पेलिंग'। अध्याय का उद्देश्य है 'शब्दों के अर्थ का अनुभव करने में सीखने वाले की मदद करना, ख़ास तौर पर उन मक़सदों के लिए इन शब्दों का उपयोग करते हुए जो उनके लिए मायने रखते हैं।" (पृष्ठ 94) इसमें कुछ इस तरह के खेल सम्मिलित हैं 'वर्ड वेब', 'वर्ड असोसिएशन', 'नेमिंग गेम्स', 'ऑड वन आउट' आदि। हो सकता है किताब में शामिल कुछ खेलों से पाठक पहले से ही परिचित हों लेकिन हर वर्ग में भाँति-भाँति के खेल दिये गये हैं जिन्हें कक्षा में किया जा सकता है।

अगला अध्याय व्याकरण से सम्बन्धित है और इस तरह के खेलों को प्रस्तुत करता है, जिनमें अपेक्षा है कि सीखने वाला भाषा और उसके विभिन्न तत्त्वों का विश्लेषण करे। इस अध्याय में 25 खेल हैं, जिनके 72 विविध रूप दिये गये हैं और इन खेलों में इस तरह के प्रकरणों को शामिल किया गया है : काल, पार्ट्स ऑफ़ स्पीच, 'wh' प्रश्न आदि। अध्याय-8 ऐसे खेल सुझाता है जिन्हें सीखने वाला पहले से सीखी हुई बातों का अभ्यास करने के लिए, उनका दोहरान करने के लिए और उनको याद करने के लिए स्वतन्त्र रूप से खेल सकता है। इसमें सम्मिलित कुछ खेल हैं 'वोकेबुलेरी बुक बनाना', 'कार्ड बनाना' आदि। इसी तरह दोहरान करने और याद करने के लिए शामिल खेलों में है; 'माइंड मैप बनाना', 'मेकिंग अ वर्ड सन', 'एंडिग वर्ड' और एक प्रकरण पर दिये गये शब्दों की सूची में कुछ और नये शब्द जोड़ना।

जैसा कि पहले ज़िक्र किया है *गेम्स फॉर लैंग्वेज लर्निंग* 193 पृष्ठों की एक छोटी किताब है। यह किताब विद्यार्थियों एवं शिक्षकों के साथ उपयोग की

जा सकती है। दिये गये खेल अर्थपूर्ण और रुचिकर हैं और संशोधनों के साथ अलग-अलग स्तरों पर व अलग-अलग भाषाओं को सिखाने हेतु उपयोग किये जा सकते हैं। हालाँकि, इन खेलों को कक्षा में वैसे उपयोग करना जैसे कि अपेक्षित है और खेलों से आगे जाकर भी काम कर पाना शिक्षक से भाषा की एक सम्पूर्ण समझ की माँग करता है।

समीक्षक के बारे में : रजनी द्विवेदी, वर्तमान में क्षमता संवर्धन के प्रयासों, शिक्षक व शिक्षक प्रशिक्षकों के लिए सामग्री निर्माण और सम्पादन और अनुवाद के कार्य में संलग्न हैं। उन्होंने गृहविज्ञान महाविद्यालय, उदयपुर से बाल विकास में और टी.आई.एस.एस., मुम्बई से प्रारम्भिक शिक्षा में स्नातकोत्तर किया है।

e-mail ID : ritudwi@gmail.com

अनुवादक : अनुवाद समीक्षक ने स्वयं किया है।

स्रोत : *लैंग्वेज एंड लैंग्वेज टीचिंग*, 4.2.8, 71-72, जुलाई, 2015।

रिपोर्ट

'बाल साहित्य के विभिन्न पहलुओं' पर एक सेमिनार

विजय कुमार

परिचय

कहानियाँ शक्तिशाली होती हैं न केवल इसलिए कि वे बच्चों का ध्यान आकर्षित करती हैं, बल्कि इसलिए भी कि वे उनकी पढ़ने व लिखने की क्षमता को बेहतर करती हैं और उनकी कल्पनाशक्ति एवं संज्ञानात्मक क्षमताओं को बढ़ाने में भी मदद करती हैं। हालाँकि, कहानियाँ केवल सीखने-सिखाने की प्रक्रियाओं का (पेडागॉजिकल) मूल्य ही नहीं बढ़ातीं वरन वे भूली-बिसरी लोक कथाएँ/मौखिक परम्पराएँ जो किसी भी संस्कृति और समुदाय की आत्मा होती हैं और अपनी और दूसरों की संस्कृति एवं परम्पराओं के प्रति बच्चों को संवेदनशील बनाने में भी भूमिका निभाती हैं। यही कारण है कि कथा मंच कहानी कथन का, शिक्षण के तरीकों में उपकरण के रूप में इस्तेमाल को बढ़ावा देने की लगातार कोशिश करता है।

कथा मंच एक पंजीकृत ट्रस्ट है। इसमें शिक्षा के क्षेत्र से सम्बन्धित लोग; स्कूली शिक्षक, शिक्षक प्रशिक्षक, फ़ील्ड फेसिलिटेटर, विश्वविद्यालयी प्राध्यापक, विद्यार्थी आदि सम्मिलित हैं। इस समूह के सदस्यों ने सीखने-सिखाने की प्रक्रिया के दौरान कहानियों तथा कहानी कथन के प्रभाव का अनुभव किया है। इसलिए कहानियों तथा उनसे सम्बन्धित गतिविधियों में उनकी रुचि है। इस दिशा गें मंच के किये जाने वाले संगठित प्रयासों की लड़ी में डाइट, आर.के. पुरम, नयी दिल्ली में कथा मंच ने कहानी कथन के लोकमूल से कथन की कला तक के समग्र दृष्टिकोण को प्रस्तुत करने के लिए एक दिवसीय सेमिनार आयोजित किया।

प्रतिभागियों का प्रोफ़ाइल

सेमिनार के प्रतिभागियों में स्कूल के शिक्षक, शिक्षक प्रशिक्षक (बी.एल.एड., बी.एड., टी.बी.टी. आदि) डाइट (आर.के. पुरम) के संकाय सदस्य, दिल्ली विश्वविद्यालय के सहायक प्राध्यापक, फ़ील्ड फेसिलिटेटर तथा कहानी कथन में रुचि रखने वाले लोग शामिल थे।

सत्र

सेमिनार की शुरुआत परिचयात्मक सत्र के साथ हुई। डाइट (आर.के. पुरम) के प्राचार्य डॉ. संजीव कुमार ने प्रतिभागियों का स्वागत किया तथा बड़ी संख्या में विद्यार्थियों की उपस्थिति की सराहना की। उन्होंने शिक्षण में कहानी कथन तथा बाल साहित्य की महत्ता का विवेचन किया और एक तरह से सेमिनार की दिशा निर्धारित कर दी। इसके बाद कथा मंच की सुनीता मिश्रा ने सेमिनार के उद्देश्यों पर प्रकाश डाला और इसकी गतिविधियों का संक्षिप्त परिचय दिया। उन्होंने सीखने-सिखाने के तरीक़ों में कहानी कथन की महत्ता तथा बाल साहित्य में मौजूद विभिन्न जेंडर सम्बन्धी रूढ़ियों के कई रूपों पर भी प्रकाश डाला। उन्होंने कहा कि कहानियाँ सिर्फ़ साहित्य के बारे में नहीं होतीं, वरन् इनमें इतिहास, संस्कृति, गणित, प्राकृतिक विज्ञान आदि के भी बहुत से बुनियादी पहलू होते हैं। कक्षा में कहानी कथन को एक उपकरण के रूप में इस्तेमाल करने से बच्चे को इन सभी पहलुओं से रू-ब-रू होने का मौक़ा मिलता है व उनका वैश्विक नज़रिया विस्तृत होता है। परिचयात्मक दौर के बाद व्यावसायिक सत्र (बिजनेस सेशन) हुआ जिसमें पाँच सन्दर्भ व्यक्तियों द्वारा विभिन्न विषयों पर विचार विमर्श किया गया।

शिखा त्रिपाठी (पीएच.डी. स्कॉलर, दिल्ली विश्वविद्यालय) ने 'साहित्य के प्रति प्रतिक्रिया' (Response to Literature) विषय पर बात की। उन्होंने कहा कि साहित्य केवल टेक्स्ट (पाठ) नहीं है वरन ये परिस्थितियों से जुड़ने का भी सामर्थ्य रखता है। वास्तव में, साहित्य पाठक को समाहित कर लेता है पढ़ते समय वह काल्पनिक सन्दर्भ का अनुभव लेते हुए इसके साथ भावनात्मक रूप से जुड़ जाता है। पढ़ने की प्रक्रिया के दौरान कोई भी अपने आपको हँसते हुए, मुस्काते हुए, दुखी होते हुए महसूस कर सकता है यानी व्यक्ति कई भावनाओं का अनुभव करता है और वस्तुतः टेक्स्ट से जुड़ जाता है।

याशिका चाँदना (सहायक प्राध्यापक, दिल्ली विश्वविद्यालय तथा सदस्य, कथा मंच) ने 'बाल साहित्य' में स्टिरियोटाइप विषय पर बात की। उनका फ़ोकस था कि बाल साहित्य कैसे समाज में मौजूदा स्टिरियोटाइप्स को आत्मसात करता है तथा मज़बूती प्रदान करता है। उन्होंने जानवरों की कहानियों में स्टिरियोटाइप्स पर, विशेष रूप से पंचतन्त्र तथा जातक कथाओं में जानवरों के चरित्र कैसे प्रस्तुत किये गये हैं, इस पर बात की। पंचतन्त्र की कहानियों में अनेक ऐसे उदाहरण पाये जा सकते हैं। जहाँ जानवर के चरित्र को नर या मादा (पुरुष या स्त्री) मान लिया जाता है बिना यह जाने कि उनके नाम क्या हैं तथा क्रिया में उनका लिंग कैसे प्रतिबिम्बित होगा। दिल्ली के स्कूलों में किये गये एक पायलट अध्ययन में पाया गया कि यदि कैट (हिन्दी में बिल्ली) एक नर चरित्र है तथा कहानी में इसका नाम भोला रखा गया है, तब भी बच्चे इसे मादा चरित्र की तरह मानते हैं। यह इस तथ्य के कारण हो सकता है कि हिन्दी में ऐसे अधिकतर शब्द जो 'ई' से समाप्त होते हैं, स्त्रीलिंग को सूचित करते हैं। एक दूसरी कहानी 'दि क्रोकोडाइल एंड मंकी' (मगर एवं बन्दर) सुनाने के बाद जब विद्यार्थियों से प्रश्न पूछे गये तो उनके उत्तरों से पता चला कि बन्दर एवं मगर दोनों के नाम स्त्रियोचित होने के बावजूद उन्होंने, उन्हें नर ही माना। यहाँ तक कि मूल कहानी में मादा चरित्र मुश्किलें पैदा करने वाली प्रकृति की थी, स्पष्ट रूप से दोनों की दोस्ती तोड़ने के लिए उत्तरदायी थी तथा नर दोस्तों के समूह का हिस्सा बनने के लिए उसे अधिक बुद्धिमान भी नहीं माना जाता।

सभी सम्भावनाओं में, बन्दर के शरारती चरित्र को पुरुषोचित स्टिरियोटाइप माना जाता है, जबकि शान्त एवं निर्मल लक्षणों को स्त्रियोचित माना जाता है। इसी तरह चतुर एवं चालाक लोमड़ी हमेशा मादा चरित्र होती है। शायद, ऐसी लिंग सम्बन्धी रूढ़ियों के लिए भारतीय समाज में पैतृकता एक कारण है : सामान्यतया नर चरित्र घूमने वाले, खेलने वाले, सभी तरह की शरारत करने वाले तथा परिवार के मुखिया माने जाते हैं। दूसरी तरफ़, मादा चरित्र शादी करती हैं, घरेलू कार्य करती हैं, परिवार को आगे बढ़ाने वाली एवं पुरुषों की तुलना में शान्त होती है। सामान्य तौर पर पुरुषों को ऐसे देखा जाता है जो लड़ते हैं और अन्ततः जीत जाते हैं। पायलट अध्ययन के दौरान विद्यार्थियों को चित्रात्मक कहानियाँ दिखाई गयीं और उनसे इन्हें बयाँ करने को कहा गया। बयाँ करते समय, उन्होंने जिन स्टीरियोटाइप के बारे में हमने अभी बात की है,

उनका उपयोग करते हुए चरित्रों के लिंग का अनुमान लगाया। सन्दर्भ व्यक्ति का मत था कि समाज में लिंग समानता लाने के लिए आवश्यकता है कि बाल साहित्य में एवं पाठ्यपुस्तकों में जिस तरह चरित्रों का रूढ़ीकरण किया जाता है उसे जड़ से निकाल फेंका जाये। एन.सी.ई.आर.टी. की किताबों ने अब इस मुद्दे पर बात करनी शुरू की है।

इन दो चर्चाओं के बाद चाय अन्तराल था। इसके बाद दो और व्याख्यान एवं एक प्रस्तुति थी। सुनीता मिश्रा (सहायक प्राध्यापक, दिल्ली विश्वविद्यालय एवं सदस्य, कक्षा मंच) ने 'कहानियाँ सीखने-सिखाने के उपकरण के रूप में : छात्र शिक्षक द्वारा एक पहल' विषय पर चर्चा को आगे बढ़ाया। उन्होंने साझा किया कि विभिन्न भाषायी क्षमताओं के लिए सीखने-सिखाने के तरीक़े के रूप में कहानी कथन के साथ लगातार व कठोर परिश्रम के माध्यम से कैसे शिक्षकों के पाठ्यक्रम को ख़त्म करने की मूल चिन्ता को दूर किया जा सकता है। उन्होंने अपने ख़ुद के शिक्षण अनुभवों और प्राथमिक कक्षाओं को पढ़ा रहें बी.एल.एड. के छात्र-शिक्षकों के कार्यों के अवलोकन से लिए कुछ उदाहरणों की चर्चा की। उन्होंने कुछ डाइट के विद्यार्थियों, जिन्होंने उनकी सलाह पर कहानी आधारित सीखने-सिखाने के तरीक़ों को अपनाया था। उन्हें भी अपना अनुभव साझा करने के लिए बुलाया। इन विद्यार्थियों के साझा किये गये बिन्दुओं में बहुत से बिन्दु समान थे, जैसे–

1. सीखने-सिखाने के कहानी आधारित तरीक़ों में बच्चों की बहुत रुचि थी।
2. एक ही कहानी के सन्दर्भ का उपयोग करते हुए आप कई गतिविधियाँ तथा टास्क (कार्य) को उनसे जोड़ सकते हैं।
3. यहाँ तक कि ऐसे विद्यार्थी जो पहले कक्षा में ज़्यादा नहीं बोलते थे, वे भी कहानियों का जवाब अच्छी तरह देने लगे। कहानियाँ बच्चों को प्रेरित करने का उकृष्ट साधन सिद्ध हुईं और इन्होंने बच्चों को कक्षा में भागीदारी के लिए प्रोत्साहित किया।

साझा किये गये इन अनुभवों के ज़रिये विद्यार्थियों ने महसूस किया कि भाषा शिक्षण में बाल साहित्य को शामिल करने की अधिकाधिक आवश्यकता है। अन्तिम वक्ता विजय कुमार (पुस्तकालयाध्यक्ष, शिक्षा निदेशालय, दिल्ली तथा सदस्य, कथा मंच) ने 'लोक कथाओं के ज़रिये सांस्कृतिक संरक्षण' विषय पर विचार-विमर्श किया। उन्होंने लोक रूपों के कई प्रकार–लोक कथा, लोकशिल्प,

लोकगीत पर चर्चा की। इन सभी की अनूठी पहचान है। ये रूप एक पीढ़ी से दूसरी पीढ़ी में हस्तान्तरित होते हैं और कोई भी इन रूपों की ग्रन्थकारिता (authorship) का कोई दावा नहीं कर सकता। उन्हें समाज की भी स्वीकारोक्ति मिली होती है। जब लोककथाओं का टेक्स्ट के रूप में दस्तावेज़ीकरण किया जाता है तो इनकी मौलिकता कहीं खो जाती है। ये अधिक मौलिक एवं प्रभावी तब लगती हैं, जब पारम्परिक साधनों की सहायता से स्थानीय रूप में इनको प्रदर्शित किया जाता है। मल्टीमीडिया के आने से, हम लोक प्रस्तुतियों का इनके मौलिक रूप में दस्तावेज़ बनाने में सक्षम तो हुए है, पर प्रस्तुति की भावना (रूह), इसके सांस्कृतिक घटक एवं आनन्द खो गये हैं। उन्होंने सिफ़ारिश की कि कक्षाओं में लोकवार्ताओं एवं लोकगीतों का इस्तेमाल होना चाहिए ताकि बच्चे भारत की सांस्कृतिक विविधता से परिचित हो सकें। वास्तव में, लोकवार्ताओं एवं लोकगीतों दोनों का कहानी कथन के लिए इस्तेमाल किया जा सकता है। ऐसी बहुत-सी स्थानीय कहानियाँ हैं जो लोकवार्ता के रूप में गायी जाती हैं तथा पीढ़ी-दर-पीढ़ी हस्तान्तरित होती रहती हैं। इस तरह से ये लोक रूप सांस्कृतिक संरक्षण के स्रोत हैं।

रितुपर्णा घोष (फ्रीलांस, कहानी वाचक) ने एक प्रस्तुति दी एवं 'कहानी कथन एवं पाठ योजना में कहानियों को जोड़ना' विषय पर विचार-विमर्श किया। उन्होंने बताया कि उत्कृष्ट (क्लासिक्स) कहानियाँ जैसे रामायण एवं महाभारत जो कि कभी-कभी इनकी धार्मिक पृष्ठभूमि के कारण उपेक्षित की जाती हैं, इन्हें संशोधित करके कक्षाओं में प्रदर्शित किया जा सकता है। उन्होंने यह भी जोड़ा कि मुखौटे, वेशभूषा, कृत्रिम तलवारें, तीर आदि का उपयोग करते हुए की गयी प्रस्तुति कहानी कथन को रोचक व जीवन्त बनाती है। कहानी कहते समय थिएटर जैसा दृश्य तथा विभिन्न प्रकार की आवाज़ों की नक़ल करना बच्चों को बहुत भाता है। जब प्रस्तुति अन्तःक्रियात्मक होती है, तब कई रुचिकर प्रश्न पूछे जाते हैं और स्टिरियोटाइप्स टूटते हैं। उदाहरण के लिए रामायण की संशोधित प्रस्तुति के समय रितुपर्णा घोष ने एक काल्पनिक प्रश्न रखा क्या लक्ष्मण द्वारा शूपर्णखा (रावण की बहन) की नाक काटा जाना सही था? कैसे नाक को दोबारा से लगाया जा सका? क्या वे सेलोटेप, फेविकोल, क्विकफिक्स आदि का उपयोग करते थे? उन्होंने फिर रामायण के उस दृश्य को दिखाने के लिए दस सिर वाले रावण तथा शूपर्णखा के मुखौटे तथा कई शस्त्र जैसे धनुष-बाण, तलवार आदि का उपयोग किया। सभी दर्शक उनका प्रदर्शन देखकर मन्त्रमुग्ध

हो गये। सेमिनार के प्रतिभागियों ने महसूस किया कि पौराणिक कहानियाँ भी संशोधित करके और विभिन्न साधनों का उपयोग करते हुए कक्षा में प्रदर्शित की जा सकती हैं। यह बच्चों को सीखने में व्यस्त रखने, उन्हें सोचने एवं कल्पना करने तथा उन्हें कहानी से जुड़ने में मदद करता है। बच्चों को सवाल करने के लिए प्रोत्साहित करके ऐसा ही प्रयास उन स्टिरियोटाइप्स के लिए भी किया जा सकता है जिनका सामना हम अपने रोज़मर्रा के जीवन में करते हैं।

खुली चर्चा

सेमिनार के अन्त में एक खुला सत्र था, जिसमें सहभागियों ने अपनी कक्षा के अनुभवों को साझा किया। यहाँ एक आम सहमति बनी कि बाल साहित्य एवं कहानी कथन में स्टीरियोटाइप्स होते हैं जिन पर चर्चा करने की आवश्यकता है। कहानियों का उपयोग न केवल साहित्य वरन् सामाजिक विज्ञान, गणित, इतिहास, संस्कृति आदि को सीखने में भी किया जा सकता है। कहानियाँ कक्षा को अधिक अन्तःक्रियात्मक तथा जीवन्त बनाती हैं। पौराणिक कहानियों को संशोधित कर कक्षा में प्रदर्शित किया जा सकता है। लोक साहित्य सांस्कृतिक संरक्षण का स्रोत है तथा इसके एक पीढ़ी से दूसरी पीढ़ी में हस्तान्तरण का साधन है। विभिन्न संस्कृतियों तथा रीति-रिवाज़ों के प्रति बच्चों को जागरूक बनाने के लिए ये कक्षा में इस्तेमाल की जा सकती हैं। ये बच्चों के बीच बहुलता (plurality) की दिशा में सहनशीलता बनाने में मदद करेगा। अन्त में यह सेमिनार इस बात पर ख़त्म हुआ कि कहानियों से सम्बन्धित और कार्यक्रम भविष्य में संचालित किये जायेंगे।

लेखक के बारे में : विजय कुमार, दिल्ली विश्वविद्यालय से भाषा विज्ञान में स्नातकोत्तर हैं और अन्नामलाई विश्वविद्यालय से लाइब्रेरी और इनफोर्मेशन साइंस में एम.फिल. हैं। वर्तमान में वे भाषा और पुस्तकालय विज्ञान में शोधकर्ता हैं और एक एक्टिविस्ट हैं।

email : vkbooks@gmail.com

अनुवाद : ज्योति चौरड़िया, विद्या भवन, शिक्षा सन्दर्भ केन्द्र, उदयपुर, राजस्थान।

स्रोत : *लैंग्वेज एंड लैंग्वेज टीचिंग*, 4.2.8, 75-77, जुलाई, 2015।

लेखन कार्यशाला रिपोर्ट विद्या भवन, शिक्षा सन्दर्भ केन्द्र टीम

नेहा कश्यप

टिहरी हाइड्रो डेवलपमेंट कॉरपोरेशन लिमिटेड (टी.एच.डी.सी.आई.एल.) के प्रबन्धकों के लिए विद्या भवन, शिक्षा सन्दर्भ केन्द्र, उदयपुर में 17 से 26 नवम्बर, 2014 तक एक कार्यशाला आयोजित की गयी थी। यह उनके लिए आयोजित कार्यशालाओं की कड़ी में दूसरी कार्यशाला थी। इस कार्यशाला का मुख्य उद्देश्य टी.एच.डी.सी.आई.एल. के प्रबन्धकों की पठन तथा लेखन क्षमताओं को, विशेषकर जल विद्युत की पृष्ठभूमि में विकसित करने में मदद करना था।

पहली कार्यशाला की रिपोर्ट *लैंग्वेज एंड लैंग्वेज टीचिंग* पत्रिका के अंक 7 में प्रकाशित हुई थी। इसमें कार्यशाला के प्रथम अंक 'contact period' का विवरण था, जिसमें कार्यशाला की संरचना, कार्यशाला की प्रक्रिया और परिणाम के बारे में बात थी। वर्तमान रिपोर्ट कार्यशाला के दूसरे पहलू दूरस्थ विधि पर आधारित और दूरस्थ विधि के असाइनमेंट एवं मार्गदर्शन की संरचना तथा संचालन पर केन्द्रित है।

पहली कार्यशाला में प्रतिभागियों के साथ आमने-सामने बात हुई थी। मुख्य बिन्दु कुछ इस प्रकार थे : व्याकरण की समझ विकसित करना और लेखन में इसके व्यावहारिक निहितार्थों को समझना, लेखन तथा सम्प्रेषण कौशलों के कठिन पहलुओं की पहचान करना, अपनी राय और विचारों को लेखन के माध्यम से अभिव्यक्त करना सीखना ताकि वाक्य और प्रकरण के स्तर पर सम्बद्धता और सुसंगति का महत्त्व समझ पायें। दूरस्थ विधि का उद्देश्य उपरोक्त सभी पहलुओं को लिखित असाइनमेंट और चयनित पठन सामग्री से विकसित करना था। इस दूरस्थ विधि के अन्तर्गत विभिन्न कार्यों को करने-यथा असाइनमेंट तैयार करना,

पठन सामग्री का चुनाव, असाइनमेंट का आकलन, मूल्यांकन आदि की ज़िम्मेदारी एक समूह की थी, जिसमें विद्या भवन, शिक्षा सन्दर्भ केन्द्र, उदयपुर तथा अन्य संस्थाओं के कुल 10 सदस्य शामिल थे।

प्रतिभागियों को कुल नौ असाइनमेंट दिये गये जिनमें निम्न कार्य सम्मिलित थे– पाठ को समझना, लघु उल्लेखों का विवरण तथा लेखन, आँकड़ों की व्याख्या करना, सारांश लिखना, रिपोर्ट, प्रस्ताव या स्वीकृति लिखना, सुसंगत व्याख्यान, टेक्स्ट को संगठित करना और शब्दावली समृद्ध करना चूँकि लेखन में व्याकरणिक शुद्धता की भूमिका को अनदेखा नहीं किया जा सकता इसीलिए, प्रत्येक असाइनमेंट में लेखन कार्य के साथ एक खण्ड व्याकरण का भी था। इन असाइनमेंट्स में व्याकरण के निम्नलिखित पहलू शामिल थे : (अ) art of persuasion (ब) however, then, and therefore, it, articles (a, the), संयोजक शब्द (connectors) (and, but or) और पूर्वसर्ग (prepositions) का प्रयोग (स) पूर्वसर्गात्मक पदबन्ध (prepositional phrases), कैपिटल लेटर, विराम चिह्न (punctuations), similes, metaphors and analogies, सहायक क्रियाओं की पहचान करना और (द) वाक्य रचना।

प्रतिभागियों को एक महीने में तीन असाइनमेंट लिखने के लिए दिये गये। ये असाइनमेंट उन्हें एक निर्धारित समय सीमा में पूरे करने थे। प्रत्येक असाइनमेंट अपलोड करने के बाद उसे करने के लिए एक हफ़्ते का समय दिया गया। सभी असाइनमेंट एक ऑनलाइन ग्रुप (thdc@vidyabhawan.org), जिसमें सभी प्रतिभागी शामिल थे पर अपलोड किये गये। प्रतिभागियों को इन असाइनमेंट को डाउनलोड करके, उन पर काम करके, कोर्स कोऑर्डिनेटर को ई-मेल द्वारा भेजना होता था। सभी प्रतिभागी व्यक्तिगत तौर पर अपने किसी भी सवाल/सन्देह के बारे में पूछने के लिए कोर्स कोऑर्डिनेटर से सम्पर्क करने या फिर ऑनलाइन ग्रुप पर उन्हें पोस्ट करने के लिए स्वतन्त्र थे और कई प्रतिभागियों ने कुछ मौक़ों पर ऐसा किया भी।

उत्तर पत्र मिलने पर कोऑर्डिनेटर ने उन्हें रिसोर्स दल के बीच मूल्यांकन के लिए भेजा। मूल्यांकन में निरन्तरता रखने के लिए प्रत्येक असाइनमेंट की एक मॉडल उत्तर पुस्तिका बनायी गयी। साथ ही असाइनमेंट के मूल्यांकन के लिए छोटे दल बनाये गये। हर दल में दो व्यक्ति थे, एक वरिष्ठ स्रोत व्यक्ति व एक कनिष्ठ स्रोत व्यक्ति यानी वरिष्ठ स्रोत व्यक्ति एक तरह से कनिष्ठ के लिए मार्गदर्शक की भूमिका भी निभा रहे थे।

हालाँकि, अंक और ग्रेड सदैव वरिष्ठ स्रोत व्यक्ति द्वारा ही दिये गये परन्तु उसमें कनिष्ठ स्रोत व्यक्ति द्वारा दी गयी टिप्पणियों को भी ध्यान में रखा गया। इसके अतिरिक्त कनिष्ठ का वरिष्ठ स्रोत व्यक्ति के साथ काम करना, एक सीखने वाला अनुभव रहा। जाँच का काम पूरा होने के बाद सभी दलों द्वारा सभी असाइनमेंट कोर्स कोऑर्डिनेटर को वापस भेजे गये और फिर ये कोऑर्डिनेटर द्वारा सभी मार्क्स और टिप्पणियों को नोट कर लेने के बाद, प्रतिभागियों को उनके मॉडल उत्तरों के साथ वापस भेज दिये गये।

सभी प्रतिभागियों द्वारा मिले उत्तर बहुत प्रोत्साहित करने वाले थे। अधिकतर असाइनमेंट समय पर जमा किये गये। देरी के सन्दर्भ में प्रतिभागियों द्वारा पहले ही सम्बन्धित कनिष्ठ स्रोत सदस्य को सूचना दे दी जाती थी। सन्देह, प्रश्न स्पष्ट करने के लिए उन सभी तरीक़ों का इस्तेमाल किया गया जिनकी चर्चा पहले हुई है। असाइनमेंट सात का मूल्यांकन अभी जारी है और शेष असाइनमेंट्स का मूल्यांकन भी आने वाले कुछ दिनों में पूरा कर लिया जायेगा।

आकलन और प्रमाणित करने की प्रक्रिया मूल्यांकन पूरा हो जाने के बाद शुरू की जायेगी। आकलन की प्रक्रिया संचयी होगी। प्रतिभागी द्वारा प्राप्त किये गये कुल अंकों को एक ग्रेड में तबदील किया जायेगा और एक प्रमाण पत्र भी दिया जायेगा। आकलन में ग्रेडिंग तथा प्रमाणित करने के अतिरिक्त प्रतिभागियों की व्यक्तिगत प्रोफाइल तथा एंड लाइन परीक्षा भी शामिल है, प्रतिभागियों के कॅरियर की भविष्य योजना बनाने में इनकी महत्त्वपूर्ण भूमिका होगी। प्रतिभागियों की व्यक्तिगत प्रोफाइल में अंकों के साथ-साथ उनको हर असाइनमेंट पर मिला फीडबैक भी शामिल होगा, जो संस्था को यह समझने में मददगार होगा कि पूरे कार्यक्रम के दौरान प्रतिभागियों की प्रगति कैसी रही। यह जाँचने के लिए कि प्रत्येक प्रतिभागी ने कितनी अच्छी तरह से कार्यक्रम के उद्देश्यों, जिन्हें रिपोर्ट के पहले पैरा में वर्णित किया गया है, को समायोजित किया है, टी.एच.डी.सी. ने एक एंड लाइन टेस्ट प्रस्तावित किया है जिसमें उसी प्रकार के सवाल शामिल होंगे जो असाइनमेंट शामिल किये गये थे। इस एंड लाइन टेस्ट की तुलना कार्यक्रम की शुरुआत में लिए गये बेस लाइन टेस्ट से की जायेगी। इससे यह निर्धारित करने के लिए प्रयोग में लिया जायेगा कि कार्यक्रम के दौरान प्रतिभागियों की लेखन क्षमताओं में किस तरह का परिवर्तन आया तथा भविष्य में सुधार की गुंज़ाइश कहाँ है। यह प्रतिभागियों की लेखन क्षमता में हुए सुधार का रिकॉर्ड रखने तथा भविष्य की योजना का आधार बनाने में भी सहायता करेगा।

यह कार्यशाला विद्या भवन शिक्षा सन्दर्भ केन्द्र के लिए सीखने का अनोखा अनुभव रहा। विद्या भवन शिक्षा सन्दर्भ केन्द्र सामान्य तौर पर स्कूलों के स्तर पर कार्य करता है, पाठ्यक्रम योजना में भाग लेना, सामग्री बनाने और शिक्षण प्रशिक्षण में कार्य करता है। इस बार हमने सीखा कि एक ऐसी कार्यशाला कैसे आयोजित की जाती है, जो भाषा के उच्च अकादमिक स्तर की हो और जिसका लक्ष्य समूह उच्च शिक्षित इंजीनियर तथा मैनेजर हो।

लेखक समूह : विद्या भवन शिक्षा सन्दर्भ टीम

अनुवादक : नेहा कश्यप, विद्या भवन शिक्षा सन्दर्भ केन्द्र, उदयपुर (राजस्थान)

स्रोत : *लैंग्वेज एंड लैंग्वेज टीचिंग*, 4.2.8, 78-79, जुलाई, 2015।

गतिविधियाँ

गतिविधि : नाम का खेल

उद्देश्य

- आसपास उपलब्ध शब्दों के बारे में ध्यान से सोचना।
- शब्दों का वर्गीकरण कर पाना।
- 'संज्ञा' की अवधारणा का स्कीमा विकसित करना।

स्तर : कक्षा 2 और 3।

सामग्री : बोर्ड, चॉक, नोटबुक और पेंसिल

तरीक़ा

यह गतिविधि छोटे समूहों में भी की जा सकती है व पूरी कक्षा के साथ भी। छोटे समूहों में करना आसान होगा, क्योंकि तब बच्चे स्वयं भी बहुत-सी बातों का ध्यान रख सकते हैं।

1. बच्चों को अपनी नोटबुक में निम्न चार कॉलम बनाने को कहें।

   (1) नाम   (2) जगह/स्थान   (3) वस्तु   (4) जानवर।

   उन्हें यह ठीक से बता दें कि नाम वाले कॉलम में उन्हें किसी व्यक्ति का नाम लिखना है। यह नाम लड़के का हो सकता है या लड़की का, इसी तरह जगह वाले कॉलम में किसी शहर/गाँव का नाम, वस्तु वाले कॉलम में किसी एक वस्तु व जानवर वाले कॉलम में एक जानवर का नाम लिखना है। इस कॉलम के अतिरिक्त भी कॉलम जोड़े जा सकते हैं, नये वर्ग भी बनाये जा सकते हैं मूल सिद्धान्त है कि नया वर्ग संज्ञा शब्दों का ही हो।

3. प्रत्येक कॉलम में उन्हें ऊपर दिये गये वर्ग के अन्तर्गत आने वाला एक नाम लिखना है।

   ये नाम एक विशेष अक्षर से शुरू होंगे और यह अक्षर कक्षा का कोई एक बच्चा निश्चित करेगा। उदाहरण के लिए एक बच्चा कहता है कि वे शब्द लिखें

जो अक्षर 'स' से शुरू होते हैं। अब सभी को 'स' अक्षर से शुरू होने वाले शब्द लिखने हैं उदाहरण के लिए—

नाम	जगह	जानवर	वस्तु
सलमा	सम्बलपुर	सर्प	सरौता

एक बार बच्चों को यह समझ आ जाये कि गतिविधि कैसे करनी है तब आप इसकी समय सीमा भी निश्चित कर दें।

दूसरा बच्चा आकर नया अक्षर बता सकता है, जैसे कि 'क'। अब सभी को 'क' अक्षर से शुरू होने वाले शब्द प्रत्येक कॉलम में लिखने होंगे। पुनः 'स' अक्षर भी लिया जा सकता है और का, के, सा आदि शब्दांश भी लिए जा सकते हैं। लेकिन शब्द नये बनाने होंगे। इसी तरह यह गतिविधि चलती रहेगी। बच्चे जितने चाहे अक्षर सोचें और जितने चाहे शब्द लिखें।

चर्चा

गतिविधि को एक ही कालांश में ख़त्म करना ज़रूरी नहीं है। यदि बच्चों को इसमें मज़ा आता है तो यह कई दिनों तक बार-बार की जा सकती है। चूँकि चुनौती यह है कि उन्हें हर बार नये शब्द सोचने हैं। अतः यह गतिविधि उन्हें किताबों, नक़्शों इत्यादि को देखने को भी प्रेरित करेगी। इससे वे अपने शब्दों के भण्डार को बढ़ा पायेंगे।

जब बच्चों में गतिविधि की ठीक-ठाक समझ विकसित हो जाये तब शिक्षिका संज्ञा की अवधारणा पर बातचीत शुरू कर सकती हैं। यह गतिविधि बच्चों को अक्षर और ध्वनि में सम्बन्ध देखने में भी मददगार होगी।

लेखिका के बारे में : रजनी द्विवेदी, वर्तमान में क्षमता संवर्धन के प्रयासों, शिक्षक व शिक्षक प्रशिक्षकों के लिए सामग्री निर्माण और सम्पादन और अनुवाद के कार्य में संलग्न हैं। उन्होंने गृहविज्ञान महाविद्यालय, उदयपुर से बाल विकास में और टी.आई.एस.एस., मुम्बई से प्रारम्भिक शिक्षा में स्नातकोत्तर किया है।

e-mail ID : ritudwi@gmail.com

अनुवादक : अनुवाद लेखिका ने स्वयं किया है।

स्रोत : *लैंग्वेज एंड लैंग्वेज टीचिंग*, 4.2.8, 74, जुलाई, 2015।

व्याकरण की गतिविधियाँ

गतिविधि-1 : अन्तर बताओ

उद्देश्य

- प्रजेंट परफेक्ट टेंस समझने में बच्चों की मदद करना।
- बच्चों को अपनी बात स्पष्टता से कहने के लिए प्रेरित करना।

सामग्री : अलग-अलग समय अन्तराल पर ली हुई कुछ तस्वीरों के जोड़े, इसी तरह अलग-अलग समय अन्तराल पर बनाये गये एक ही जगह के नक़्शे ताकि समय के अनुरूप इन तस्वीरों, नक़्शों में जो परिवर्तन हुए हैं, वे पहचाने जा सकें।

क्षेत्र : उच्च प्राथमिक कक्षाएँ।

प्रक्रिया

1. बच्चों को एक ही जगह के दो नक़्शे अथवा दो तस्वीरें दीजिये। ऐसी तस्वीरें जो काफ़ी अलग-अलग समय अन्तराल पर ली गयी हो।
2. इन तस्वीरों के आधार पर बच्चों से पूछें कि बदलते समय के साथ इनमें क्या-क्या परिवर्तन आये हैं?
3. उदाहरण के साथ अपनी बात स्पष्ट करें और यदि ज़रूरत पड़े तो बच्चों के कहे कथनों को भी सही करें। उदाहरण के लिए :
    - The wall clock has changed.
    - The room has been decorated with paintings.
4. इस बात का ध्यान रखें कि ज़रूरत से ज़्यादा सुधार भाषा सीखने वालों के आत्मविश्वास को कमज़ोर करता है।

गतिवधि–2 : कल्पना की उड़ान

उद्देश्य

1. अंग्रेज़ी भाषा का उपयोग करते हुए अपनी बात कहने के लिए बच्चों को प्रोत्साहित करना।
2. दी गयी वाक्य संरचना का उपयोग करते हुए वाक्य बनाना।

सामग्री : कहानी की तरह की कुछ स्थितियों/घटनाक्रमों का सेट तैयार रखें, अच्छा होगा आप इन्हें डायरी में नोट कर लें।

क्षेत्र : प्राथमिक और उच्च प्राथमिक कक्षाओं हेतु।

प्रक्रिया : कहानी/घटनाक्रम बच्चों को सुनाएँ, बच्चों से कहें कि दी गयी स्थिति के बारे में आप उनसे कुछ प्रश्न पूछेंगी और उन्हें उन प्रश्नों के जवाब सोचने हैं व सभी को बताने हैं। उदाहरण के लिए–

Shaheen's parents went out of town for two days, leaving Shaheen and her sister alone. Describe at least six things that the children did or did not do.

- They watched TV till late night.

  What happened as a result?

  - They got late for school the next day. What did the parents say to the children when they returned?
  - You should not have watched TV till late in the night.

बच्चों को कुछ अन्य व्याकरणिक इकाइयों/वर्गों से परिचित कराने के लिए भी यह गतिविधि करायी जा सकती है उदाहरण के लिए (कहानी में क्रिया व भूतकाल)।

गतिविधि–3 : गड़बड़झाला

उद्देश्य

- टेक्स्ट को समेकित रूप से समझना।
- दिये गये वाक्यों से एक सुंसगत (कोहेरेंट) पैराग्राफ़ बनाने में सीखने वाले की मदद।

सामग्री : उम्र के अनुसार उपयुक्त टेक्स्ट, छपी सामग्री के रूप में।

क्षेत्र : प्राथमिक व उच्च प्राथमिक

प्रक्रिया

1. एक पैराग्राफ़ चुनें। उसके वाक्यों का क्रम उलट-पलट दें। अब ये उलटे-पलटे वाक्य बच्चों को दें।
2. बच्चों को कहें कि उन्हें वाक्यों को क्रम से जमाना है, ताकि दिये गये वाक्य मूल पैरेग्राफ़ जैसे व्यवस्थित हो जायें।

इस अभ्यास के लिए यह महत्त्वपूर्ण है कि ऐसा टेक्स्ट चुना जाये जो बच्चों ने कुछ दिनों पूर्व ही पढ़ा हो। छोटी कक्षाओं के बच्चों के लिए कहानी उपयुक्त होगी और उच्च प्राथमिक कक्षाओं हेतु वर्णनात्मक टेक्स्ट (एक्पोज़िटरी टेक्स्ट)। टेक्स्ट के उदाहरण नीचे दिये गये हैं।

वाक्यों को उलट-पलट कर तैयार किया गया टेक्स्ट छोटे बच्चों के लिए

There were once five-and-twenty tin soldiers, who were all brothers, for they had been made out of the same old tin spoon.

The first thing in the world they ever heard was the words, 'Tin soldiers!' uttered by a little boy, who clapped his hands with delight when the lid of the boxes in which they lay, was taken off.

They shouldered arms and looked straight before them, and wore a splendid uniform, red and blue. The soldiers were all exactly alike, excepting one, who had only one leg; he had been left to the last, and then there was not enough of the melted tin to finish him, so they made him stand firmly on one leg, and this caused him to be very remarkable.

They were given to him for a birthday present, and he stood at the table to set them up.

सही क्रम में व्यवस्थित टेक्स्ट

There were once five-and-twenty tin soldiers, who were all brothers, for they had been made out of the same old tin spoon. They shouldered arms and looked straight before them, and wore a splendid uniform, red and blue. The first thing in the world they ever heard were the words, 'Tin soldiers!' uttered by a little boy, who clapped his hands with delight when the lid of the boxes in which they lay, was taken off. They were given him for a birthday present, and he stood at the table to set them up. The soldiers were all exactly alike, excepting one, who had only one leg; he had been left to the last, and then there was not enough of the melted tin to finish him, so they made him to stand firmly on one leg, and this caused him to be very remarkable.

गड्ड-मड्ड टेक्स्ट बड़े बच्चों के लिए

Jip put the straw mattress Mrs. Lyman had made on one side of the cage, sat down, and pulled shut the slat door.

There was a chamber pot in the corner.

He wanted to know how it might feel to live in a cage.

He looked about, taking in the smell of the new-shaved wood. It felt clean and, well, cosy.

It might be nice to have a place of his own like this, away from the snoring of the old men and Sheldon's tossing and restless sleep talk.

He and Sheldon had done a good job of it.

Well, at least he had a cot of his own now.

He had made a little trapdoor`so it could be taken out and emptied and food could be passed in without having to undo the padlock on the main entry.

At first he'd had to sleep with Sheldon and woke up on the floor more mornings than not.

व्यवस्थित टेक्स्ट

Jip put the straw mattress Mrs. Lyman had made on one side of the cage, sat down, and pulled shut the slat door. He wanted to know how it might feel to live in a cage. There was a chamber pot in the corner. He had made a little trapdoor so it could be taken out and emptied and food could be passed in without having to undo the padlock on the main entry. He looked about, taking in the smell of the new-shaved wood. He and Sheldon had done a good job of it. It felt clean and, well, cozy. It might be nice to have a place of his own like this, away from the snoring of the old men and Sheldon's tossing and restless sleep talk. Well, at least he had a cot of his own now. At first he'd had to sleep with Sheldon and woke up on the floor more mornings than not.

सन्दर्भ

1. एंडरसन, हेंस क्रिशचियन, (2014), द ब्रेव टिन सोल्जर, रिट्राइव्ड फ्राम *http://americanliterature.com/author/haus-cristian-andersen/shortstory/the-brave-tin-soldier.*

पीटरसन, कैथरीन, (1998), न्यूकमर्स, *जिप : हिज़ स्टोरी* (23-24) पफिन बुक्स, यूएसए।

लेखिका के बारे में : ऋचा गोस्वामी, वर्ष 2008 से 2015 तक विद्या भवन शिक्षा सन्दर्भ केन्द्र में कार्यरत थीं। उन्होंने टी.आई.एस.एस., मुम्बई से आरम्भिक शिक्षा में स्नातकोत्तर किया है। उनकी पीएच.डी. भी इसी संस्थान से है; पीएच.डी. का विषय है गुणवत्तापूर्ण शिक्षा को लेकर अभिभावकों का नज़रिया।

ई-मेल : goswami84@gmail.com

अनुवादक : रजनी द्विवेदी

स्रोत : *लैंग्वेज एंड लैंग्वेज टीचिंग*, 4.1.7, 76-78, जनवरी, 2015।

गतिविधि-3

तुलना और अन्तर : एक जैसे फिर भी फ़र्क़

तुलना और अन्तर करने का कौशल समझ में एक महत्त्वपूर्ण भूमिका अदा करता है। हम जीवन में भी इस कौशल का उपयोग करते हैं, उदाहरण के लिए दो मिठाइयों के दाम की तुलना करते वक़्त, यह जानने की कोशिश करते समय कि कौन-सी दुकान पर सामान सस्ता मिलता है।

प्रायः ऐसा माना जाता है कि ये कौशल स्वतः ही विकसित हो जाते हैं। लेकिन पढ़ने-लिखने के कौशल को विकसित करने के लिए यह ज़रूरी हो जाता है कि बच्चों को समानताएँ और विभिन्नताएँ देख पाने की युक्तियाँ सिखायी जायें। ये युक्तियाँ समानताएँ और विभिन्नताएँ बताने के लिए जिस तरह की भाषा काम में ली जाती है, उसी पर फ़ोकस करने में विद्यार्थियों की मदद करती है।

समानताओं और विभिन्नताओं पर फ़ोकस करने से उनका ध्यान विभिन्न बारीकियों की तरफ़ आकृष्ट होता है, विचारों को स्पष्ट करने में मदद मिलती है, अलग-अलग ज़रूरतों के हिसाब से तथ्यों का समूहीकरण समालोचनात्मक सोच को बढ़ावा देता है और विषय वस्तु के ज्ञान में इज़ाफ़ा भी करता है। दी गयी गतिविधियाँ विद्यार्थियों को असमान वस्तुओं में समानताओं और समान चीज़ों में असमानताओं को देखने में मदद करने हेतु उपयोग ली जा सकती हैं। इस तरह का परिप्रेक्ष्य उनको, वे जो सीख रहे हैं, उससे सम्बन्धित नयी सोच गढ़ने में मदद करता है। ये कौशल अन्य विषयों में भी उपयोग में लिये जा सकते हैं। तुलना और अन्तर के कौशलों को सिखाने का एक लक्ष्य है—ज़हीन समझ।

तुलना और अन्तर करने के कौशलों को विकसित करने हेतु कई गतिविधियाँ की जा सकती हैं। इनमें से कुछ हैं; दो एक जैसी कहानियाँ जिनके अन्त अलग-अलग हों, दो अलग-अलग कहानियाँ जिनके अन्त समान हों, एक ही लेखक की लिखी गयीं दो अलग-अलग कहानियाँ, एक ही घटना का दो

अलग-अलग समाचार पत्रों में वर्णन अथवा दो अलग-अलग समाचार चैनल पर प्रस्तुति आदि।

शिक्षक के लिए सामान्य निर्देश

विद्यार्थियों में तुलना व अन्तर करने के कौशल विकसित करने के लिए शिक्षकों का मार्गदर्शन करने वाले सिद्धान्तों में शामिल हैं–

- इस गतिविधि के लिए आप किसी भी तरह के इनपुट का उपयोग कर सकते हैं– तस्वीरें, टेक्स्ट, वीडियो, फोटोग्राफ़ और कोई भी अन्य सामग्री।
- विभिन्न तरह के टेक्स्ट (रचनाएँ) काम में लेना उपयोगी होगी–कहानियाँ, विवरण, विज्ञापन, सारिणियाँ, तर्क-वितर्क कथन आदि।
- आपका उद्देश्य स्पष्ट हो कि आप छात्रों का ध्यान किन पर केन्द्रित कराना चाहते हैं समानताओं पर अथवा विभिन्नताओं पर।
- विषय वस्तु का चयन सोच-समझ कर करें। उद्देश्य से विषय वस्तु का जुड़ाव सुनिश्चित करते हुए।
- गतिविधि के उद्देश्य प्राप्त हो जायें यह सुनिश्चित करने के लिए विषय वस्तु के अनुसार एक टेंपलेट (ख़ाका) तैयार करें।
- विषय वस्तु के साथ-साथ समानताएँ और विभिन्नताएँ बताने के लिए प्रयोग ली जा रही भाषा पर भी ध्यान दें, विशेष तौर पर जैसे-जैसे बच्चे उच्चतर कक्षाओं में जायें।

दी गयी तीन गतिविधियाँ दर्शाती हैं कि तुलना व अन्तर करने के कौशल अलग-अलग कक्षाओं में कैसे विकसित किये जा सकते हैं।

गतिविधि-1

उद्देश्य : एक जैसे किन्तु अलग-अलग सिक्कों का उपयोग करते हुए तुलना व अन्तर के कौशल विकसित करना।

यह गतिविधि कक्षा तीन के बच्चों के लिए उपयुक्त होगी।

अवधि : 40 मिनट

सामग्री

- 1, 2 और 5 के सिक्कों के 4 से 5 पैकेट (पैकेटों की संख्या समूहों की संख्या पर निर्भर करेगी)।

- आवर्धक लेंस (मैग्नीफाइंग लैंस)।
- तुलना हेतु प्रश्नों की सूची (नीचे देखें)।

सिक्कों की तुलना के लिए प्रश्नों की सूची

1. सिक्के पर क्या नाम अंकित है (सिक्कों को नाम दें)।
2. इसका रंग कैसा है?
3. इसका आकार कैसा है?
4. इसका माप क्या है?
5. इसके किनारे पर हाथ लगाने से कैसा महसूस होता है।
6. सिक्के पर कौन-सा वर्ष अंकित है?
7. सिक्के पर क्या छपा है?
8. सिक्के के पीछे की तरफ़ क्या छपा है?
9. सिक्के का मूल्य कितना है?

प्रक्रिया

- बच्चों के चार अथवा पाँच के समूह बनायें।
- हर समूह को सिक्कों का एक पैकेट, मैग्नीफांइग लैंस व प्रश्नों की सूची दें।
- बच्चे प्रत्येक सिक्के की पड़ताल करें, प्रश्नों पर आपस में चर्चा करें और फिर उनके उत्तर दें।
- प्रत्येक समूह सिक्कों की समानताओं व असमानताओं का संक्षिप्त ब्योरा प्रस्तुत करे।
- शिक्षक चर्चा कराएँ और यदि मतों में कोई अन्तर हो तो उनके बारे में बातचीत करें।

गतिविधि–2

उद्देश्य : कुछ-कुछ एक जैसी किन्तु अलग-अलग कहानियों में तुलना और अन्तर कर पाने के कौशल विकसित करना।

यह गतिविधि कक्षा 4 के बच्चों के लिए उपयुक्त होगी।

अवधि : 45 मिनट

सामग्री

- दो कहानियाँ, जिनमें कुछ-कुछ समानता और कुछ अन्तर हो।
- प्रश्नों की सूची जो तुलना व अन्तर पर फ़ोकस करते हों।

शिक्षकों हेतु निर्देश

- लोकप्रिय कहानियाँ चुनें।
- कहानी के पात्रों, दलीलों, वर्णन अथवा कहानी के अन्त में परिवर्तन कर दें। यहाँ दिये गये उदाहरण में हमने पात्रों में व कहानी के मुख्य घटनाक्रम के पीछे की दलीलों में परिवर्तन किया है। कहानी के अन्त में कोई बदलाव नहीं किया है।

तुलना और अन्तर देखने के कौशल पर केन्द्रित प्रश्नों की सूची ध्यानपूर्वक बनायें। ध्यान रखें कि ये प्रश्न केवल समझ जाँचने वाले न हों (उदाहरण के लिए : खरगोश ने क्या किया?)

प्रक्रिया

- बच्चों के चार अथवा पाँच के समूह बनायें।
- एक के बाद एक दोनों कहानियाँ पढ़ें। ध्यान रखें कि कहानी पर अभी कोई चर्चा नहीं करनी है।
- प्रश्नों को पढ़ें व बच्चों को इन प्रश्नों के सन्दर्भ में कहानियों पर चर्चा करने को कहें। बच्चों से कहें कि उन्हें दिये गये प्रश्नों की सूची में और प्रश्न जोड़ने की स्वतन्त्रता है।
- प्रत्येक समूह को दोनों कहानियाँ दें। समूह कहानियों को पुनः पढ़ें और शिक्षक द्वारा दिये गये प्रश्नों को ध्यान में रखते हुए कहानियों पर चर्चा करें।
- प्रत्येक समूह कहानियों की तुलना करें, उनमें क्या समानताएँ हैं व क्या विभिन्नताएँ हैं, यह कक्षा को बताएँ।

शिक्षक इन कहानियों का कक्षा की भाषा और अन्य किसी भी भाषा (अथवा भाषाओं) में अनुवाद कर सकते हैं।

कहानी एक : ख़रगोश और कछुआ (The Hare and the Tortoise)

One day a tortoise was resting under a tree. A hare came along and made fun of the tortoise. He said that the tortoise was slow and lazy. The tortoise challenged the hare to a race. The hare agreed. The race began. The hare ran fast. The tortoise crept slowly. The hare ran so fast that he left the tortoise far behind. So he stopped to rest under a tree. In the meanwhile, the tortoise crept along steadily. Soon, It passed the hare, who was snoring under the tree. After a long time, the hare woke up and ran towards the finish line. He saw that the tortoise had already reached the finish line. The story shows that working steadily, even if slowly, helps to succeed.

कहानी दो : कछुआ और बारहसिंगा (The Tortoise and the Stag)

One day a tortoise was resting under a tree. He was feeling happy that he had won the race against the hare. A stag passed by. The tortoise began to think that no one could win a race against him. So he challenged the stag to a race. The stag agreed, and the time was set for the race. They also agreed that the bushes that stretched along the race track would mark the distance run by each of them. The stag then sprinted off. The tortoise, seeing the stag run, got scared and began to wonder whether he could win the race. He immediately thought of a plan. He called his cousins and told them to hide themselves under the bushes that stretched along the track. The race commenced. The Stag begun to run. The tortoise crept forward slowly. Each time the Stag reached a bush, it called out, "are you there?" The tortoise's cousin hiding behind the bush shouted "yes". The stag ran faster. It reached the last bush. The tortoise's cousin was already there. Mistaking the cousin for the tortoise who had challenged him, the stag declUred that he had lost the race. The story shows that working together as a team helps to succeed.

निम्न प्रश्नों को ध्यान में रखते हुए कहानियों की तुलना करें–

1. कहानी के पात्र
2. दौड़ का कारण
3. कछुआ कैसे जीता?
4. कहानी से क्या शिक्षा मिलती है?
5. कोई अन्य सवाल जो आप जोड़ना चाहें।

गतिविधि–3

उद्देश्य

एक ही उत्पाद को बेचने के लिए बनाये गये दो विज्ञापनों में तुलना और अन्तर।

यह गतिविधि कक्षा 7-8 के छात्रों के लिए उपयुक्त होगी।

सामग्री

- कुछ-कुछ समान उद्देश्य वाले दो विज्ञापन (नीचे देखें)।
- किस में तुलना करनी है क्या अन्तर देखने हैं इन विशिष्टताओं पर बच्चों का ध्यान आकर्षित करने हेतु एक टेंपलेट।

  समय : लगभग एक घण्टा

प्रक्रिया

- प्रत्येक बच्चे को दोनों टेक्स्ट दें। उन्हें दोनों टेक्स्ट पढ़ने को कहें (गृहकार्य के रूप में यह टेक्स्ट एक दिन पहले भी बच्चों को दिये जा सकते हैं)।
- बच्चों के चार अथवा पाँच के समूह बनायें। उन्हें समूह में दिये गये प्रश्नों पर चर्चा करने को कहें। प्रश्न कुछ इस प्रकार के हो सकते हैं।

> उत्पाद का नाम क्या है?
> वक्ता/लेखक का क्या व्यवसाय है?
> आपको इसकी जानकारी कैसे हुई?
> वक्ता/लेखक किसके अनुभव के बारे में बात कर रहा है? आपको इसकी जानकारी कैसे है?
> टूथपेस्ट काम कैसे करता है? यह किस प्रकार बताया गया है?
> मुख्य शब्द कौन-कौन-से हैं?
> उत्पाद को उपयोग करने के प्रभावों की व्याख्या विज्ञापन में किस प्रकार की गयी है?

चर्चा के बाद, बच्चे समानताओं और असमानताओं को दर्शायेंगे। वे सारिणी अथवा वेन आरेख द्वारा इन अन्तरों पर फ़ोकस कर सकते हैं (जैसा कि चित्र-1 में बताया गया है)।

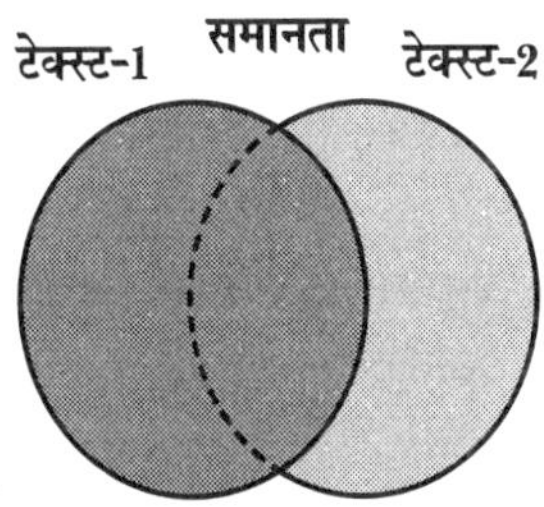

चित्र-1 **:** दोनों टेक्स्ट में समानता एवं अन्तर

विभिन्न समूह पूरी कक्षा के सामने इन दो विज्ञापनों की समानताओं व असमानताओं को प्रस्तुत करते हैं। शिक्षिका विज्ञापनों के उद्देश्यों में समानता व इन उद्देश्यों को प्राप्त करने के अलग-अलग तरीक़ों को चिह्नांकित करते हुए चर्चा को समेकित कर सकती हैं। वह इस बात पर भी चर्चा कर सकती हैं कि दाँतों में सेंसिटिविटी के तथ्य को दोनों विज्ञापनों में कैसे प्रस्तुत किया गया है। चर्चा का फ़ोकस विषय वस्तु के साथ-साथ भाषा पर भी है। शिक्षिका संक्षिप्त में इस बात पर भी चर्चा कर सकती हैं कि दोनों विज्ञापनों में दन्त रोग विशेषज्ञ को लेने के पीछे क्या कारण हो सकते हैं। डॉक्टर द्वारा स्वयं इस बात को कहने व किसी तीसरे द्वारा यह बात करने से क्या बात

की प्रभाविता पर फ़र्क़ पड़ेगा? विज्ञापन में प्रयुक्त मुख्य शब्दों की विज्ञापन द्वारा दिये जा रहे संदेश के पुनर्बलन में क्या भूमिका है?

टेक्स्ट-1

क्या आप आराम से आईस्क्रीम खा सकते हैं, कोल्ड ड्रिंक पी सकते हैं, नहीं न। यह सेंसेटिविटी के कारण हो सकता है। आप अपना टूथपेस्ट बदल के देखिए। हम आपके लिए **नम्बर वन** टूथपेस्ट लेकर आये हैं।

ये आपके दाँतों के अन्दर तक जायेगी और उन्हें स्ट्रांग बनायेगी।

नम्बर वन इस्तेमाल करने के कुछ दिन बाद आप कुछ भी खा सकते हैं

लोग कहते हैं कि "अब हम अपनी मनपसन्द की चीज़ खा पा रहे हैं।"

और यह **नम्बर वन** की वजह से हुआ है।

टेक्स्ट-2

मैं एक डॉक्टर हूँ।

पर मुझे भी हॉट और कोल्ड खाने से डर लगता है।

मेरे दोस्त ने कहा **नम्बर टेन** इस्तेमाल करके देखो।

जब गम्स लूज़ हो जाते हैं तो दाँत सेंसेटिव हो जाते हैं।

नम्बर टेन दाँतों पर एक सेफ़्टी बेल्ट का काम करता है।

मेरी पसन्द **नम्बर टेन**

आप भी इस्तेमाल करें **नम्बर टेन**

लेखिका के बारे में : देवकी लक्ष्मीनारायण अज़ीम प्रेमजी विश्वविद्यालय शोध केन्द्र की प्रमुख हैं। फ़ाउंडेशन में जुड़ने से पहले उन्होंने सेट्रल इंस्टीट्यूट ऑफ़ इंडियन लैंग्वेज़ेज, मैसूर में बीस वर्षों तक कार्य किया है। उन्होंने ग्रोनिंगन विश्वविद्यालय, नीदरलैण्ड से भाषा विज्ञान में स्नातकोत्तर किया है तथा मैसूर विश्वविद्यालय से मनोविज्ञान में पीएच.डी. की है।

ई-मेल : devaki@azimpremjifoundation.org

अनुवादक : रजनी द्विवेदी

स्रोत : *लैंग्वेज एंड लैंग्वेज टीचिंग*, 4.1.7, 72-75, जनवरी 2015।

सम्पादकों के बारे में...

रमा कान्त अग्निहोत्री

दिल्ली विश्वविद्यालय से भाषाशास्त्र के प्रोफ़ेसर के पद से सेवानिवृत्त हुए हैं। वर्तमान में विद्या भवन सोसायटी, उदयपुर के साथ कार्यरत हैं। प्रायोगिक भाषाशास्त्र, शब्द-संरचना तथा सामाजिक भाषाशास्त्र जैसे विषयों को लम्बे समय से पढ़ाते रहे हैं और इन विषयों के सन्दर्भ में विस्तृत लेखन किया है।

अमृत लाल खन्ना

दिल्ली विश्वविद्यालय से अंग्रेज़ी के एसोसिएट प्रोफ़ेसर के पद से सेवानिवृत्त हुए हैं। वर्तमान में आप अंग्रेज़ी भाषा शिक्षण (ELT) हेतु सामग्री निर्माण एवं शिक्षक प्रशिक्षण परियोजनाओं के साथ जुड़े हैं।

रमणीक मोहन

आजकल स्वतन्त्र अनुवादक के रूप में सक्रिय हैं। रोहतक के महाविद्यालय में अंग्रेज़ी अध्यापन के बाद स्वैच्छिक सेवानिवृत्ति। अज़ीम प्रेमजी फ़ाउंडेशन के 'टीचर्स ऑफ़ इंडिया' पोर्टल टीम का हिस्सा रहे हैं। 10 साल से अधिक समय तक हरियाणा के राज्य संसाधन केन्द्र (सर्च) की पत्रिका 'हरकारा' का सम्पादन किया है। स्कूली शिक्षा के क्षेत्र में सक्रिय 'दिगन्तर' जैसी संस्थाओं से भी सम्बद्ध रहे हैं।

राजेश उत्साही

अजीम प्रेमजी विश्वविद्यालय, बेंगलूरु में 'अनुवाद पहल' में वरिष्ठ सम्पादक हैं। उससे पहले अजीम प्रेमजी फाउंडेशन के वेब पोर्टल 'टीचर्स ऑफ़ इंडिया' में हिन्दी सम्पादक रहे हैं। मध्य प्रदेश की अग्रणी शैक्षिक संस्था एकलव्य की बाल

विज्ञान पत्रिका 'चकमक' का 17 साल तक सम्पादन। मध्य प्रदेश शिक्षा विभाग की बाल पत्रिका 'गुल्लक' तथा शैक्षिक पत्रिका 'पलाश' का सम्पादन। कविताएँ, कहानी, व्यंग्य लेखन खासकर बच्चों के लिए साहित्य निर्माण, सम्पादन तथा समीक्षा में गहरी रुचि।

रजनी द्विवेदी

विद्या भवन से लम्बे समय तक जुड़ी रही हैं। वर्तमान में अज़ीम प्रेमजी विश्वविद्यालय के साथ भी जुड़ी हैं और *पाठशाला भीतर बाहर* की सह-सम्पादक हैं। भाषा व भाषा शिक्षण में रुचि।

कामिनी उपाध्याय

विद्या भवन शिक्षा सन्दर्भ केन्द्र, उदयपुर में कार्यरत। विद्या भवन की पत्र-पत्रिकाओं के सम्पादन से जुड़ी हैं। शिक्षकों और बच्चों के लिए पर्यावरण एवं पर्यावरण से सम्बन्धित सामग्री निर्माण, प्रशिक्षण एवं अनुवाद में रुचि।

आदेश कुमार

विद्या भवन शिक्षा सन्दर्भ केन्द्र, बिहार एवं वर्तमान में उदयपुर में कार्यरत। दो दशकों तक प्रगतिशील सामाजिक-सांस्कृतिक मुहिम से जुड़े रहे और विभिन्न अख़बारों, पत्र-पत्रिकाओं का प्रकाशन, मुद्रण एवं सम्पादन किया। शिक्षकों और बच्चों के लिए सामाजिक विज्ञान, भाषा एवं सीखने-सिखाने की सामग्री के निर्माण और प्रशिक्षण में रुचि।

जया राठौड़

विद्या भवन शिक्षा सन्दर्भ केन्द्र, उदयपुर में कार्यरत। विद्या भवन की पत्र-पत्रिकाओं के सम्पादन एवं प्रकाशन से जुड़ी हैं। प्रकाशन, अनुवाद एवं दृश्य-श्रव्य सामग्री निर्माण में रुचि।